한국의 과학과 문명 008

현대 한국의 과학기술정책
:추격의 성공과 탈추격 실험

"이 저서는 2010년도 대한민국 교육부와 한국학중앙연구원(한국학진흥사업단)을 통해 한국학 특정분야 기획연구(한국과학문명사) 사업의 지원을 받아 수행된 연구임."(AKS-2010-AMZ-2101)

현대 한국의 과학기술정책
ⓒ 전북대학교 한국과학문명학연구소 2017

초판 1쇄	2017년 4월 25일
초판 3쇄	2021년 12월 29일

지은이   홍성주, 송위진

출판책임	박성규	펴낸이	이정원
편집주간	선우미정	펴낸곳	도서출판 들녘
편집	이동하·이수연·김혜민	등록일자	1987년 12월 12일
디자인	김정호	등록번호	10-156
마케팅	전병우	주소	경기도 파주시 회동길 198
경영지원	김은주·나수정	전화	031-955-7374 (대표)
제작관리	구법모		031-955-7376 (편집)
물류관리	엄철용	팩스	031-955-7393
		이메일	dulnyouk@dulnyouk.co.kr
		홈페이지	www.dulnyouk.co.kr

ISBN	979-11-5925-211-2(94910)	CIP	2017009509)
	979-11-5925-113-9(세트)		

값은 뒤표지에 있습니다. 잘못된 책은 구입하신 곳에서 바꿔드립니다.
이 도서의 국립중앙도서관 출판예정도서목록(CIP)은 서지정보유통지원시스템 홈페이지(http://seoji.nl.go.kr)와 국가자료공동목록시스템(http://www.nl.go.kr/kolisnet)에서 이용하실 수 있습니다.

한국의 과학과 문명 008

현대 한국의 과학기술정책
: 추격의 성공과 탈추격 실험

홍성주, 송위진 지음

들녘

지은이 **홍성주** 洪誠珠

서울대학교 과학사 및 과학철학 전공에서 이학박사(과학기술학)를 받았다. 2011년부터 과학기술정책연구원(STEPI)에서 근무했으며, 국가혁신시스템, 혁신전망, 미래전략 연구를 진행해왔다. 한국의 경제발전 속에서 과학기술 제도와 시스템이 구축된 경로의존성을 탐구하고 있으며, 새로운 시대 개척을 위한 시스템 전환 문제를 핵심 연구 아젠다로 삼고 있다. 2017년 현재 세종미래전략연구포럼 운영간사, 국가과학기술연구회 전략자문위원, 충청남도청 정책자문위원, 머니투데이 키플랫폼 기획위원, 아시아경제, 대덕넷 칼럼니스트 등의 대외 활동도 함께하고 있다.

지은이 **송위진** 宋偉賑

서울대 해양학과를 졸업하고 동 대학원 과학사 및 과학철학 협동과정에서 석사학위를 받았다. 고려대 행정학과에서 박사학위를 취득했으며, 현재 과학기술정책연구원(STEPI)의 선임연구위원으로 재직하고 있다. 주요 연구 분야는 사회문제 해결형 혁신정책, 탈추격 혁신이다. 저서로는 『사회기술시스템 전환: 이론과 실천』(한울아카데미, 2017), 『사회문제 해결을 위한 과학기술혁신정책』(공저, 한울아카데미, 2013), 『창조와 통합을 지향하는 과학기술혁신정책』(한울아카데미, 2010) 등이 있다.

〈한국의 과학과 문명〉 총서

기획편집위원회

연구책임자_ 신동원
전근대팀장_ 전용훈
근현대팀장_ 김근배
전 임 교 수_ 문만용
　　　　　　김태호
　　　　　　전종욱
전임연구원_ 신미영

일러두기

- 이 책에 등장하는 한국 과학기술자 및 과학기술정책 관련 인물에 대해서는 일부를 제외하고 한자명을 병기하지 않았다.

- 명사의 붙여쓰기는 이 책의 키워드를 이루는 단어는 붙여쓰기를 원칙으로 했지만, 경우에 따라서는 가독성을 위해 띄어쓰기를 했다.

- 주석은 미주로 하고, 각 장별로 번호를 다시 매겨 정리했다.

- 인용 도판은 최대한 소장처와 출처를 밝히고 저작권자의 허락을 얻었으나 일부 저작권자를 찾지 못하여 게재 허가를 받지 못한 도판에 대해서는 확인되는 대로 통상 기준에 따른 허가 절차를 받기로 한다.

발간사

〈한국의 과학과 문명〉 총서를 펴내며

우리나라는 현재 세계 최고 수준의 메모리 반도체, 스마트폰, 디스플레이, 철강, 선박, 자동차 생산국으로서 과학기술 분야의 경이적인 발전으로 세계의 주목을 받고 있다. 그것을 가능케 한 요인의 하나가 한국이 오랜 기간 견지해온 우수한 과학기술 문화와 역사 속에 있다고 우리는 생각한다.

문명이 시작된 이래 한국은 항상 높은 수준을 굳건히 지켜온 동아시아 문명권의 일원으로서 그 위치를 잃은 적이 없었다. 우리는 한국이 이룩한 과학기술 문화와 역사의 총체를 '한국의 과학문명'이라 부르려 한다. 금속활자·고려청자 등으로 대표되는 한국 과학문명의 창조성은 천문학·기상학·수학·지리학·의학·양생술·농학·박물학 등 과학 분야를 비롯하여 금속제련·방직·염색·도자·활자·인쇄·종이·기계·화약·선박·건축 등 기술 분야에서도 다양하게 분명히 드러난다.

우리는 이런 내용을 종합하는 〈한국의 과학과 문명〉 총서를 발간하고자 한다. 이 총서의 제목은 중국의 과학문명에 대한 새로운 인식의 지평을 연 조지프 니덤(Joseph Needham)의 『중국의 과학과 문명』을 염두에 두고 만들었다. 그러나 니덤이 전근대에 국한한 반면 우리는 전근대와 근현대를 망라하여 한국 과학문명의 총체적 가치와 의미를 온전히 담은 총서의 발간을 목표로 한다. 나아가 한국의 과학과 문명이 지닌 보편적 가치를 세계에 발신하고자 한다. 지금까지 한국은 세계 과학문명의 일원으로 정당한 가치를 인정받지 못한 채, 중국의 아류로 인식되어왔다. 이 총서에서는 한국 과학문명이 지닌 보편성과 독자성을 함께 추적하여 그것이 독자적인 과학문명이자 세계 과학문명의 당당한 일원임을 입증하고자 한다. 우리는 이 총서에서 근현대 한국 과학기술 발전의 역사와 구조를 밝힐 것이며, 이로써 인류의 과학기술 발전사를 새로이 해명하는 데에 기여할 것이다.

이 총서에서는 한국의 과학문명이 역사적으로 독자적인 가치와 의미를 상실하지 않았던 생명력에 주목한다. 이를 위해 전근대 시기에는 중국 중심의 세계질서 아래서도 한국의 과학문명이 독자성을 유지하면서 발전을 지속한 동력을 탐구한다. 근현대 시기에는 강대국 중심 세계체제의 강력한 흡인력 아래서도 한국의 과학기술이 놀라운 발전과 성장을 이룩한 요인을 탐구한다.

우리는 이 총서에서 국수적인 민족주의나 근대 지상주의를 동시에 경계하며, 과거와 현재가 대화하고 내부와 외부가 부단히 교류하는 가운데 형성되고 발전되어온 열린 과학문명사를 기술하고자 한다. 이 총서를 계기로 한국 과학문명에 대한 관심과 이해가 더욱 깊어지기를 기대한다.

마지막으로 〈한국의 과학과 문명〉 총서의 발간은 교육부와 한국학중앙연구원 한국학진흥사업단의 지원에 크게 힘입었음을 밝히며 이에 감사를 표한다.

〈한국의 과학과 문명〉 총서 기획편집위원회

서문

현대 한국의 경제성장은 국제적으로 큰 관심의 대상이며, 한국의 성공을 학술적으로 이해하려는 국내외 수요가 상당하다. 20세기 중반 세계에서 가장 가난한 나라 중 하나였던 한국은 20세기 후반 후기산업화를 성공적으로 이루었다. 1997년 아시아 금융 위기가 발생했을 때 여러 신흥국가들이 경제적으로 어려움을 겪은 후 회복되지 못했지만 한국은 경제 위기를 극복하고 다시 성장의 사이클에 진입했다. 2007년 미국에서 시작된 금융 위기가 유럽 및 전 세계로 전파된 상황에서도 한국은 경제성장의 동력을 잃지 않았다.

무엇이 한국의 경제성장을 가능하게 하고 지속하게 만드는 원동력일까? 한국의 경제성장에 대한 전통적 설명으로 '개발국가(developmental state)'론이 있다. 개발국가론에서는 정부의 계획에 따른 자본과 노동의 투입, 정부의 선택과 집중에 의한 성장을 설명해왔다. 하지만 정부의 전략적 투자와 선택만 가지고서는 한국이 성장해온 과정과 구조를 설명하는 데 부족하다. 한국인의 교육열, 정부의 대응력 및 변화 능력, 자본과 노동의 투입, 민간부문의 성장, 과학기술 역량의 발전 등 다양한 요인에 대한 설명이 보완될 때, 한국의 경제성장에 대한 이해가 넓어질 것이다.

개발국가론의 많은 설명들이 투입과 선택에 중점을 두었다면, 이 책의 저자들은 제도와 시스템, 즉 구조적인 성장과 변화에 주목했다. 한국의 성장은 투입된 자본과 노동의 양으로만 설명하기 어렵다. 저자들은 조직과 제도의 형성과 변화가 일어나는 동학을 이해함으로써 한국적 성장의 경로와 특성을 가늠할 수 있다고 본다. 이 책은 그러한 한국적 성장 구조를 보여줄 핵심 사례로서 과학기술 부문을 살피며, 그 연구 소재로서 과학기술정책을 다룬다.

추격과 탈추격의 경로

이 책 저자들은 한국 경제의 성장 경로가 크게 추격과 탈추격으로 나뉜다고 전제한다. 과학기술은 추격과 탈추격의 변화 경로에 가장 민감하고 빠르게 조응하는 분야기 때문에, 그 변화의 동학을 이해하는 데 적합하다. 추격기는 한국이 개발도상국가의 경로에 진입하여 빠른 경제개발을 추진했던 20세기 후반으로, 탈추격기는 한국이 경제적으로 선진 궤도에 오른 이후 추격형 성장 방식의 한계를 극복하기 위한 노력들이 부상하는 2000년대 이후로 구분된다. 이 책에서 제1부에 해당하는 추격기는 홍성주가, 제2부에 해당하는 탈추격기는 송위진이 집필했다.

한국 과학기술정책의 역사를 추격기와 탈추격기로 나누어 고찰함으로써, 이 책은 각 시기의 과학기술정책을 본질적으로 다른 것으로 구분한다. 추격기는 강력한 과학기술 국가주의, 정부주도의 5개년 계획과 그 실행, 산업 형성을 위한 인력 수급과 연구개발의 동원이 그 특징으로 나타난다. 추격기의 주인공은 테크노크라트이며, 이들의 과학기술정책 기획 능력과 시스템 구축을 위한 자원 동원 능력이 핵심적인 성장 동인이었다. 그에 비해 탈추격기에는 민간의 혁신 주도성, 시민 참여와 같은 새로운 변화가 나타난다. 과학기술정책에서도 기초연구 강화, 프론티어 연구개발 등 지식으로서의 과학기술 발전을 추구하고, 사회와 공공영역에 대한 기여를 중시하는 기조가 강화되었다. 탈추격 시기의 주인공은 전문가이며, 과학기술정책에서 이해당사자의 참여와 조정을 어떻게 만들어내는가에 따라 과학기술 분야의 성장이 결정된다. 결국 추격기의 과학기술정책은 정부의 소수 테크로크라트가 주도하는 수단이었다면, 탈추격기의 과학기술정책은 민간의 전문가들과 시민의 참여를 이끌어내는 민관 협치의 도구라고 볼 수 있다.

저자들은 20세기 후반 추격기를 단순히 탈추격을 위해 청산해야 할 과거 시기 정도로 간주하지 않는다. 최근 한국에서 출판된 많은 보고서와 미디어 기사에서는 마치 추격기의 발전에 대해 손쉬운 것이었던 듯 취급하나, 실제의 역사적 과정은 그렇지 않았다. 추격기에 대한 고찰은 첫째, 과거의 역사를 있는 그대로 규명하기 위해 중요하고, 둘째, 무엇보다 현재의 구조적 특성과 문제를 이해할 결정적 단서이기 때문에 중요하다. 더욱이 추격이 불가능하던 시점에서 추격의 경로로 진입했다는 사실만으로도 한국의 경제성장은 다른 개발도상국가에게 모범 사례로 꼽힌다. 이 책의 추격기 서술은, 기존에 추격기를 이해하던 통념과 달리, 한국적 성장 모델에 대한 심화된 이해와 시사점을 제공할 것으로 생각한다.

추격으로부터 탈추격으로 이행하는 경로는 불연속적인 구조 변동을 수반하는 과정이다. 탈추격은 압축성장이 일어난 20세기 후반의 성장 방식에 대한 성찰로부터 제기되며, 기존의 제도와 방식을 극복하기 위한 대안의 형성과 실천을 변화의 동력으로 삼는다. 또한 탈추격은 기존의 역사적 궤적으로부터의 단순한 이별이 아닌, 역사적 과정 속에서 일어나는 전환이기 때문에 추격형 시대의 관행과 공존하기도 한다. 즉, 탈추격은 현재로서는 그 끝이 언제이고 어디라고 규정하기 어려운 진행형이다. 이런 차원에서 본다면 한국은 2016년 현재 탈추격으로의 이행 과정에 있다고 볼 수 있다. 때로는 탈추격을 향해 진일보하다가도, 때로는 추격형 방식으로 후퇴하는 시행착오를 동시에 겪고 있는 것이다.

추격과 탈추격의 시대를 이끌고 만들어가는 측면에서 한국의 과학기술정책은 세계적으로 독보적인 정책 기획과 실행의 사례다. 많은 나라에서 과학기술정책을 포함한 여러 정책 기획이 실행으로 이어지지 못하고 슬로건에 그친다. 이 책에서 다룰 한국 과학기술정책의 사례는 경제사회적 발전 단계별로 필요한 수요에 부응하기 위해 정책이 어떻게 기획되고 실천되는가를 구체적으로 보여준다. 이는 보다 넓은 틀에서 보자면, 변화에 대한 한국의 높은 수용력과 적응력을 보여준다. 요컨대, 추격기에서 탈추격기로 이행하는 한국의 과학기술정책은 경제사회적 변화에 반응하고 대응하는 한국적 동학의 핵심인 것이다.

이 책이 나오기까지

이 책의 저자들은 과학기술정책연구원에서 근무하면서 과학기술정책에 대한 현장의 지식과 경험을 축적해오고 있다. 그 과정에서 과학기술정책연구원의 여러 동료와 연구원 바깥의 관련 전문가들로부터 많은 도움을 받았다. 과학기술 관련 부처의 공무원들, 여러 진흥 기구의 전문가들, 대덕의 연구자들, 대학의 교수들, 그리고 개발도상국가에 대한 협력사업을 진행하는 전문가들과 일상적으로 주고받았던 대화, 각종 세미나에서의 토론, 정책과제 연구와 성과 확산 과정에서 일어나는 학습과 발견 등 많은 경험들이 이 책에 서술된 내용들에 반영되었다.

무엇보다 이 책은 〈한국의 과학과 문명〉 연구 과제를 계기로 추진되었다. 이 과제를 수행하는 전북대학교 한국과학문명학연구소의 여러 선생님들은 이 책의 기획과 집필 과정에서 수차례의 조언과 제언을 아끼지 않았다. 한국과학문명학연구소의 신동원, 김근배, 문만용, 신향숙 선생님께 감사드린다.

2016년 11월
세종에서 홍성주, 송위진

차례

저자 소개와 총서 기획편집위원회	4
일러두기	5
발간사_〈한국의 과학과 문명〉 총서를 펴내며	6
서문	8

제1부 과학기술의 진흥과 추격체제의 형성_홍성주

제1장 저개발 탈출의 동학 26
    1. 원조와 저개발 지속의 딜레마   26
    2. 과학기술역량의 내재화   30
    3. 추격기 과학기술정책의 성공 요인   33

제2장 국가 주도의 과학기술 발전 청사진 39
    1. 과학기술 발전 청사진의 원형   39
    2. 해방 직후의 과학기술계 인사들   41
    3. 과학교육진흥책   45
    4. 과학기술부 설치안   48
    5. 과학기술 건설 노력의 결과와 함의   51

제3장 저개발 탈출을 위한 기술정책 53
    1. 빈곤한 나라의 저개발 탈출   53
    2. 기술원조사업의 딜레마   58
    3. 저개발 탈출, 경제개발을 위한 기술도입전략   64
    4. 기술정책과 추진체계의 설치   72
    5. 개발도상국가 궤도로의 진입   77

제4장 경제개발의 신주체로서 과학기술인력   80
    1. 경제개발과 인력 공급의 문제   80
    2. 경제개발 이전 공교육정책의 문제   83
    3. 경제개발을 위한 기술인력 수급계획   89
    4. 과학기술인력 양성과 활용 체계   94
    5. 산업인력 양성체계   104
    6. 대안적 기술인력 양성체계 구축의 함의   109

제5장 과학기술 연구개발체계의 발전   112
    1. 연구개발체계의 국가 제도화   112
    2. 기술 추격을 위한 연구기관 설립과 확산   115
    3. 국가연구개발사업의 발명과 확산   125
    4. 한국 과학기술 연구개발체계의 특성과 함의   137

제6장 과학기술 진흥과 추격의 성공   141
    1. 추격기 과학기술의 성장   141
    2. 한국 과학기술정책의 성공 요인   144
    3. 개발도상국가에 대한 시사점   148

제2부 탈추격체제의 모색_ 송위진

제1장 추격체제의 특성과 한계   159
    1. 추격체제의 산업혁신   160
        1) 추격형 기술혁신의 특성 | 2) 대기업 중심의 수직적 네트워크
        3) 정부주도의 자금과 인력 공급 | 4) 공공연구기관을 통한 기술혁신 지원
    2. 추격체제의 과학기술정책과 행정체제   173
        1) 경제성장에 초점을 맞춘 선택과 집중 정책 | 2) 집중화된 과학기술 행정조직

3. 추격체제의 과학기술과 시민사회 179
　1) 과학기술과 시민사회 ｜ 2) 계몽과 동원
4. 새로운 문제들 184

제2장 산업의 탈추격 혁신 187
1. 탈추격 산업혁신활동의 성과 188
　1) 산업혁신활동의 발전 ｜ 2) 산업혁신의 전개 양상 ｜ 3) 성과: 경로실현형 혁신의 구현
　■ 보첨 1 CDMA기술개발사업 197
2. 추격체제의 경로의존성 200
　1) 경로창출형 혁신의 제약 ｜ 2) 대기업 중심의 혁신네트워크 강화
3. 탈추격 혁신네트워크의 모색 204
　■ 보첨 2 사회·기술시스템론 206

제3장 탈추격 혁신과 과학기술정책의 변화 209
1. 과학기술정책의 기조 변화 210
　1) 과학기술정책의 위상 강화 ｜ 2) 탈추격 혁신을 위한 새로운 유형의 사업과 정책 추진
　3) 통합형 혁신정책의 등장
2. 탈추격형 과학기술정책의 전개 220
　1) 기초·원천연구의 심화 ｜ 2) 새로운 성장동력 확보를 위한 신기술 개발
　3) 기술집약형 중소기업 육성 ｜ 4) 지역혁신정책의 발전
　5) 참여적 거버넌스 도입 ｜ 6) 사회문제 해결을 지향하는 연구개발사업의 등장
3. 추격체제의 경로의존성 230
　1) '선택과 집중'형 정책의 지속 ｜ 2) 산업혁신에 포획된 정책
　3) 추격형 정책개발체제의 유지
4. 성과와 한계 238

제4장 과학기술과 시민사회의 새로운 만남 240
1. 새로운 과학기술—시민사회 관계의 등장 241

1) 과학기술 관련 국가위원회에의 시민 참여 | 2) 시민 참여형 제도와 혁신활동
3) 기술위험 관련 갈등의 폭발 | 4) 탈추격의 열망과 애국주의: 황우석 사건
5) 과학기술계의 자기 돌아보기: 이공계 위기론

 2. 추격체제의 경로의존성   254
  1) 형식화된 시민 참여 | 2) 추격 시대의 과학기술자 불러오기
  3) 계몽주의와 일등주의
 3. 탈추격 혁신과 시민 참여   257

제5장 탈추격을 위한 과학기술정책   259

 1. 기술의 탈추격에서 시스템의 탈추격으로   260
  1) 기술의 탈추격과 시스템의 탈추격 | 2) 지속가능한 시스템으로의 전환과 전환 관리
 2. 공급 중심에서 수요 중심으로   264
  1) 수요 중심적 접근의 필요성 | 2) 사회문제 해결형 혁신정책의 강화
  3) 수요 기반 신산업 활성화 | 4) 사용자 참여형 혁신 | 5) 기술위험 대응
 3. 분화에서 통합으로   271
  1) 통합적 접근의 필요성 | 2) 연계·통합의 강화

맺음말   274

주석   281
표 및 도판 일람   303
참고문헌   306
찾아보기   317
Contents in English   335

제1부

과학기술의 진흥과 추격체제의 형성

_홍성주

추격기 한국 과학기술 발전의 특징은 '과학기술의 내재화'에 있었다. 내재화란 외부화의 반대 용어로, 과학기술을 국가시스템의 일부로 만든다는 의미다. 해방 후부터 1960년대 초까지 한국에서 과학기술은 경제와 마찬가지로 전형적인 저개발 상태에 있었다. 공공부문과 민간기업을 포함하여 저개발 상태의 한국 과학기술은 인력, 조직, 제도적 기반 모두 미약했다. 이렇듯 과학기술이 빈약한 가난한 나라가 과학기술을 내재화한다는 것은 일견 쉬워 보여도 사실상 거의 불가능에 가까운 선택지다. 그것은 2016년 현재도 마찬가지인데, 세계적으로 볼 때 빈곤한 나라의 국가 지도자들이 규모의 재정을 과학기술에 꾸준히 투입하는 일은 거의 발생하지 않는다.

한국의 경우에는 과학기술이 저개발 탈출을 위한 기술적 문제를 해결할 것이라는 정책 예측이 구체화되던 1960년대 초부터 국가적 진흥 대상으로 선택될 수 있었다. 이후 과학기술정책은 경제성장의 경로에 과학기술을 합치시키기 위한 노력으로 압축되었다. 그 과정에서 정부주도의 과학기술정책 기획과 실행, 과학기술인력 및 연구개발 제도와 조직의 구축이 지속적으로 일어났다.

추격기를 다룰 제1부의 서술은 한국의 경제성장을 설명하던 기존의 연구

흐름들과 주된 문제의식을 공유한다. 첫째는 '개발국가(developmental state)'의 시각에서 한국의 경제성장을 이해하는 개발경제학적 동향이다. 한국의 빠른 경제성장에 주목하는 경제학계의 동향은 1980년을 전후로 나타났다. 암스덴(Alice Amsden)을 비롯한 초기의 연구자들은 개발국가의 개념을 통해 한국의 정부주도형 경제발전을 설명했다. 이들은, 학자마다 연구 대상이나 초점이 조금씩 다르기는 하지만, 대체로 개발국가의 엘리트 관료들을 경제발전의 주도 세력으로 보았고, 정부의 경제기획 및 핵심 관료 중심의 하향식 의사결정과 실행이 개발국가의 효율적 작동 모델이었다고 설명했다.[1] 이 책의 추격기 서술은 크게 보아 개발국가의 개념을 따르며, 과학기술정책의 관점에서 기존의 개발경제학적 논의에 대한 이론적이고 경험적인 설명을 보완한다고 볼 수 있다.

이 책에서 고려하는 두 번째의 학술적 동향은 기술혁신 연구다. 1980년대부터 기술학습과 역량의 축적 관점에서 후발산업국가의 성장을 설명하는 새로운 학술적 흐름이 형성되었다. 국내외 기술혁신 연구자들을 중심으로 한국, 일본, 타이완 등 20세기 후반 산업화가 일어난 국가들의 기술혁신 패턴이 탐구되었다. 이러한 초창기 연구는 국내에서 기술혁신 연구가 활성화되는 계기로 작용했고, 개발도상국가의 산업 발전이 선진국의 기술을 도입하고 학습하는 과정에서 기술능력을 축적함으로써 이루어진다는 설명이 확산되었다. 예컨대 박우희·배용호는 우리나라의 산업과 기업의 발전이 1970년대까지 기술 흡수와 개량의 과정을 통해, 1980년대부터 자체적인 연구개발을 통해 이루어졌음을 실증연구를 통해 보여주었다. 이후 국제적으로도 널리 알려진 기술 진화적인 관점이 형성되었는데, 김인수는 한국과 같은 개발도상국가의 경우 선진국과 달리 이미 성숙된 기술의 도입과 학습, 개량 과정을 통해 새로운 혁신으로 나아가는 역순적 경로가 있음을 규명하였다.[2] 이 책의 추격기 서술은 기술혁신 연구가 상정하는 기술 진화적 관점을 공유하여, 추격기를 역순적 기술학습을 위한 단계로 본다. 다만 이 책의 서술은 기술의 진화적 전개를 규명하는 것보다는 제도와 시스템의 형성과 구조적 변화에 주목하고 있다는 점에서 선행연구들과는 차이가 있다.

추격기 서술에서 주목하는 세 번째 동향은 한국 과학사다. 1990년대 이후 한국의 과학기술을 연구 대상으로 삼는 역사 연구, 특히 현대사 연구 성과가 증가하면서 한국 과학기술에 대한 이해가 넓어지고 있다. 해방 후 한국 과학자사회의 형성, 과학기술 연구기관과 연구체제, 기술개발사, 정치와 과학 등 다양한 주제에 대한 역사적 탐색이 이루어졌다. 초창기에는 여러 과학사 연구들이 1960년대 중반에 집중되는 경향이 있었으나, 최근에는 1980년대 및 그 이후를 고찰의 대상으로 삼는 성과들이 나타났다.[3] 이 책 또한 과학기술정책사의 규명을 통해 한국 현대 과학사의 큰 연구 흐름 속에 놓여 있다고 볼 수 있다.

이 책에서 주시하는 네 번째의 동향은 공적개발원조(ODA)의 일부에서 진행되는 과학기술 협력사업들과 관련된다. 개발도상국가에서 저개발 상태가 지속하는 문제를 해결하기 위한 사례로서 한국의 과학기술 발전 양식을 다루는 흐름이 최근 수년간 형성되었다. 이러한 연구에서는 한국 과학기술 발전의 진화와 그 궤적, 그 과정에서 정부 정책의 역할을 설명하는 데 주목한다. 대표적인 사례들은 과학기술정책연구원에서 출판된 보고서들이다. 예를 들어 홍사균 외의 보고서는 외국 기술 도입, 기술능력 축적, 독자적 기술역량 확보를 중심으로 한국 과학기술 발전의 단계를 나누었는데, 그 시기의 특징을 형성, 성장, 성숙으로 규정하였다. 신태영 외의 보고서에서는 한국 과학기술이 초창기 외국 기술을 도입하고 학습하며 기술적 능력을 내재화했고, 성장 단계에서는 연구개발활동을 통해 혁신이 일어났으며, 2000년대 이후에는 고도의 역량을 갖춘 행위자들이 클러스터

나 파트너십을 결성하면서 혁신을 만들어낸다는 설명을 모델화했다.[4] 이 책의 추격기 서술은 이러한 개발도상국가 대상 과학기술 협력사업의 경험으로부터 많은 도움을 받았다. 2011년부터 2013년 사이에 저자는 대개도국 협력사업에 참여하여 개발도상국가 공무원들의 관심사와 문제를 직접 청취했으며, 그들의 문제의식으로부터 한국 과학기술의 추격기 발전을 이해할 관점의 폭을 넓히는 데 도움을 받았다.

한국의 경제 추격기의 과학기술정책을 다루게 될 제1부는 총 5개의 장으로 구성된다. 제1장은 추격기 과학기술 발전의 문제 인식에 대한 이론적 고찰을 담는다. 제2장에서는 경제개발이 시작되기 이전까지의 한국 과학기술정책의 역사적 배경을 다루며, 각종 대안이 만들어짐에도 불구하고 저개발 상태로부터 탈출하지 못하는 한계를 고찰한다. 이 시기는 2차 대전 이후 일본으로부터 해방된 한국에서 과학기술의 발전을 모색하지만, 실질적으로는 이를 추진하지 못하고 경제 종속 상황을 지속하던 때이다. 이 시기는 한편으로는 경제와 과학기술의 암흑기로 볼 수 있지만, 다른 한편으로는 과학기술 진흥을 위한 대안이 형성되었다는 점에서 고찰해볼 의미가 있다.

제3장에서는 경제개발 초기 저개발 탈출의 핵심 수단으로서 과학기술정책이 기획되었음을 밝힌다. 한국이 저개발 상태에서 추격 경제로 진입하게 된 계기는 정치사회적 변동 등 여러 요인들이 있지만, 특히 그중에서도 과학기술정책은 외자도입의 타당성을 입증할 기술역량의 확충에 초점을 두었기 때문에 탈-저개발 과정에서 대단히 유효했다. 또한 경제개발 초기 과학기술정책 의제의 개발과 주도권을 경제부처 기술 관료들이 가지게 됨으로써, 우리나라 과학기술이 발전하는 독특한 정부주도의 양식을 규정하였다. 그것은 정부, 특히 경제 부처-과학기술 부처 중심으로 과학기술정

책이 입안 및 집행되는 체계를 뜻한다. 이러한 체계하에서 과학기술정책의 명분은 경제성장의 논리로 설명되어야 하며, 변동하는 정치적 흐름에 취약한 구조를 안게 된다.

다음의 제4장에서는 추격기 한국 과학기술정책이 우선적으로 다루었던 과학기술인력 부문을 다룬다. 국토가 작고 천연자원이 부족한 한국에서는 인적자원을 국가가 가진 자원의 전부라고 보는 인식이 존재한다. 한국 과학기술 발전이 경제개발 초기에서 성공적인 발전 동력을 확보한 것은 산업개발 수요에 필요한 인력을 공급할 인적자원 개발의 정책 수단을 체계화시켰기 때문이다. 즉, 과학기술인력의 수요 공급 정책을 그 핵심으로 볼 수 있는 것이다. 이는 개발도상국가에 시사하는 점이 큰 정책이다. 왜냐하면, 대개의 개발도상국가에는 교육정책과 같은 공급 정책이 산업이나 사회적 수요와 무관한 독자성을 가지고 전개되기 때문에, 공급한 인력을 경제사회적으로 흡수하기 어렵기 때문이다. 그로 인해 역량 있는 과학기술인력의 해외 유출이 심각한 문제로 지속된다. 한국의 과학기술정책은 과학기술인력의 해외 유출이 아니라, 오히려 해외 인력을 국내에 유치하는 데 성공했다. 결국 한국의 초기 경제개발은 과학기술인력을 산업개발의 목표에 합치시킴으로써, 그 성장의 엔진에 시동을 걸었다고 볼 수 있다.

제5장에서는 국가 과학기술시스템의 핵심인 행정체계, 정부연구개발기관, 국가연구개발사업에 대해 다룬다. 이들은 과학기술이 실질적으로 작동하는 시스템을 이룬다. 과학기술 주무부처가 시스템의 모양과 작동방식을 기획하는 데 주도적 역할을 했다면, 정부 연구개발기관들은 시스템의 핵심 행위자로서 국가적 임무를 수행했다. 국가연구개발사업은 시스템의 행위 주체들이 때로는 협력, 때로는 경쟁을 통해 국가적 미션을 달성하는 메커니즘이다. 추격기 과학기술의 시스템은 1960년대 후반 과학기술처와 KIST를 중심으로 그 초기 조건이 형성되었다. 이후 이 시스템은 1980년대

대덕연구단지로 확장되었다. 국가연구개발사업은 1982년 특정연구개발사업을 시작으로, 산업기술개발, 중소기업기술개발, 프론티어 부문까지 확장되었다. 이러한 역사적 경로는 한국 과학기술시스템의 고유한 특성을 각인시켰다. 그것은 정부의 강력한 연구개발정책 개입과 여전한 정부주도성, 그리고 과학기술이 국가적 활동으로 인식되는 점이다.

제1부의 결론 격인 제6장에서는 추격기 과학기술 진흥의 성과를 소개한다. 과학기술시스템과 제도 면의 발전상을 양적 지표로 조망하며, 한국 과학기술의 발전 궤적에 각인된 한국적 특성에 대해 논한다. 또한 추격기 한국 경제와 과학기술 발전에 관심이 많을 개발도상국가의 의사결정자들을 위한 몇몇 제언도 담는다.

이렇듯 제1부는 추격기 한국 과학기술이 발전해온 제도와 시스템의 측면에서 과학기술정책을 다룬다. 이를 위해 본 연구는 추격기 한국의 과학기술정책 및 행정과 관련된 자료들을 폭넓게 조사했다. 대한민국 국가기록원, 국회도서관, 법제처 등 주요 기관 내부의 아카이브 조사를 비롯하여, 당대의 신문 및 잡지에 수록된 과학기술정책 및 행정 관련 기사들, 주요 과학기술 행정가들이 남긴 문헌기록 조사를 수행하였다.

추격기 한국 과학기술정책의 역사는 정부주도로 과학기술이 발전해온 경로적 특성과 한계에 대해 몇몇 통찰을 제공해준다. 우선, 정부가 주도하여 과학기술의 성장을 이끌었기 때문에 다른 나라에 비해 한국에서는 과학기술 연구기관과 지원기관이 빠르게 만들어졌고, 투입되는 자원과 인력의 규모도 빠르게 늘었다. 또한 정부가 과학기술 육성의 주체가 됨으로써, 과학기술의 진흥을 보장하는 다양한 법제도가 만들어졌다. 무엇보다 정부주도의 압축성장 시기를 지나 선진국으로 진입하고자 하는 2000년대 이후에도 한국에서는 국가주의적 과학기술 이념이 강하게 남아 있다.

그렇기 때문에 추격기에 대한 이해는 탈추격이 어려운 까닭과, 우리의 발전 경로 속에 숨은 모순을 이해하는 데도 도움이 된다. 탈추격기 한국 과학기술정책은 추격기 과학기술 성장의 한계에 대한 인식으로부터 시작한다. 단기적 산업개발을 위한 정부주도의 과학기술 발전은 그 이면에 여러 문제점들을 노출시켜왔다. 기초연구의 토대가 취약하여 학술연구의 전통과 지식의 축적이 이루어지지 않는다, 산업에 초점을 둔 기술개발에 집중하다 보니 복지나 사회발전과 같은 국가의 다른 영역에서 과학기술의 역할이 부족하다, 테크노크라트에 의한 의사결정 주도로 인해 시민 참여형 정책 결정 문화가 미비하다, 추격의 시스템을 통해 탈추격 문제를 해결하려다 보니 비효율이 높아진다 등의 문제가 제기되는 것이다. 이는 추격기의 과학기술 성장 경로가 새로운 발전 경로를 저해하는 요인이라는 힌트를 준다. 이를 포괄하는 탈추격 논의는 제2부로 이어진다.

무엇보다 제1부는 개발도상국가에 대한 중요한 시사점을 제공할 것으로 생각된다. 한국을 벤치마킹하는 여러 개발도상국가 의사결정자들은 과학기술 투자를 통해, 단기적으로는 급박한 경제성장에 필요한 요소를 충족시키고자 하며 장기적으로는 그 나라의 지속적인 성장의 토대를 만들고자 한다. 추격기 과학기술정책의 구체적인 면면들은 그간 정부주도성 하나로 설명되어온 한국의 과학기술 개발전략에 더욱 풍부한 사례와 실행 경험을 보탤 수 있을 것으로 기대한다.

제1장

저개발 탈출의 동학

1. 원조와 저개발 지속의 딜레마

지금(2016년)으로부터 약 60년 전 한국은 빈곤으로부터 벗어나 개발의 궤적을 그리기 시작했다. 무엇이 당시 세계에서 가장 가난한 나라 중 하나였던 한국에 이러한 변화를 가져왔는가? 이후에도 한국은 어떻게 개발의 궤적에서 이탈하지 않을 수 있었는가? 추격기 한국 과학기술정책을 다루는 제1부에서는 그 답이 개발의 동력이 되는 국가의 내재적 역량을 만드는 일에 달려 있다고 본다.

언뜻 이러한 주장은 당연한 듯 보인다. 어느 나라나 개발을 위해 국가적 역량을 키우고 결집하는 일을 중시한다. 하지만 이것이 이론이 아닌 실천 단계에서는 결코 쉬운 일이 아니라는 게 역사가 말해주는 진실이다. 20세기 중반 많은 국가들이 식민지 상황을 탈피하고 독립하였다. 외세에 대한 정치적 독립을 달성했으나, 그럼에도 불구하고 여전히 아시아와 아프리카, 남아메리카 대륙의 많은 나라들이 경제적으로는 외국 원조에 의존하는 상태에 머물러 있었다. 20세기 후반 필리핀, 아르헨티나 등 몇몇 국가들은 개발에 성공하는 듯했으나 그 모멘텀을 유지하지는 못했다.

왜 많은 나라들이 빈곤으로부터 탈출하지 못하는가? 아쉽게도 이 질문에 대한 명쾌한 답은 없다. 정량적 측면에서 국내총생산(GDP), 인구수와 같은 국가 지표들은 그 나라의 정치적이고 경제적인 조건과 상황을 이해하는 데 도움을 주지만, 빈곤의 악순환이 지속되는 까닭을 설명하지는 못한다. 나라에 따라 차이가 있는 정성적 측면으로서 엘리트 그룹의 구성과 역할, 역사적 전통과 문화적 토양과 같은 요인들은 빈곤이 지속되는 까닭에 대해 일부 설명의 단서를 제공하지만, 이러한 정성적 요인들을 중시하다 보면 문화결정론에 빠질 우려가 있다. 문화적 요인들이 빈곤의 근원이라면, 어떻게 개선의 여지와 변화의 동력을 만들겠는가!

한국 사례는 저개발 상태의 국가에서 빈곤이 지속되는 이유와, 그러한 악순환을 깨고 빈곤으로부터 탈출하는 경로에 대해 하나의 역사적 설명을 제공한다. 이 설명은 1950년대 후반 한국 사회에서 전개된 빈곤과 원조의 관계에 대한 논쟁을 복원함으로써 이해될 수 있다. 1950년대 전쟁과 분단을 겪은 상황에서 한국의 빈곤은 세계 최악의 상황에 이르렀다. 절대 빈곤의 상황으로부터 한국인들을 구호하기 위해 미국과 UN을 중심으로 엄청난 국제 원조가 한국에 제공되었다. 이와 같은 대규모 원조자금이 한국에 투입된 배경에는 한반도가 냉전의 축소판이라는 국제 지정학적 상황이 있었다. 한반도의 남쪽과 북쪽이 각각 자유주의와 공산주의 체제로 분단되자, 남한과 북한은 양 진영으로 갈라진 강대국들의 체제경쟁의 대리국이 되었던 것이다. 미국을 비롯한 자유진영이 한국을 극동의 방어선으로 삼은 상황에서 한국에 대한 대규모의 국제 원조자금이 투입되었다. 그럼에도 불구하고 한국의 빈곤은 쉽게 개선되지 않았다.

저개발국가의 빈곤 문제를 해결하기 위해 국제 사회는 원조를 제공한다

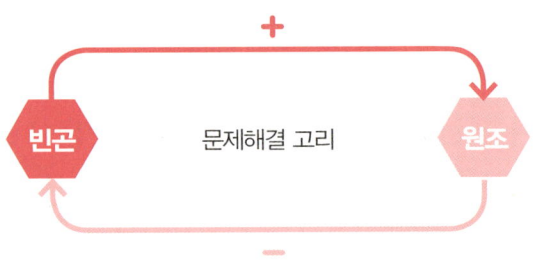

〈그림 1-1〉 빈곤과 원조의 문제해결 고리(자료: 저자 작성)

(〈그림 1-1〉 위쪽 화살표). 선진국가로부터 출연된 자금인 국제 원조가 빈곤 국가에 제공된다면 그 나라의 빈곤이 줄어들게 될 것이다(〈그림 1-1〉 아래쪽 화살표). 본래 국제 원조는 20세기 중반 세계대전이 끝나면서 출범한 국제연합(UN), 국제개발부흥은행(IBRD)과 같은 국제기구들이 국가 간 전쟁 후 복구를 돕고 외교적 연대를 강화하기 위해 시작한 사업의 하나다.[1] 특히 과거 제국주의 지배하에 있던 국가들이 정치적으로 독립한 이후에도 빈곤이 심화되자, 이들 나라를 돕겠다는 선진국의 호의와 원조를 통해 우방을 확보하겠다는 외교적 전략이 맞물려 국제 원조라는 새로운 분야를 만들었다. 저개발국가의 가난 해결이라는 목표하에 국제 원조는 부유한 원조 공여국의 자원을 가난한 수원국으로 이전하기 때문에, 원칙적으로는 국제 사회에서 경제적 격차가 해소되어야 한다.

하지만 실제의 역사적 경험들은 빈곤과 원조의 의도된 선순환이 의도하지 않은 악순환으로 변하는 딜레마를 보여준다. 상당히 많은 원조가 빈곤한 국가에 지속적으로 제공되어도 그 나라의 빈곤이 개선되지 않는 현상이 나타난다. 이 딜레마는 국제 원조가 의도하지 않은 효과를 일으키기 때문이다. 원조는 대체로 자금, 물자, 서비스의 형태로 제공되어 당장의 배고픔과 고통을 해결하는 데 큰 도움을 준다. 하지만 원조자금과 물자의 수용 채널 및 분배구조 속에서 수원국 내부에 부패 집단이 만들어질 수 있다. 또한 원조물자와 서비스를 받는 일에 익숙하다 보면 국민들의 자립 의욕이 저하된다. 게다가 종종 원조자금과 물품의 사용을 두고 국민들 사이에 분열과 투쟁이 벌어지기도 한다.

이렇듯 선의로 제공되는 원조는 수원국 내부에 의도하지 않은 효과들을 일으키며, 그 과정에서 수원국의 엘리트 그룹은 당장의 외원 조달과 외원의 지속적 확보라는 정책 문제에 대부분의 지적 역량을 집중하게 된다. 장기적 국가 개발이나 경제 자립과 같은 문제를 고민할 여력이 줄면서 원조가 늘더라도 그 나라가 개발에 성공할 수 있는 내재적 역량은 만들어지지 않는다. 오히려 국제 원조에 대한 의존도가 높아지면서 빈곤이 지속되어 원조 요청이 줄어들기 어렵다. 빈곤을 줄이고 개발을 돕기 위한 원조가 빈곤을 지속하고 개발을 줄이는 악순환의 근원으로 뒤바뀌는 것이다.

이러한 딜레마는 이 책의 제2장에서 다룰 1950년대 말 미국과 한국 양쪽에서 원조를 놓고 벌어진 논쟁에 반영되어 있다. 당시 미국 의회에서는 한국에 대한 원조에 대해 효과성 논쟁을 벌였다. 대단히 많은 무상원조가 제공됨에도 한국이 스스로 발전할 가능성이 없어 보이는 점이 미국이 대한(對韓)원조를 지속해야 하는가에 대한 근본적 의문이었다. 이러한 원조 효과성 논쟁은 미국의 대한원조자금이 무상원조에서 차관 형식으로 전환하게 되는 계기로 작용했다. 다른 한편 수원국이던 한국에서는 원조 의존성 논쟁이 일었다. 정부가 외원에만 의존하다 보니 국가 개발은 요원하다는 지적이 당시 국내 주요 저널과 일간지 논설에 종종 게재되었다. 공여국과 수원국 모두에서 더 이상 비효과적이고 의존을 강화하는 원조를 지속하기 어렵다는 문제 인식이 공유된 것이다.

2. 과학기술역량의 내재화

한국은 어떻게 빈곤과 원조의 관계가 일으키는 의도하지 않은 효과들로부터 벗어날 수 있었는가? 그 첫 걸음은 원조 효과성 및 원조 의존성 논쟁을 인식한 한국 정부가 자립경제를 선언한 일이었다. 1959~61년 사이 한국 초대 대통령 이승만의 하야, 민주화, 군사정변이라는 일련의 정치적 변혁이 일어나는 과정에서 여러 차례 바뀐 정부는 각기 자립경제 달성을 목표로 경제개발계획을 선포했다. 이승만 정부 시기에는 경제개발계획이 미국의 오레곤대학 교수들로 구성된 컨설팅 그룹의 도움으로 만들어졌고, 이후 이승만 정부의 경제개발계획을 기초로 수정된 경제개발계획들이 몇 차례 더 나왔다. 하지만 자립경제를 실행해본 적이 없는 상황에서 문서화된 계획만 가지고는 할 수 있는 게 없었다. 산업시설과 인프라스트럭처의 구매 리스트와 다름없는 경제개발계획은 원조나 외국 투자 없이는 이룰 수 없었다. 자립경제를 선언한 순간 한국 정부로서는 경제의 자립을 위한 외부의 재원을 어떻게 확보하고 투자 주체들에게 그 타당성을 어떻게 입증할 것인가의 난관이 도래했다.

국가 차원의 자립경제 실행이란 유형, 무형의 자원 투입과 함께 사회 구성원들이 목표를 달성하기 위해 능력을 발휘함으로써 이루어진다. 그 실행의 성과는 실행하는 사람들과 시스템의 역량이 어느 정도인가에 달려 있다. 그러한 역량은 국가를 구성하는 각 영역에서 형성된다. 그 영역은 국가의 사업이 실행되는 정부의 조직 구성에서 드러난다. 외교, 재정, 국방, 교육, 기술, 농림, 해양, 보건 등이 국가 개발의 각 영역을 이루는데, 그 안에서 어떠한 역량들이 축적되고 체계화되느냐에 따라 국가 차원에서 실행하는 정책과 사업의 성과가 달라진다.

예를 들어 자립경제를 실행하기 위해 많은 자금이 투입된다고 가정해보

자. 자본이 충분한 상황에서 노동과 토지만 갖춘다면 국가적으로 경제성장이 일어날까? 만약 그렇다면 어느 국가라도 경제성장을 이루는 게 도전할 만한 일이 될 것이다. 하지만 현실은 그렇지가 않다. 개발도상국가의 경험들을 보면, 외국자본 투자가 적극적으로 이루어지더라도 그것이 그 나라의 역량으로 내재화되지 않는다면 자본 투자의 성과는 다국적기업이 주로 가져가고, 그 나라의 경제성장에는 큰 변화를 주지 못한다. 물론 국가 차원에서 보자면 저임금 노동의 제공을 통한 일자리 창출의 효과가 있지만, 이러한 효과는 지속적으로 유지되지 않은 채 대개 다국적기업이 머무는 기간 동안에 한시적으로만 나타난다. 그래서 국가적 역량을 갖추는 일이 중요하다. 그래야 외국자본 투자의 효과가 국가 차원의 역량 축적을 통한 경제성장까지 연결될 수 있다.

빈곤한 나라일수록 국가의 모든 영역에서 역량이 부족하다. 그렇기에 대규모 원조자금 투입 및 외국인 투자를 국가 발전의 자양분으로 활용하는 것은 개발도상국가 지도자들에게 큰 도전이 아닐 수 없다. 그렇다면 국가적 역량은 어떻게 만들어지는가? 대부분의 역량이 취약한 상황에서 어떠한 부분을 먼저 육성해야 하는가?

한국이 저개발 상태였을 때 한국 정부는 무엇보다 기술역량의 문제에 주목했다. 기술역량이 원조와 자립경제 간의 악순환 고리를 깨고, 양자 간 긍정적 상호 연결을 만들 창구라고 본 것이다. 한국이 수혜하는 원조자금의 약 5%가 기술원조였는데, 다른 외원 항목들이 대체로 구호나 기반시설의 건설 성격임에 비해, 기술원조자금은 내재적 기술역량을 축적하는 데 활용할 가능성이 있었다. 또한 기술역량의 축적은 외국 투자의 기술적 타당성을 설득할 수단이기도 했다. 그런 이유로 한국에서 기술역량이 외원과 내생적 개발의 상호 시너지를 높일 핵심적인 국가 역량으로 주목받게 된 것이다.

한 국가의 기술역량을 어떻게 키울 수 있을까? 이 질문에 대한 답은 상당히 모호하다. 일단 기술역량을 가시적으로 인식하는 게 쉽지 않으며, 그 형성 궤적은 더더욱 잘 드러나지 않는다. 하지만 적어도 공시적으로는 국가 간 비교를 통해 국가별 기술역량의 정도를 가늠할 수 있다. 국제적 관점에서 보자면 한 국가의 기술역량은 국제경영연구소(IMD) 또는 세계경제포럼(WEF) 등에서 발표하는 기술경쟁력으로 측정된다. 한국은 기술경쟁력 측면에서 수년째 세계 10위권 안팎을 유지하고 있다. 세계 기술경쟁력 순위에서 미국, 독일과 같은 기술 선진국은 늘 최상위에 오르며, 그에 비해 많은 개발도상국가들은 하위권에 머무른다.

흥미롭게도 이러한 기술의 격차는 지난 10년간 반복되는 경향을 보이며, 이러한 격차가 해소될 큰 이변은 일어나지 않았다. 이는 국가의 기술역량이 장기간의 노력을 통해 만들어는 것이지, 어떤 특별한 요령에 의해 빠르게 만들 수 있는 것이 아님을 의미한다. 그럼에도 국가 간 기술 격차가 절대적으로 좁혀질 수 없는 것이 아니라는 점 또한 한국과 같은 후발국가들이 보여준다. 격차를 좁힐 방법이 없는 것은 아니라는 뜻이다. 그렇다면 한 국가의 기술역량은 어떻게 만들어질까?

국가의 기술역량을 만들어가는 동인(drivers)은 크게 둘로 나누어볼 수 있다. 하나는 나라마다 기술에 대해 지니는 고유한 경험이나 전통과 같은 문화적 동인, 다른 하나는 국가정책의 시행 결과, 기술의 진흥으로 나타나는가 아니면 규제로 귀결되는가 하는 정책적 동인으로 나눌 수 있다. 전자의 경우는 주로 민간영역에서 이어져온 장인 전통이나 혁신적 기술 기반의 창업 문화 등이 추동 변수로 작용했고, 이는 그 나라의 기술역량이 구축되는 데 기여했다. 18세기 이래 산업혁명에 성공한 선진국 대부분은 그 성공의 상당 부분이 장인 전통 및 창업 문화서 비롯되었다. 한편 후자의 경우는 주로 공공부문의 자원을 국가 차원에서 전략적으로 활용하여 기술역량을 갖춘 경우로, 20세기 후반 후기산업화(late industrialization)에 성공한 한국, 대만, 중국 등의 사례가 이에 해당된다. 물론 어느 나라나 두 가지 동인 모두를 가지고 있다. 하지만 어떤 시점에 어떠한 동인들이 더 잘 작동했느냐 하는 역사적 경험은 국가마다 다르다.

이 책의 제1부 추격기에서 다루는 사례는 정책적 동인을 통해 기술역량이 만들어지는 과정을 보여준다. 필자들이 기술역량 형성의 동학에서 문화적 동인을 크게 고려하지 못한 이유는 그것이 중요하지 않아서가 아니라, 이를 규명할 연구와 축적된 지식 기반이 부족해서다. 문화적 동인에 대한 설명이 결핍되었음에도 불구하고, 필자들은 정책적 동인이 한국의 기술역량 형성에 미친 영향이 매우 크기 때문에 탐구할 만한 가치가 충분히 있다고 생각한다. 앞으로 살필 한국 사례들은 한 국가의 기술역량이 정책적 선택을 통해 만들어진다는 점을 보여준다. 국가 차원의 기술역량 형성에서 정책적 선택을 좌우하는 기본 질문은 어떠한 기술이 국가 발전에 필요한가, 필요하다면 제한된 자원을 얼마나 기술에 투자하고 그 성과를 어떻게 활용할 것인가이다. 이러한 질문에 답을 하는 과정에서 국가적 목표와 기술개발의 임무에 대한 방향이 형성되며 정책적 선택이 이루어지게 된다.

3. 추격기 과학기술정책의 성공 요인

한국은 저개발에서 탈출하고 개발을 지속하는 과정에서 국가의 내재적 역량의 하나로서 과학기술을 채택하고 그 시스템을 성장시켰다. 그 결과 한국의 과학기술은 거의 제로 기반에서 출발하여, 2015년 기준 분야별·주체별로 다소 차이가 있기는 하지만 세계 10위권 내외의 경쟁력을 갖춘 부문으로 발전했다. 2000년대 과학기술정책의 목표로 삼았던 과학기술 10대 강국, 7대 강국의 비전이 실현된 것이다. 뿐만 아니라 경제성장의 결과인 국민총생산에서 연구개발에 투자하는 비중은 세계 최고 수준이 되었다. 한마디로 한국의 과학기술은 그 자체로 한국식 압축성장의 증거라고 볼 수 있다. 그렇다면 국가 발전의 과정에서 과학기술정책의 어떠한 전략들이 압축적인 성장을 이끌었는지 그 성공의 원천을 살펴볼 필요가 있다.

우선 한국의 과학기술정책은 국가적 목표에 과학기술을 수단화함으로써 그 정당성을 확보해왔다. 과학기술의 국가 수단화란 경제력이 낮은 개발도상국가에서 당연한 선택인 것으로 보이지만, 실제로 과학기술이 핵심적인 국가 수단의 위치를 차지하기 위해서는 정책적 전략이 이를 담보할 수 있어야 한다. 이를 이해하기 위해서는 개발 과정에서 과학기술이 중요하다는 정보를 아는 것과, 과학기술을 내재화하도록 투자하는 것 사이에 큰 거리가 있음을 이해해야 한다. 그 까닭은 기업과 마찬가지로 정부 또한 과학기술을 성장을 위한 여러 자원의 하나로 보기 때문이다. 다시 말해, 개발 과정에 필요한 기술을 구매하는가 또는 기술을 직접 개발하는가의 사이에는 큰 차이가 있는 것이다. 개발도상국의 기업들은 대부분 재력이 미약하기 때문에 크고 작은 사업들에서 기술을 직접 개발하기보다는 구매를 택하기 쉽다. 개발도상국의 정부 또한 차관이나 공공재원을 투자하는 주요 국책사업에서 기술의 직접 개발이나 기술 개발만을 위한 사업 도입보다는 필요한 기술을 구매하는 방법이 주요 국책사업을 성공시키기 위한 빠른 길일 수가 있다.

개발도상국에서 과학기술개발이 가능하기 위해서는 과학기술정책 입안자들이 기술개발에 예산을 투자하도록 예산 당국을 비롯한 정부의 핵심 의사결정 주체를 설득하는 과정이 필요하다. 이는 과학기술을 국가 개발의 내재적 수단으로 위치시키는 과학기술 전략을 통해 획득된다. 이러한 전략은 최상위 국가정책인 경제사회 계획과 과학기술정책을 얼마나 잘 합치하느냐, 과학기술의 국가 개발에 대한 기여를 어떻게 입증하느냐, 이를 영향력 있는 통치자에게 얼마나 잘 전달하느냐에 달려 있다. 여러 개발도상국가에 한국의 과학기술 발전 경험을 자문하는 최영락 박사에 따르면, 한국의 과학기술 성장 과정에서 최고통치자의 의지와 결단은 대단히 중요한 요인이었다. 그는 한국에서 최고통치자의 과학기술 지원을 당연한 것으로 여기는 풍조가 있으나, 다른 개발도상국가 관점에서 보면 정치 지도자가 과학기술을 지원하기란 쉬운 일이 아니라고 했다.[2] 그만큼 정책 논리나 정치적 당위성만 가지고는 정부 내에서 과학기술정책을 정당화하기가 어려운 것이다.

다음으로 한국의 과학기술정책은 과학기술이 경제자립력을 높이는 핵심 요소로 작용하도록 유도했다. 경제개발 초기 한국은 선진국가나 다국적기업 입장에서 볼 때 결코 유리한 투자 대상이 아니었다. 분단으로 인한 정치적 불안정과 종종 벌어지는 크고 작은 테러들, 외국인에게 불편한 정주 환경, 숙련되지 않은 노동력, 국제 표준과는 한참 거리가 먼 국내생산 제품 규격과 사양, 천연자원이나 부품소재를 자체 조달하기 어려운 척박한 산업 환경, 전력, 교통망, 통신망과 같은 기초 인프라의 부족 등 해외 투자를 유치하기에는 불리한 조건이 산적했다. 이러한 조건에서 차관을 유치하고 국책사업을 수행할 수 있던 배경에는 한국에서 이러한 사업들을 추진할 기술적 타당성이 있다는 설득이 필요했고, 그러한 설득을 위해 국내 과학기술 행위자의 역량 증대와 시스템의 구축을 유도했다.

무엇보다 해외 차관기구로부터 외자를 유치하기 위한 기술적 타당성 설득은 한국 정부가 수출지향 발전을 목표로 삼으면서 더욱 절실하게 필요로 한 것이었다. 해외로 수출하는 제품의 경우 기술적 사양 조건을 맞추지 않는다면 거래 자체가 불가하다. 저가 제품일 경우라도 제품의 기본적인 조건은 갖추어야 하기 때문이다. 이러한 기술적 사양을 맞추기 위해서는 적어도 국제적으로 표준화된 생산시설의 도입과 가동, 품질 관리가 철저하게 이루어져야 하는데, 이러한 공장 운영의 모든 과정에 기술적 역량이 필요하다. 그러므로 국가 차원에서 내재적 과학기술역량, 즉 국가 과학기술인력의 총수, 기술적 숙련의 정도, 과학자, 공학자 등 최고 과학기술자의 수, 과학기술 분야별 교육과 훈련 정도와 공공인증, 연구개발인프라 구축 규모, 국가의 기술 투자 규모 등의 지표를 늘리도록 관리하는 것은 대단히 중요해진다. 이러한 과학기술 지표들은 외국자본 유치의 기본적 설득 도구가 되기 때문이다.

한국의 개발 특성은 산업개발의 기술적 개발 관리를 한국인들이 직접 수행했다는 점에서 찾을 수 있다. 만약 해외 투자가 이루어질 때 기술역량을 다국적기업이 직접 관리하고, 국내 개발 행위자들이 내재적 기술역량을 축적하거나 발전시키지 못한다면, 그 국가는 노동력 제공 이상으로 산업화의 효과를 누리지 못한다. 이는 실제로 많은 개발도상국이 겪는 현실이다. 다국적기업은 대개 저렴한 노동자원 및 현지 시장을 인센티브로 개발도상국에 진출한다. 그러므로 필요치 않다면 다국적기업은 굳이 현지에서 기술을 조달하려 하지 않을 것이고, 그 기업이 진출한 국가에서 외국 투자로 인한 효과는 고용 창출 등 일부분에 국한된다. 하지만 한국의 개발 과정에서는 해외 투자가 늘수록 국내 기반의 과학기술역량 축적과 선진 생산관리에 대한 학습이 일어났다. 개발 초기에는 한국에서도 대부분의 개발도상국과 유사하게 다국적기업의 현지 공장 운영 표준인 턴키 방식의 완제품 조립 생산이 일반적이었다. 하지만 이와 함께 흔히 모방으로 지칭하는, 역행적 엔지니어링에 기반한 국산화 및 자기 브랜드화 움직임도 뚜렷하게 일어났다. 그 결과 한국에서는 턴키로부터 자체적 공장설비 제작으로, 주문자상표부착 생산으로부터 자기상표 생산으로 제조업 부문이 발전했다.

　한국의 과학기술정책이 산업개발 과정에 기여한 바는 명확하다. 하나는 숙련된 기술인력의 육성 정책, 다른 하나는 민간의 취약한 연구개발활동을 보완할 공공부문의 연구개발 및 지원 정책이었다. 국가 과학기술시스템을 구성하는 핵심 부문인 연구개발체제는 민간부문에 대한 기술의 창이자 국가 전체적으로 부족한 과학기술역량을 강화하는 역할을 수행했다. 공공부문에 의해 조성 및 강화된 과학기술역량을 통해 한국은 해외 차관사업 및 외국인 직접투자사업에서 국내적 기술 참여와 학습을 이룰 수 있었고, 또한 그러한 경험과 함께 제품 및 기술의 국산화를 주도적으로 추진하게 되었다.

　요컨대 추격기 한국의 과학기술정책은 기술역량을 강화하면서 민간부문의 기술개발을 선도했다. 공공부문에 해당하는 연구개발체제의 성과는 민간부문의 취약한 개발능력을 보완하거나, 기술이 민간의 발전을 이끄는 역할을 했다. 산업개발 초기에는 산업적으로 응용 가능한 기술의 목록과 상세를 민간에 제공하여 민간의 기술학습을 촉진하고 사업화의 가능성을 넓혔다. 민간기업이 성장하는 단계에서는 기업이 시도하기 어려운 자체 개발 또는 국산화를 선도하며 위험을 분담해주었다. 이렇듯 변화하는 역할을 설계하고 실제 개발 과정에 기여한 점이 한국 과학기술정책이 과학기술 분야의 압축성장을 이끈 성공 방정식의 핵심이었다.

　하지만 이와 같은 성공의 방정식은 2000년대 이후 한국의 경제구조가 글로벌 선진 수준으로 전환하는 데 종종 난관으로 작용한다. 민간 중심의 경제 전환을 목표로 삼고 있음에도 불구하고, 한국 정부의 시장에 대한 정책 개입 수준은 여전히 개발 시대만큼 높으며, 그러한 지나친 개입이 시장에서의 경쟁 규칙을 교란시킨다. 그 대표적 사례가 한국 경제 언론에서 자주 언급되는 '좀비 기업' 논란이다. 정부가 혁신적 중소기업을 육성하기 위해 다양한 정책 수단을 활용함에도 불구하고, 실제로 여러 기업들이 혁신적으로 성장하지 않으면서 정부의 보조금에 근근이 기대어 존속을 유지하고 있다는 것이다.

그렇기 때문에 2015년 한국에서는 창조경제와 같이 민간 중심의 새로운 경제에 대한 비전과 동시에 개발시대 정부와 공공부문이 주도하던 정책 전통이 공존했다. 이러한 공존은 현실적 차원에서 관치의 필요와 자유주의적 시장중심경제로의 전환 구상 사이에 갈등의 근원이 되지만, 또 다른 한편에서 새로운 변화를 모색하는 동력이 되기도 한다. 그러한 맥락에서 2015년 이후 한국 정책계의 핫 이슈인 공공 개혁과 연구개발 혁신은 새로운 시대에 필요한 과학기술의 새로운 역할을 요청하고 있다.

제2장
국가 주도의 과학기술 발전 청사진

1. 과학기술 발전 청사진의 원형

해방 직후 한국 정치가들과 지식인들에게 중요한 문제는 일본이 제국주의 통치 지역의 하나로서 운영하던 한반도를 온전한 국가체계로 재구성하는 일이었다. 일제강점기에 한반도는 일본이 통치하는 식민지의 하나였고 한반도에 관한 정책은 일본 중앙정부의 의사결정에 따라 좌우되는 식민지정책의 성격을 지녔다. 그러므로 한국 정치인들과 지식인들 사이에서는 '지역'이 아닌 온전한 형태의 '국가' 건설을 위한 중앙정부 구성과 정책 수립이 핵심 사안으로 떠올랐다. 이들은 정치, 경제, 산업, 학술 등 각 분야에서 새로운 국가의 비전을 세우고 추진하기 위한 청사진들을 만들었으며 그 일부에서 과학기술 분야의 인사들이 국가 과학기술 발전의 청사진을 만들게 되었다.

이 장에서 다룰 두 개의 국가 과학기술 청사진은 신생국가의 탈식민 과학기술 기획을 이해할 수 있는 좋은 사례다. 두 개의 청사진은 각각 과학기술인력 계획안과 과학기술 연구개발 거버넌스 설계안이었다. 누가 이러한 청사진을 기획했고, 무엇을 추구했으며, 어떻게 제작했을까? 이러한 질문들을 중심으로 이 장의 서술은 우리나라 과학기술계 주요 인사들이 추구한 과학기술 기획의 초기 성격과 발생 과정을 추적한다.

초창기 과학기술 청사진에 대한 규명은 첫째, 신생국가가 어떻게 기존의 정책영역이 부재한 상황에서 새로운 정책을 만드는가를 설명한다. 서양의 선진국가들에 비한다면, 20세기 중반에 독립한 신생국가들은 과학기술을 국가적 발전 수단이자 투자의 대상으로 설정하기가 쉽지 않았다. 무엇보다 과학기술과 관련된 엘리트 그룹이 취약하고 그에 투자할 자원 또한 부족했기 때문이다. 더욱이 가난한 나라일수록 적은 자원의 분배를 합의하는 의사결정 과정에서 과학기술이 하나의 분배 영역으로 '선택'되기는 더욱 어렵다. 보통 이러한 이유들이 반복되기 때문에, 신생국가의 과학기술 발전이 지체된다. 한국 또한 해방 후 20년 동안 과학기술 발전이 매우 더디게 일어났다.

그럼에도 불구하고 국가 건설 초창기에 제기된 청사진은 그 실천이 당장에 일어나지 못하더라도 정책을 결정하는 정부와 공공부문 엘리트 그룹 사이에서 지속적인 심리적 부담감을 남긴다. 초창기 제안될 당시 하나의 기획 아이디어에 머물렀던 정책 청사진은 이후의 의사결정 과정에서 끊임없이 반복적 의제로 회자되면서 마치 반드시 실행해야 함에도 불구하고 당장에 하기 어렵기 때문에 미루어둔 도전적 목표로 성장하는 것이다. 그러므로 어떤 분야의 엘리트들이 이러한 청사진을 정책계 내부에 심어놓는 것은 대단히 중요한 초기 전략이 된다.

둘째, 초창기에 구축된 청사진은 향후 정책의 궤적을 결정하는 중요한 준거로서 역할을 한다. 청사진이라 일컬을 수 있는 정책안은 실행 여부와 상관없이 그 자체로서 필요성과 중요성의 권위를 획득한 정책 대안을 말

한다. 청사진이 된 정책 대안은 하나의 큰 정책 흐름을 만들 정도의 정책 시각과 분야 정체성을 담고 있다. 또한 이러한 청사진은 해당 분야의 지도자급 인사들이 제시하게 마련이므로, 그 계에서 지속적으로 회자되는 속성을 지닌다. 그렇기 때문에 청사진은 국가적 자원 배분의 게임에 참여하게 되는 논리적이고 정치적인 근거로서 하나의 정책 궤적을 결정하는 방향타가 되는 것이다.

과학기술인력의 계획안과 연구개발 거버넌스 설계안은 모두 일본에 의해 지역 정책으로 다루어졌던 과학기술 부문을 국가 차원으로 업그레이드하기 위한 청사진이었다. 실제로 두 안이 미군정 내부에서 회람될 당시에는 논의에 참여한 여러 한국인 인사들로부터 강한 동의를 획득할 수 있었다. 하지만 그것의 실천은 자원의 투입이 필요한 또 다른 문제였다. 그 실천은 제1장에서 살펴본 바와 같이 재정의 사용에 대한 미군정의 우선순위와 현실 인식에 따라 이루어지기 어려웠다.

비록 실천되지 못한 의제에 그쳤지만 두 개의 과학기술 청사진은 오늘날까지 한국 과학기술정책의 담론 구도에 영향을 미친다. 그것은 과학기술계 인력의 수요와 공급 관점에서 벌어지는 여러 정책 논의들, 그리고 연구개발 거버넌스를 둘러싼 다양한 시도들이다. 이 장의 내용을 살펴볼 누구라도 매우 유사한 고민과 논리가 21세기 한국 과학기술정책에서도 반복되고 있음을 눈치챌 수 있을 것이다.

2. 해방 직후의 과학기술계 인사들

해방과 함께 한국의 정치인들과 지식인들은 새로운 국가의 정부를 구성하고 공공정책 영역을 설정해야 하는 과업을 수행하고자 했다. 그 준비를 위해 해방 직후 경성(지금의 서울)을 중심으로 여러 정치단체와 학술조직이 만들어졌고, 중국, 미국, 일본 등 세계 각지에 흩어져 있던 주요 인사들이 귀국을 서둘렀다. 과학기술계에서는 조선학술원, 조선과학기술연맹, 조선공업기술연맹 등 학술계, 과학계, 공업계를 중심으로 사회단체가 구성되었다. 또한 경성대학(구 경성제국대학) 이공학부, 경성공업전문학교, 경성광산전문학교 등 기존에 일본이 운영하던 과학기술계 기관은 자치위원회가 결성되면서 시설과 조직의 이관이 추진되었다.

새로운 국가 건설의 과업은 당시의 지식인들에게 앞으로 국가를 어떻게 이끌어나갈 것인가를 묻고 있었다. 당시 과학기술계 인사들은 한반도의 과학기술이 "동경대판(東京大阪)의 출장원격에 불과"하다고 판단했다.[1] 일제강점기에 한반도에 설치된 과학기술기관들은 일본에 있는 과학기술 중앙기관들의 분소로서 대개 규모가 작았고 독자적인 운영체계를 갖추지 못했다. 게다가 일본인들은 한반도의 과학기술기관들을 운영할 때, 고급 행정과 교육, 연구활동에 한국인들을 거의 참여시키지 않았기 때문에 해방 후 이 분야에서 훈련된 한국인 과학기술자들이 그리 많지 않은 상황이었다. 이와 함께 과학기술계 인사들은 과학기술 부문의 현안을 국가 건설이라는 과업을 염두에 두고 고민해야 했다. 이들은 국가 발전의 비전을 산업화, 공업화로 설정했고, 과학기술이 공업의 건설과 국가 발전에 반드시 필요한 수단이라는 담론을 주도했다. 이들 중 일부는 독립국가의 과학기술 건설 문제를 구체화한 정책안을 만들었고, 이를 미국 군정당국이 반영하여 실시하도록 도모했다.

미군정기 과학기술계 인사들, 그들은 누구였는가? <표 1-1>에 나타난 명단은 이태규가 『현대과학』이라는 잡지에 기고한 "건국설계의 하나로 과학기술부를 설치하자"에 나열된 사람들의 목록이다. 이태규는 일제강점기에 일본 교토제국대학에서 이학박사 학위를 받고 동대학에서 교수직을 지낸 인물로 당시로서는 보기 드문 최고의 엘리트였다. 이태규가 언급한 인사들의 이력은 다른 자료들을 조사한 결과 표와 같이 드러난다. 이들이 해방 초 과학기술 발전의 청사진을 만든 인사들의 전부라고 보기는 어렵겠으나, 적어도 이들이 미군정 당국에 과학기술 의제를 전달하는 중요한 통로였음은 분명하다. 이태규는 미군정의 교육정책 자문기구였던 조선교육심의회에 참여했고, 조선교육심의회 중 과학기술 의제를 다루던 분과의 위원장을 맡았기 때문이다. 당시 미군정 행정조직상 그 이상의 통로가 있지는 않았기 때문에, 적어도 이태규는 과학기술정책의 초기 모양을 잡는 데 핵심적인 역할을 했음을 확인할 수 있다.[2]

이름	학력(졸업연도)	식민지 시기 주요 이력	해방 직후 이력
이희준 (李熙晙, 1895~1995)	경도제대 토목과 (1926)	조선총독부 내무부 기사, 만주국 간도성삼척기업(주) 전무	기획처 경제기획관
정문기 (鄭文基, 1898~1995)	동경제대 수산학과 (1929)	수산시험장장	부산수산대학장
조백현 (趙伯顯, 1900~1994)	구주제대 농예화학과 (1925)	농사시험장 기사, 수원고등농림학교 교수	수원농림전문학교장
김노수 (金魯洙, 1901~1979)	와세다대 기계과 (1929)	조선총독부 철도국 기사	운수부 공작과장
안동혁 (安東赫, 1906~2004)	구주제대 응용화학과 (1929)	중앙시험소 기사, 경성공업전문학교 교수	중앙공업연구소장
이태규 (李泰圭, 1902~1992)	경도제대 화학과 (1927, 박사(1931))	경도제대 교수	경성대학 (이후 서울대학교) 이공학부장
윤일선 (尹日善, 1896~1987)	경도제대 의학부 (1923)	세브란스의학전문학교 교수	경성대학 의학부장

〈표 1–1〉 1945~46년 과학기술정책 담론 주도자들의 명단과 주요 이력
(자료: 과학기술계 주요 인사 명단은 이태규, "건국설계의 하나로 과학기술부를 설치하자", 『현대과학』, 1, 1946, 10–15쪽을 참조: 각 인물에 관한 정보는 박성래, 『한국 과학기술자의 형성 연구』, 한국과학재단, 1995와 국사편찬위원회 한국사데이터베이스(http://db.history.go.kr) 한국근현대인물자료를 참조)

이태규가 구성한 과학기술계 인사들의 명단을 보자. 적어도 총 7명의 인사들은 각각 토목건설, 농림수산, 운송, 공업, 이공학, 의학을 대표하는 형

식을 갖추었다. 이들은 모두 식민지 시기에 일본에서 고등교육을 받았고, 이태규를 제외하고는 모두 일제강점기 조선에서 각 분야의 전문 인력으로 활동했다. 또한 소위원회 위원들은 대개 조선학술원에서 임원 명단에 오른 이들이었다. 안동혁이 학술원 서기국에 속해 실무를 담당했다면, 정문기, 조백현, 윤일선은 각각 학술원의 수산학부장, 농림학부장, 의학부장을 맡았고, 김노수는 상임위원 명단에 포함된 이였다.[3]

이희준을 포함하여 〈표 1-1〉의 명단 중 식민지 시기 '기사'를 지낸 이들이 4명이었다. '기사(技師)'는 기술계 공무원의 직제로서 고위 공무직의 시작인 '사무관'에 해당된다. 일제강점기 조선총독부와 그 소속 기관에서 사무관 또는 기사를 역임했다는 사실은 당시 조선인으로서는 최고의 관직에 복무했음을 의미한다. 일제강점기의 정부 관료제도에서 사무관 또는 기사는 경성제국대학 교수와 같은 계급이었다. 식민지 시기를 통틀어 조선총독부 관료 중 최고의 승진을 보였던 이들은 학무국장에 임명되었던 이진호(李軫鎬)와 엄창섭(嚴昌燮) 2명뿐이었고, 그다음이 사무관 또는 기사 계급을 얻었다. 조선총독부에 봉직한 조선인들이 대개 하급 관리직이나 비정규 관리직에 종사했음을 감안한다면, 〈표1-1〉의 명단에 기사 직위를 가졌던 4명은 분명 일제강점기 기술 관료로서 최고의 직책을 가진 이들이었음이 틀림없다.[4]

그렇다면 이태규는 〈표 1-1〉의 명단에 나타난 과학기술계 인사들과 함께 무엇을 도모했을까? 이들이 '국가와 과학기술'의 문제를 어떻게 인식했고 어떠한 정책 대안으로 그들의 생각을 풀어냈는가를 살펴보자.

3. 과학교육진흥책

해방 직후 미군이 남한에 주둔하면서 국가정책은 미군정에서 논의되었다. 주로 미군들로 구성된 군정당국은 한국의 이해당사자들을 다룰 능력이 부족했기 때문에 한국인들로 구성한 위원회를 운영하여 주요 의사결정 과정에 참고했다. 과학기술정책은 미군정이 운영한 위원회 중 하나인 조선교육심의회에서 교육정책의 일부로 포함되었고, 이때 이태규가 그 책임을 맡게 되었다. 이태규는 앞에서 설명한 〈표 1-1〉의 인물들과 함께 두 개의 정책안을 조선교육심의회와 미군정에 제출했는데 그 하나가 '과학교육진흥책'이었고, 다른 하나는 '과학기술부 설치안'이었다.

이태규 등이 입안한 과학교육진흥책에서는 한국 경제와 산업의 건설에 필요한 과학기술인력의 부족을 해결할 방안을 다루었다. 이태규는 과학기술인력 부족의 문제가 식민지 교육의 병폐에서 비롯된다고 보았다. 그는 일제강점기 법문학계와 과학기술계의 교육 비율이 3:1로 불균형적이었던 점을 문제의 원인으로 지목했고, 이 비율을 1:3으로 역전시켜야 한다고 주장했다.[5] 이를 위해 고등교육정책에서는 문과계와 이과계 졸업자 수의 비율을 3:7로 조정할 것을 제언하며, 향후 25년 동안 의학 6, 이공학 3, 농학 3, 수산 2, 사범 4개교의 고등교육기관을 증설하고 그에 비해 법문과 계열의 학교는 더 이상 신설하지 말자고 주장했다. 중등교육정책에서는 실업계 중등교육시설을 일반계보다 많이 설치하고, 또 일반계 학교에서도 과학기술 계통의 교과 이수시간을 늘려 과학교육을 강화한다는 방침을 세웠다.[6]

과학교육진흥책에서는 생산인구의 부족 중 가장 심각한 문제로 고등교육을 이수한 과학기술자의 부족 문제를 제기했다. 〈표 1-2〉와 같이 당시 한반도의 생산시설을 '현상유지'하기에 필요한 과학기술자 수는 약 4만 명이었음에 비해 실제로 업무를 수행할 수 있는 인원은 1천1백여 명에 불과

	8·15이전 종사인원(1)	현상유지에 필요한인원(2)	최근40년간 국내졸업자(3)	실제능력이 유(有)한인원(4)
농업	1560	3120	450	300
임업	770	1540	250	150
잠업	420	840	100	80
토목공업	1050	4200	70	50
전기공업	440	1760	92	70
공업화학	690	2760	150	80
기계공업	450	2760	61	50
야금학	190	760	30	10
채광학	500	2000	160	50
건축학	320	960	40	30
방적학	160	1040	74	40
지질학	30	50	3	3
조선학	60	1200	3	0
항공학	80	1200	3	1
공장관리학	3000	6000	100	30
수산학	160	640	20	12
수학	150	3000	100	80
물리학	150	3000	120	50
화학	150	3000	50	20
합계	10,330	39,830	1,876	1,106

〈표 1-2〉 해방 전과 후의 과학기술자 현황과 소요 인원
(자료: 안동혁, "3의 3 공업기술 비상대책 수립 부(附) 명일의 학교", 『과학기술의 건설』, 문교부 사범교육과, 1946, 1-16쪽)

한 것으로 집계되었다. 우리나라 최초의 과학기술인력 수급 전망으로 볼 수 있는 〈표 1-2〉에서는 해방 전에 비해 해방 후의 소요인력을 4배가량 상향 전망했다. 이는 일본의 출장소 성격이던 국내 과학기술기관 및 생산시설을 독립된 온전한 형태의 기관 및 시설로 개편하고자 했던 당시 과학기술계 인사들의 기획이 반영된 산물이다.

〈표 1-2〉로부터 읽어낼 수 있는 중요한 사실은 공장 관리, 토목공업, 수학, 물리학, 화학 부문 순으로 인력 수요를 크게 예측했다는 점이다. 먼저

공장 관리를 위한 인력의 수요가 6천 명으로 가장 높게 책정된 까닭은 적산(敵産, 적의 재산을 뜻하며, 해방 후 일본인이 두고 떠난 재산을 통칭)으로 방치된 공업생산시설의 유휴 문제가 심각했기 때문이다. 일제강점기 조선에서 공장 관리와 같은 고급 노동은 주로 일본인들이 차지했고, 한국인들은 이 부문에서 경험을 쌓기 어려웠다. 따라서 적산 공장을 재가동하기 위해서는 공장 관리를 전담할 인력이 빠르게 양성될 필요가 있었다.[7]

다음으로 이희준, 김노수와 같이 조선총독부의 기술계 관료로 지냈던 인물들은 해방 후 새로운 국가 건설에서 대규모 토목사업이 수반될 일을 예측했고, 이에 토목공업 분야에서 4천2백 명의 고급 인력이 필요하다고 추정했을 것으로 짐작된다. 또 〈표 1-2〉에서는 수학, 물리학, 화학 분야의 인력이 해방 전에 각 150명으로 유지되었던 데 비해, 해방 후에는 이들 분야에서 각 3,000명이 필요하다고 예측했다. 이는 과학교육진흥책에서 실업계 학교 확충 및 과학기술교육시간 확대에 필요한 자연과학 분야의 교사 수요를 충당하기 위함이었을 것으로 추측해볼 수 있다.

하지만 문제는 현재 인원 1천 명 대비 필요 인원 4만 명이라는 과학기술 인력 공급 정책을 미군정과 같은 과도 기구가 실천할 의지와 역량이 있었는가에 있었다. 조선교육심의회는 이태규가 발표한 과학교육진흥책을 심의안건으로 통과시켰으나[8], 미군정 입장에서는 이를 선뜻 실행할 동력을 확보하기 어려웠다. 오히려 1946년의 3월 미군정의 교육정책은 조선교육심의회의 건의와는 사뭇 다르게 전개되었다. 심의회가 제기한 "신교육" 정책안의 양대 기조였던 의무교육 확대와 과학교육 진흥 모두 미군정의 교육개편안에서는 빠져 있었다. 심의회가 제기한 정책안들은 모두 대규모의 국가재정을 필요로 하는 사안으로 미군정이 이를 당장에 실현하기 어려웠고, 또 교육예산을 일부 늘려도 한국 경제에서 인플레이션이 지속되어 그 효과가 미미했기 때문이었다.[9] 더욱이 1946년 3월 미군정 문교부장(지금의 문교부 장관에 해당)에 취임한 유억겸은 민간자본을 기반으로 한 사립학교 설립을 광범하게 허용하는 정책을 추진했다. 이러한 정책에 따라 1946년 중후반 중, 고등 사립계 학교들이 늘었는데, 그 결과는 과학기술자들의 기대와는 다른 것이었다. 사립학교 설립자들은 비용이 많이 드는 과학기술 분야보다는 법문과 분야의 학교 설립을 선호했기 때문에, 사학 중심의 정책으로는 과학기술의 국가적 진흥을 추구한 과학교육진흥책의 구상을 실현하기 어려웠다.[10]

교육재정의 문제에서 기인한 문교부의 사립학교 허용 기조는 다른 한편으로 관립학교 설립의 억제, 또는 그에 대한 지원의 약화를 의미했다. 당시의 과학기술계 교육기관들이 대개 관립학교였음을 감안한다면, 1946년 문교부의 교육정책은 이태규 등 과학기술자들의 과학교육진흥책과 타협하기 어려운 조건에 있었다. 더욱이 문교부 관료들은 일본의 교육기관들이 그대로 유지되어 국고 낭비가 심하다며, 일본식 고등교육 잔재를 청산한다는 명분을 내세워 경성 지역의 관공립학교들을 국립 서울대학교로 통합하고자 했다.[11] 이때 그 통폐합 대상이 된 경성대학 이공학부, 경성공업전문학교, 경성광산전문학교는 이태규의 과학교육진흥책에서 독립적으로 확대 및 승격을 기획했던 기관들이었다. 이렇듯 미군정 문교부의 교육정책은 당시 과학기술계 인사들이 제기했던 과학교육진흥책의 수용을 어렵게 했다.

4. 과학기술부 설치안

이태규는 조선교육심의회에서 과학교육진흥책을 논의한 직후인 1946년 2월 21일 과학기술부 설치안을 발의했다.[12] 과학기술부 설치안은 우리나라 최초의 국가 과학기술 거버넌스 설계도라고 평가할 수 있는데, 그 핵심은 과학기술 심의-행정-연구 체계였다. 과학심의회는 국내 최고의 과학기술계 인사들이 과학기술 연구개발 주제의 기획과 선정 등 주요 의사결정 과정에 관여할 기구였고, 과학기술부는 행정조직, 그리고 제1, 2연구국 소속으로 국내의 각종 연구기관이 운영될 것이었다. 〈표 1-3〉에 나타나 있지는 않으나, 이태규는 신규 연구소 설립안으로서 일본의 이화학연구소와 같은 종합연구소 설립안을 건의했다. 종합연구소 설립안은 수학, 물리학, 화학, 생물학과 같이 주로 기초과학 분야의 연구활동을 위한 것이었다.

과학심의회 (심의)			
과학기술부 (행정)			
1. 기술행정국-연락회의 (총무과, 회계과, 표준과, 산업과, 후생과)			
2. 특허국 (총무과, 검사과, 등록과, 장려과)			
3. 과학진흥국 (과학박물관, 과학도서관, 능률조사소, 기술자 양성소, 기술자적정배치과, 연구조성급표창과)			
4. 제1연구국-연구회의		5. 제2연구국-연구회의	
	1946년의 기구		1946년의 기구
1. 광산시험소	지질조사소	1. 농업시험소	농업시험장
	연료선광연구소	2. 수산시험소	수산시험장
	조선자원과학연구소	3. 축산시험소	농업시험장의 일부
2. 금속재료시험소	중앙시험소의 일부	4. 임업시험소	임업시험장
3. 기계시험소	중앙시험소의 일부	5. 잠업시험소	농업시험장의 일부
4. 섬유시험소	중앙시험소의 일부	6. 수역시험소	가축위생연구소
5. 토목시험소	토목시험소	7. 후생연구소	고산치료연구소
6. 교통공학시험소	철도연구소	8. 예방의학연구소	세균혈청연구실
7. 전기시험소	전기시험소	9. 약학시험소	화학연구소
8. 연료시험소			생약학연구소
9. 건축시험소			전매국연구소
10. 공예시험소	중앙시험소의 일부	10. 식량시험소	주류시험실
11. 어선시험소	수산시험소의 일부	11. 해양연구소	수산연구소의 일부
12. 기상대		12. 육수시험소	수산연구소의 일부
13. 조선시험소			
14. 천문대			

〈표 1-3〉 1946년 이태규의 과학기술부 설치안
(자료: 이태규, "건국설계의 하나로 과학기술부를 설치하자", 『현대과학』 1, 1946, 10-15쪽)

이태규의 과학기술부 설치안은, 2016년 현재의 시점에서 보자면 70년도 더 된 설계도인데, 당시 과학기술 의사결정과 행정을 통합적으로 관리할 필요를 제기했다는 점에서 흥미롭다. 무엇보다 기술행정, 특허행정, 과학행정, 연구행정을 하나의 정부조직 하에 통합시킴으로써, 정책의 일관성과 효율성을 꾀했다. 기술행정과 함께 연락회의를 두었는데, 이 기구는 기술행정의 수요가 발생하는 타 부처 또는 타 분야의 수요를 파악하고 협력을 진행할 조직이었다. 연구기관의 관리에 대해 보면, 제1연구국에서는 무생물 계통의 연구기관들이, 제2연구국에서는 생물 계통의 연구기관들이 배열되어 있음을 알 수 있다. 또한 제1, 2연구국과 협의할 전문가들의 협의체로서 '연구회의'를 두었는데, 관료사회와 전문가사회의 균형을 고려했음이 짐작된다.

제1, 2연구국에 소속된 과학기술 분야 연구기관을 보면, 과학기술부 설립안이 이태규만의 독자적 구상이 아니라 당시 과학기술계 주요 인사들의 기획들이 반영되었음을 알 수 있다. 과학기술부 설립안에는 1946년 전국의 연구소 현황과 함께 이를 통폐합하고 확장할 계획이 나타나 있다. 이 계획에 의하면 일부의 연구기관이 통합되나 대개의 경우 기존의 기관을 확장하거나 신설할 예정이었다. 지질조사소와 연료선광연구소, 조선자원과학연구소를 광산시험소로 통합하고, 화학연구소와 생약학연구소, 전매국 연구소를 약학시험소로 통합할 계획인 반면, 중앙시험소와 농업시험장, 수산시험장을 대대적으로 확대 개편할 예정이었다. 확대될 세 개의 연구소는 각각 안동혁, 조백현, 정문기가 속한 기관으로, 이들이 이태규와 함께 과학기술부 설치안을 구성하면서 자신들이 소속된 기관의 확대를 꾀했음을 알 수 있다.

그러나 과학교육진흥책과 마찬가지로 미군정에 제출한 과학기술부 설치안은 실현되지 못했다. 행정조직의 개편은 이태규가 과학기술부 설립안을 제출한 지 2년 정도 지난 1948년 5월 미군정 문교부에 '과학교육국'이 설치되는 것으로 귀결되었다. 과학교육국은 해방 이후 우리나라 정부조직에 처음으로 '과학'이라는 명칭이 사용된 것이었으나, 본래 이태규가 과학기술부 설치안에서 기획했던 연구개발 중심의 체계로 기능하기에는 한계가 있었다. 이후 과학교육국은 문교부에 소속되어 실업계 교육기관의 인허가 및 실업교육 지원 업무를 수행했다.

5. 과학기술 건설 노력의 결과와 함의

해방 초 이태규를 중심으로 구성된 과학기술계 인사들은 두 개의 정책안을 조선교육심의회에 제안함으로써 한국의 과학기술을 식민지적 속성에서 벗어나 독립된 체계로 만들고자 했다. 과학교육진흥책에서는 장기적으로 과학기술인력을 늘림으로써 한국 경제의 생산력 증대 및 공업화에 기여할 비전을 제시했고, 과학기술부 설치안에서는 연구개발체계의 발전을 꾀했다. 그러나 결과적으로 볼 때, 과학기술계 인사들이 제안한 과학교육진흥책과 과학기술부 설치안은 1960년대 후반 '과학기술의 붐'(1966년 한국과학기술연구소 설립, 1967년 과학기술처 설립과 과학기술진흥법 제정)이 일어날 때까지 별다른 진전을 보이지는 못했다.[13] 그럼에도 해방 직후 과학기술 건설의 청사진은 국내 과학기술자들에게 하나의 커다란 인식적 각인을 남겼다. 그것은 국가 발전을 위해 과학기술의 진흥이 필요하다는 논리에 내재한 매우 강력한 '과학기술 국가주의'다.

서양의 여러 경험을 살펴보면, 과학기술이 반드시 국가적 영역으로 성립해야 할 당위는 없다. 다만, 어떤 나라가 처한 특수한 상황이 때로는 강력하게, 때로는 약하게 과학기술 국가주의를 추동한다. 예컨대 식민지 상황으로부터의 독립이나 저개발국가의 경제개발 붐과 같은 변화가 있을 때 종종 그 나라에서 과학기술 국가주의가 강화되는 시류가 형성될 수 있다. 그에 비해 전통적으로 과학이 발전한 서유럽 국가들에서는 대개 과학과 기술은 공공보다는 민간의 영역에서 발전해온 역사적 궤적을 갖는다. 그렇기 때문에 과학기술이 공공부문에 있더라도 민간과 같은 자율성의 기반이 조성되어 있는 것이다.

그렇다면 한국에서 강력한 과학기술 국가주의는 식민지로부터의 해방 국면에서 과학기술 선구자들에 의해 상상되었고, 이러한 역사적 각인이 상당히 오랫동안 한국인들의 과학기술 인식에 잔영처럼 남아 있다고 볼 수 있다. 이와 같은 한국적 특성은 과학기술에 대한 공공정책이 시장 실패 차원을 넘어 더 적극적인 정부의 역할을 설정하는 정책 개입의 명분을 정당화했다. 그것은 과학기술 부문을 포함하여 한국 현대사에서 국가 주도성 또는 정부 지향성으로 설명되는 공공부문의 시장 선도 역할이 형성되는 기원을 설명한다. 즉, 한국에서는 국가 주도의 과학기술정책이나 과학기술에 대한 정부 개입이 마치 당연한 듯 과학기술계에 수용될 조건이 만들어졌던 것이다.

제3장

저개발 탈출을 위한 기술정책

1. 빈곤한 나라의 저개발 탈출

가난한 나라에서 과학기술 활동이 가능할까? 세계은행에 따르면 하루 1.25달러 이하로 생존하는 인구가 12억 명에 이른다. 하루 2.5달러 이하로 볼 경우에는 27억 명, 즉 세계 인구의 절반에 이르는 사람들이 빈곤 인구로 집계된다.[1] 빈곤 인구는 주로 아시아와 사하라 이남의 아프리카 대륙에 위치한 나라들에 몰려 있다. 이들 나라의 가난한 국민들은 매일같이 식량 부족, 물 부족, 불결한 위생 및 만연한 질병과 다투어야 한다. 자본이 풍족한 경우라면 한 나라의 정부가 과학기술에 공공자금을 투자하는 것이 대단히 어려운 결정이 되지는 않겠지만, 한 나라 인구의 절반 또는 그 이상이 기아와 질병에 시달리는 상황이라면 어느 국가의 어느 지도자라도 과학기술을 국정 목표의 하나로서 추구하기란 쉽지 않은 일이다.

물론 저개발국가에도 과학기술 지식과 활동은 존재한다. 개인이나 집단이 보유한 토착적 지식과 노하우는 과학기술의 지적 자산이 될 수 있다.

하지만 이러한 지적 자산이 새로운 부의 창출이나 사회적 문제의 해결과 같은 국가적 목적이나 기업가의 이윤 창출 행위에 사용되지 못한다면 그것은 일부 개인이나 집단에 소유된 지식 활동에 머문다. 현대의 과학기술은 전통적 형태와는 많이 다르다. 오늘날의 과학기술은 지식과 노하우를 축적하고 개발하는 지적 전통과, 그러한 활동을 유지하고 지원하는 체계를 기반으로 발전한다. 대부분의 선진국들은 오랜 기간 동안 과학기술에 대한 공공 및 민간 투자를 유지 및 확대해왔다. 과학기술에 대한 공공 및 민간 투자가 누적된 바탕 위에서 현대적 의미의 과학기술이 성장한다고 봤을 때, 저개발국가와 선진국 사이의 과학기술 격차는 경제 격차만큼이나 그 간극이 크다.

그렇기 때문에 여러 저개발국가에서 과학기술은 그 중요성에 대한 인식에 비해 실질적 투자가 이어지지 못하는 분야로 남게 된다. 한 국가가 저개발 상태일수록 민간부문 또한 취약하기 때문에 국내시장을 통한 과학기술의 발전은 더욱 어렵다. 이러한 상황은 국가주의적 과학기술 관념을 강화하는 배경으로 작용한다. 즉, 국가 차원의 과학기술정책이나 정치 지도자의 과학기술 투자 의지를 그 나라 과학기술 발전의 핵심 동력으로 여기는 사고가 형성되는 것이다. 21세기 들어 아시아와 아프리카의 여러 개발도상국가들이 과학기술 기반의 발전을 추구하고 지도자의 과학기술정책 의지를 중시하는 맥락도 이와 상통한다.

한국의 경우 다른 어느 나라보다 과학기술 국가주의가 견고하다. 과학과 기술이 서로 다른 전통과 계보로 발전해온 서양 국가들에서는 양자가 각기 다른 개념으로 이해되고 사용되는 것과 달리, 20세기 후반 후기산업화에 성공한 국가들에서는 과학과 기술이 마치 하나의 고유명사인 듯, '과학기술'로 사용된다. 저개발 상태에서 경제발전이라는 뚜렷한 목표하에 과학기술에 대한 공공투자가 이루어졌기 때문에, 과학기술이 지니는 지식

산출의 근본적 속성보다는 그것의 산업적 유용성이라는 렌즈로 과학기술을 이해하기 때문이다. 한국에서 과학기술은 특정 국가적 목표를 달성하기 위한 수단이라는 인식이 보편적인데, 바로 이러한 개념이 저개발로부터의 탈출과 경제개발의 과정에서 한국적 특수성이 개입한 결과로서 형성되었다.

빈곤으로부터 벗어나 개발의 선순환 고리를 만들어가는 과정은 이론적으로 설명할 수 있는 게 아니다. 이는 오로지 그것을 실천한 역사적 경험을 통해서만 드러난다. 한국은 어떻게 빈곤의 악순환으로부터 벗어났을까? 〈그림 1-2〉는 한국 경제가 원조로 인한 자립 저하의 악순환 고리를 깨고 저개발로부터 탈출하는 과정의 개요를 보여준다. 저개발로부터의 탈출은 1960년 전후 여러 사건들이 동시적으로 발생하면서 일어났다.

저개발 탈출의 첫째 계기는 정치변동이었다. 정치변동은 기존의 정치세력관계를 흔들어놓으면서 국가적으로는 이전과 다른 대안의 비전을 실험하고 확산하는 효과를 만들어냈다. 한국에서 1948년 이후 10년 넘게 집권한 이승만 정부의 국정 기조는 대체로 반공과 부흥이었다. 특히 1950년 6·25전쟁을 겪은 이후 해외 원조에 대한 복구 과정에서 의존경제체제가 지

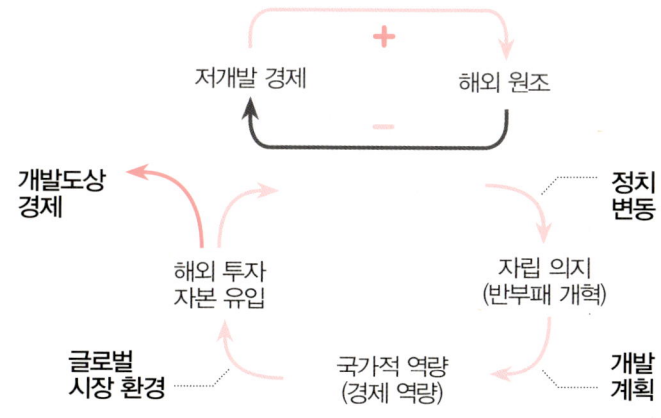

〈그림 1-2〉 1960년대 한국의 저개발 탈출 과정의 개요(저자 작성)

속되었다. 하지만 1960년 민주화운동의 성공으로 이승만 정부가 몰락하면서 민주 정권이 집권했다. 당시 국민들의 경제개발과 생활의 개선에 대한 기대는 매우 높았으며, 이는 다른 한편으로 민주 정권의 무능함에 대한 질타로 이어졌다. 이러한 민심의 변동을 틈타 1년여 만에 군사정변이 일어났다. 박정희 정부는 민주 정권의 무능함을 넘어 실력을 보여줘야 할 것이었다. 이렇듯 1960년 전후 극적인 정치변동은 한국인들에게 변화를 기대하고 경험하게 했다. 그 과정에서 의존경제가 지니고 있던 침체와 무사안일, 패배주의적 사고를 넘어, 변화와 자립경제라는 새로운 국가 발전의 비전이 확산되었다.

둘째는 개발계획이었다. 국가 차원에서 의존경제를 넘어서 자립경제로 가는 길은 정부의 정책역량에 의해 뒷받침된다. 정책역량이란 국가적 자원을 국가 차원의 사업에 활용하여 성과를 거두기 위해 필요한 기획, 투자, 실행, 관리 전반의 역량을 의미한다. 의존경제와 자립경제에서 정책역량의 차이는 상당히 크다. 국가재정의 대부분을 외원에 의존하는 상황에서는 국가적 주요 정책과 사업에 대한 의사결정 또한 외자기구에 의존하게 된다. 외자기구가 세련된 지식을 갖춘 전문가들로 정책을 기획하는 데 비해, 수원국 정부의 공무원들은 지식 면에서 정책역량이 부족한 경우가 많다. 이럴 경우 더더욱 외자기구의 정책 기획에 의존하는 체제가 강화되면서 외원의 사용에 대한 현지 정부의 의사결정 영향력이 줄게 된다. 그에 비해 국가의 자립경제는 외원을 포함하여 국내로 들어오는 자원을 스스로 기획 및 통제하는 의사결정의 독립성에 기반한다.

그러므로 자립경제에 대한 천명은 곧 국정의 의사결정에서 영향력을 높이기 위한 노력으로 연결된다. 이 과정에는 딜레마가 하나 있다. 이미 외원에 국가재정의 대부분을 의지하는 상황에서 어떻게 외자의 활용 방안에 대한 수원국 또는 채무국 정부의 의사결정 영향력을 높인단 말인가? 만약 원조기구 또는 차관기구 입장에서 본다면, 무엇을 믿고 수원국 정부의 외원 사용 계획을 지지할 수 있을까? 내자가 부족한 국가에서 경제개발계획이란 외자 활용계획과 다를 바 없다. 어떻게 경제개발계획이 외자를 투입할 만한 일이라고 설득할 수 있을까? 바로 이것이 경제개발 초기 한국 정부가 고민했던 문제다. 정책역량이 그다지 높지 않은 상황에서 국책사업의 백화점식 나열을 담은 경제개발계획은 곧 외국의 자본을 한국 정부의 의도대로 쓰고 싶다는 신청서에 불과했다.

이때 기술역량의 중요성이 부상한다. 개발의 기초는 투자 자금의 확보인데, 자금원을 설득하기 위해서는 개발사업의 경제적, 기술적 타당성에 대한 검토가 수반되어야 한다. 경제적 타당성은 자금의 효율적 운영에 따라 투입 대비 산출의 효과로 계측할 수 있으나, 기술적 타당성은 그 사업의 기술적 실현 가능성과 수행 주체의 기술역량에 의해 결정된다. 경제개발 초기 외원기구는 한국 정부가 제시했던 사업 기획안들에 대해 종종 기술적으로 타당하지 않다는 결론을 내렸다. 능력이 없으면서 일을 추진해봐야 소용없을 것이라는 판단이었다.

그렇기 때문에 자립경제로 나아가기 위해 국가의 정책역량이 발휘되는 시점에 기술역량의 중요성이 부각된다. 기술이 국가의 내재적 역량 중에서 무엇보다 중요한 부문으로 평가받는 것이다. 여기에 또 하나의 난제가 숨어 있다. 저개발국가에서 기술은 국가가 관리할 수 있는 영역인가 아닌가의 질문이다. 기술의 뿌리를 만드는 장인 전통은 기본적으로 민간에서 발흥하며, 국가가 기술에 대해 투자를 하더라도 민간부문이 이를 사용하지 못한다면 그 투자의 효과가 없다. 저개발국가는 대개 민간부문의 발전이 취약하다. 그렇기 때문에 오히려 국가 차원에서 실험 기술에 대한 투자 결정을 내리기 어려운 것이다. 기술과 같이 돈이 많이 들고 투입한 효과가 즉각적으로 나오기 힘든 분야에, 가뜩이나 적은 국내자금과 원조자금을 투자하기란 저개발국가의 정부로서는 대단한 결단이 아닐 수 없다.

한국이 저개발로부터 탈출에 성공한 세 번째 까닭은 당시 글로벌 분업구도의 변화에서 한국의 경제 주체들이 개발도상국가적 기회를 잡았기 때문이다. 1960년대 이후 글로벌 분업 전개의 큰 특징은 선진국에서 개발도상국가로 노동집약형 산업, 공해를 유발하는 생산시설, 저부가가치 생산 단계를 이전하는 것으로 요약된다. 1960~90년대 한국 경제의 리더들은 선진국으로부터 개발도상국으로 이전되는 산업시설을 유치하는 것을 경제개발을 위한 거의 유일한 선택으로 보았다. 한국 경제는 과감한 정부 투자를 통해 선진국으로부터 사양화되는 산업을 빠르게 도입함으로써 개발도상국 간의 경쟁우위를 확보할 수 있었고, 그 결과 1990년대 한국은 선진국의 턱밑까지 추격할 수 있었던 것이다.

물론 글로벌 분업구도나 국내 정치변동이 중요한 요인임은 틀림없으나, 이 책이 다루는 주제와 범위는 과학기술 내재화의 길에 집중된다. 이제 당시 원조 의존경제에 내재했던 의존적이고 비효율적 요인들이 요동치며 의존경제의 한계에서 벗어나게 되는 과정에서 기술의 역할이 무엇이었는지를 살펴보자.

2. 기술원조사업의 딜레마

한국 정부는 1958년 미국의 상호안전법(Mutual Security Act) 개정을 계기로 국가정책의 대전환을 꾀해야 했다. 미국 정부는 미국 내 국제수지 악화 문제를 개선하기 위해 상호안전법을 개정하여 대외 무상원조 규모를 감축하려 했다. 이를 위해 미국 정부는 경제원조의 경우 개발차관기금(Development Loan Fund, DLF)을 신설하여 점차 그 방식을 무상원조에서 차관 형식으로 전환한다고 발표했다. 1961년 집권한 미국 케네디 정부는 이러한 대외정책 변화를 반영한 대외원조법(Foreign Assistance Act)을 새로이 제정하여, 무상원조에서 개발차관으로, 방위 지원에서 경제개발로 대외정책을 전환한다는 점을 명확히 했다. 이러한 미국의 정책 변화는 미국의 원조에 국가재정의 대부분을 의존하던 한국 정부 입장에서 일대의 위기를 의미했다. 한국 정부로서는 미국에서 무상으로 받아오던 자금이 갚아야 할 차관으로 변하게 된 것이었다.

미국 대외정책 변화로 인해 한국 정부는 경제자립도를 높여야 했으며, '경제개발', '자립경제', '공업화' 정책을 국정 최대의 현안으로 다루게 되었다. 1950년대 말부터 정부는 경제자립도를 높이기 위한 방안을 산업구조 개편에서 찾았고 이는 당시 가장 취약했던 2, 3차 산업의 공업 부문 발전 전략으로 이어졌다. 이승만 정부의 부흥부 산업개발위원회는 "경제개발 3개년계획, 1960~1962"를 수립하면서 농림수산업과 더불어 광업, 제조업, 건설업, 전력, 교통, 통신 등 공업 부문의 투자를 확대한다는 계획을 구상했다.[2] 4·19혁명으로 이 계획은 실행되지 못했지만, 이후 2공화국 장면 내각이 들어서면서 다시 공업 부문의 성장을 중심으로 하는 "경제개발 5개년계획"을 수립했다. 장면 내각은 경제개발계획에서 전략 부문을 중점 투자한다는 불균형 성장전략을 채택했고, 중점 투자 부문으로 전력, 석탄, 비료, 시멘트, 화학섬유, 정유, 철강, 농업을 선정했다. 장면 내각의 계획도 5·16으로 실현되지 못했으나, 이러한 경제개발계획 수립 과정에서 한국 정부는 점차 농업사회에서 공업 중심의 산업사회로 이행하려는 국가전략을 구체화했다.

한국 정부는 공업화를 서두르려고 했지만, 이와 달리 대한(對韓)원조를 담당하던 국제 원조기구의 많은 전문가들은 한국에서 공업화가 가능할지에 대해 확신하기 어려웠다. 이들 대부분은 한국의 공업화가 사실상 불가능하다고 판단했다. 1945년부터 1961년까지 미국의 대한원조 총액이 56억 달러에 이르렀지만, 한국 경제가 뚜렷이 나아졌다고 볼 만한 성과를 찾기 어려웠기 때문이다. 뿐만 아니라 1962년 미국 의회 감사보고서에서는 미국의 대한원조계획이 한국의 부패와 사치, 비경제적 수입을 조장시켰다고 혹평했다. 이듬해 차관도입을 위해 한국을 조사한 국제개발협회(IDA)는 한국 정부의 경제개발계획이 비현실적이며 IDA나 국제개발은행(IBRD) 차관을 받을 만한 자격을 갖추기까지는 오랜 세월이 걸릴 것이라고 경고했다.[3]

이렇듯 한국 정부와 미국 정부 및 대한원조기구 간의 입장 차이가 뚜렷했지만, 그럼에도 불구하고 한국이 어떻게 해서든 경제개발의 성과를 보여야 한다는 점에서는 양자가 목표를 공유할 수밖에 없었다. 한국 정부는 무상원조 감축에 대비해야 했고, 미국 및 대한원조기구는 한국의 경제자립도를 높이는 성과를 통해 자신들의 실책을 만회해야 했기 때문이다. 하지만 한국의 경제자립 문제를 풀어가는 해법에서는 여전히 양자 간 견해 차이를 줄이기가 쉽지 않았다. 이러한 차이는 특히 개발차관을 도입하는 문제에서 불거졌다. 차관기구는 한국이 능력과 기술 수준에 비해 사업 목표를 지나치게 높게 설정했다고 보는 경우가 많았고, 한국 정부는 차관기구가 번번이 한국 정부의 기획을 무산시키거나 지연시킨다는 불만이 높았다.

1960년대 초, 한국 정부와 미국 원조기구 사이의 입장 차가 확인되는 가운데, 한국 정부의 관료사회 일부에서는 외자의 사용에 대한 한국 정부의 자율성을 확보하고자 하는 인식이 싹트기 시작했다. 일단 원조자금이 대략 어떻게 사용되었는가를 보자. 이승만 정부 시기의 대외원조는 주로 미국의 자금으로 이루어졌다. 그중에서도 미국 ICA(미국 국제협조처, International Cooperation Administration, FOA의 후신)의 원조 규모가 가장 커서, 이 기구가 1953년부터 1961년까지 한국에 제공한 자금은 17.4억 달러에 달했다.[4] 이 자금은 크게 '계획원조'와 '비계획원조'로 구분되어, 계획원조는 철도 건설사업과 같은 산업기반시설 확충을 목적으로 집행되었고, 비계획원조는 비료, 원면과 같이 경제 안정에 필요한 원자재 및 소비재의 공여 형태로 제공되었다. 1953~1961년에 제공된 17.4억 달러 중 계획원조는 약 4.8억 달러, 비계획원조는 약 12.6억 달러를 차지했고, 계획원조자금의 약 10%에 해당하는 금액이 기술원조 명목으로 사용되었다.

당시 한국 관료들은 계획원조사업과 같은 산업기반시설 관련 사업에서 한국 정부의 자율성이 필요하다고 보았고, 특히 그중에서도 기술원조 부문에 주목했다. 산업기반시설 복구를 위한 계획원조사업에서는 기술의 도입과 훈련이 필요했고, 다음 표와 같이 기술원조자금은 네 가지 항목에서 사용되었다. 이 표에서는 우리나라가 1956년부터 1961년 사이에 ICA로부터 기술원조로 받은 금액이 약 3천 7백만 달러에 달했음을 보여준다. 이 기술원조자금은 1) USOM(주한 미국 경제협조처, United States Operations Missions to the Republic of Korea)에 근무하는 기술자의 체류비(임금, 생활비, 경비 등), 2) 국내 산업기반시설 복구 사업에 필요한 미국 기술진(기술회사, 대학)의 용역비, 3) 한국인 기술자의 해외 파견훈련비, 4) 도입 물자 대금으로 지출되었다. 이 중 한국인 기술자 해외파견과 외국인 전문가 초청 사업의 성과로 1957~1961년 동안 각 1,793명, 786명의 인력교류가 있었다.[5]

USOM 기술자	11,689,459불
기술용역	12,788,374불
기술자해외파견	6,481,562불
물자대	4,311,625불
계	36,782,032불

〈표 1-4〉 1956년~1961년 ICA 기술원조 내역
(자료: 경제기획원(1961), "외국기술도입기본방안 및 FY 62 ICA 기술원조계획 한국측 요청안보고의 건", 1961.10.19, 총무처, 「각의상정안건철(제81~82회)」, 192-260쪽 중 246-247쪽, 대한민국 국가기록원)

이러한 기술원조자금의 사용계획 수립 및 집행 권한은 ICA에 있었고, 이승만 정부는 기술자 파견이나, 기술도입의 일부에서만 약한 영향력을 행사했다. 그것도 1950년대 후반 미국의 주한 경제원조기구가 기술원조정책에 한국인 관료들을 참여시키면서부터였다. 1955년 한미 간 경제정책을 합의하는 한미합동경제위원회(Combined Economic Board, CEB)가 하위 의사결정기구로 '기술원조선정위원회'를 두었다. 이 위원회는 명칭과는 달리 기술원조정책 전반을 다룬 게 아니라 미국에 파견할 한국인 기술훈련생을 심사하는 일을 담당했다. 1956년에는 이를 확대하여 한미합동경제위원회에 기술위원회(Engineering Committee, CEBEC)를 설치했고, 이를 계기로 한국인 관료들은 기술훈련생 선정과 함께 미국으로부터의 기술도입 문제를 논하는 등 보다 넓은 범위의 기술원조정책에 참여하게 되었다. 〈표 1-5〉는 1958년 한미합동경제위원회 기술위원회(CEBEC)에 참여한 한국인 관료들의 명단으로 경제부처인 부흥부 관료들이 주축이 되고 타 부처의 기술 부문 관련 국장급 관료들이 참여했음을 알 수 있다. 이들은 각 부

기술위원회 직책	한국 정부 내 직위	성명
의장	부흥부 차관	신현확
위원	교통부	석상옥
	부흥부 조정국장	김태동
	내무부 토목국장	민한식
	상공부 전기국장	김송환
	상공부 광무국장	정영기
	상공부 공업국장	전효협
	체신부 전무국장	이재곤
CEB 사무국장	부흥부 경제계획관	차균희
CEBEC 간사	부흥부 조정국 제2과장	이선희

〈표 1-5〉 "한미합동경제위원회 기술위원회"(CEBEC) 한국 측 위원단
(자료: 부흥부(1958.5), "국무회의 보고안: 「스미스 힌치맨 그릴스」 기술계약단 이용 촉구 조치에 관한 보고의 건", 총무처(1958), 「국무회의상정안건철」, 398–516쪽 중 416–417쪽에서 인용)

처에서 추진하는 관영사업에 대해 미국의 원조기구 및 차관기구의 기술적 검토가 원만하게 이루어지도록 미국 측 위원들과의 협상을 추진해야 했다.

하지만 이 합의기구에 참여한 한국인 관료들이 미국의 기술원조자금이나 사업을 기획하는 문제에서 중대한 의사결정권을 행사하기는 어려웠으며, 미국의 기술원조정책에 협조하는 정도의 역할을 맡았던 것으로 보인다. 당시 부흥부 장관을 지냈던 송인상의 다음과 같은 회고는 이러한 긴장을 드러낸다. "원조자금의 투자우선 순위를 놓고 양쪽의 입장은 근본적으로 달랐습니다. 우리 쪽은 빨리 공장을 지어 수입대체도 하고 자립해야겠다고 서둘렀고 저쪽은 전재(戰災)에서 부흥이 급선무니 도로나 전기 수도 등 사회간접자본부터 확충하자는 주장이었어요. 인플레를 감수하는 한이 있더라도 생산설비 투자를 늘리자는 데 반해 저쪽은 인플레를 막고 한국에서 잘 팔리는 시멘트나 비료를 가져다 그 대금으로 유우엔 군 활동비도 대고 원조의 효과를 단기적으로 극대화하려는 입장이었어요."[6]

그러한 한계로 인해 한국에서 이루어지는 산업기반 건설사업의 추진에 크고 작은 문제들이 많았던 것으로 보인다. 예를 들어 충주비료공장 건설사업의 경우 계약은 1955년에 체결되었으나, 한국의 경험 부족 문제와 함께 계약업체인 미국의 맥그로-하이드로카본사의 계약 변경, 사업 추진일정의 차질, 공장 건설 시의 여러 시행착오 등으로 인해 착공 후 6년 만인 1961년에 가서야 공장이 완공되었다. 그나마 충주비료공장 건설은 추진에 성공했지만, 당시 한국 정부가 한미합동경제위원회에 제출한 사업계획들은 기술 검토 과정에서 탈락한 경우가 많았다.[7]

그 과정에서 이승만 정부는 미국의 기술원조정책에 대해 한국 정부의 관할 문제를 제기했다. 1957년 기술위원회(CEBEC)의 한국 측 관료들은 내한한 미국 기술자와 기술용역단, 한국인 기술훈련생, 미국에서 도입하는 물자 등 기술원조사업의 전반을 국내에서 관리해야 한다는 문제를 위원회 안건으로 올렸다. 이 문제를 논의한 기술위원회는 1960년 6월 한국 측의 참여 확대를 골자로 하는 "기술관리진흥" 협정에 합의했고, 그 결과 부흥부 내에 기술원조를 관리할 기구로서 기술관리실이 설치되었다.[8] 기술관리실의 설치는 외원으로 진행하는 산업 건설의 기술원조 업무를 국내에서 총괄 관리할 수 있는 체계가 성립했음을 의미하는 일이었다.

이와 같이 1950년대 기술원조사업은 미국 원조기구의 주관하에 계획원조의 일부로 진행되었다. 아직까지 그 내역이 상세하게 알려지지는 않았지만, 그 규모나 사업의 다양성으로 볼 때 기술원조사업의 중요성은 결코 적지 않다. 무엇보다 한국 정부가 기술원조사업에 참여하면서 독자적으로 기술 사업들을 관리해야 할 문제의식이 형성되었다는 측면에서 그러하다. 이러한 내부적 각성이 이후의 정부가 경제개발을 추진할 때 기술정책을 고려하게 되는 동기를 제공한 것이었다.

3. 저개발 탈출, 경제개발을 위한 기술도입전략

1960년대 산업 발전은 정부의 경제개발계획 수립과 추진으로부터 기인한다. 박정희 정부는 1961년 집권 초부터 경제발전을 국정의 우선 목표로 설정하고 산업화를 시도하였다. 〈표 1-6〉과 같이 박정희 정부의 제1차 경제개발5개년계획의 핵심 전략은 '공업화'에 있었다. 산업별로 성장률을 비교하면, 광업이나 제조업 등 2차 산업의 연평균 성장 전망치는 전 산업의 연평균 경제성장률인 7.1%의 두 배가 넘는 14.8%로 책정되었다. 뿐만 아니라 2차 산업의 성장률은 해마다 증가하도록 계획되어, 1차년도에는 11%였다가 1966년에는 17%에 이를 것이었다. 3차 산업의 평균적 성장률은 5.7%였지만 그중에서 전기와 통신 부문의 연평균 성장률이 20%, 운수·보관 산업은 10%를 상회하도록 계획되었다.

이러한 경제성장 목표치는 해당 산업의 공장 설립계획들과 연동하였고, 그러한 산업 공장들이 목표별, 단계별로 늘어날수록 관련 산업의 인력시장 또한 확대될 것이었다. 뿐만 아니라 축적된 내자가 부족했던 한국이 이와 같은 야심찬 '고도성장'을 달성하기 위해서는 외국으로부터 차관을 적극 도입하여 수많은 공업시설과 인프라를 건설해야 했다.

성장률(%) 산업	연평균치	1차년도 (1962)	2차년도 (1963)	3차년도 (1964)	4차년도 (1965)	목표년도 (1966)
1차산업(농림·수산업)	5.7	5.3	5.5	5.5	5.7	6.2
2차 산업	14.8	11.1	13.0	16.1	16.5	17.3
광업	15.5	10.3	11.2	10.4	34.9	10.9
제조업	15.0	11.5	14.2	16.9	14.8	17.8
건설업	14.0	10.5	10.4	16.9	12.6	19.5
3차 산업	4.4	3.8	4.2	4.5	4.9	4.8
전기	21.1	26.4	30.1	29.0	9.7	10.1
운수·보관	10.6	11.2	10.4	10.5	11.0	10.0
통신	23.4	28.5	17.4	22.2	25.8	22.9
주택	2.5	2.1	2.2	2.7	3.0	2.9
일반행정국방	0.4	0.5	0.6	0.3	0.3	0.3
기타서비스업	2.8	1.8	2.6	2.4	3.8	3.5
합계	7.1	5.7	6.4	7.3	7.8	8.3

〈표 1-6〉 제1차 경제개발5개년계획의 산업별 성장률 목표치
(자료: 한국산업은행기획조사부, 『경제개발5개년계획 해설』, 1962, 34-36쪽에서 발췌 인용)

이렇듯 박정희 정부 경제기획원의 제1차 경제개발계획은 공업 부문의 급격한 성장을 의도했지만, 그 실행 단계가 처음부터 원활한 것은 아니었다. 문제는 이러한 산업화 목표를 어떻게 이행하는가에 있었는데 그 방안이 뚜렷하지 않았던 것이다. 당시의 기록을 보면, 1961년 12월 9일 국가재

건최고회의가 제1차 경제개발계획을 평가하는 자리를 마련했을 때, 심사위원으로 참석한 서울대학교 상과대학 교수 박동묘는 "제1차, 제2차년도에 있어서는 농업에 중점을 주는 인상을 주어가면서 공업화로 이행함이 좋다"고 제안했다. 이는 당장에 공업화전략이 추진되기 어렵다는 현실적인 제언이었다. 박동묘 교수의 견해에 대해 국가재건최고회의 박정희 의장은 동조의 입장을 보였다. "문제는 5개년계획의 기본구상에 있어 농림문제를 해결하고 공업화의 방향으로 나아가야 할 것"이라고 했던 것이다.[9]

제1차 경제개발계획의 공업화전략이 실행 초기에 어려움을 겪었던 까닭은 무엇일까? 문제는 한국 정부의 주요 외자 조달 창구였던 주한 미 원조당국의 차관 신청 승인을 통과하는 일이 그리 녹록하지 않았다는 점에 있었다. 실제로 원조당국은 한국 정부가 미국 개발차관기금(DLF)에 제출한 융자 신청을 번번이 늦췄다. 그 주요 원인은 DLF 융자 신청에 필요한 '공인된 미국 기술자'의 타당성 보고서 작성이 지연되는 일이 잦았기 때문이다. 1960년대 초까지 이를 독점적으로 맡았던 기술역무기관은 원조당국이 지정한 SH&G(Smith Hinchman & Grylls)사였다. 지금으로서는 SH&G사의 기술자들이 왜 한국 정부의 사업계획에 대한 타당성 보고서 작성을 더디게 진행했는지 살펴볼 근거 자료를 찾기는 어렵다. 다만 추정컨대 이들 미국 기술자들의 입장에서는, 그들의 전문성에 비추어볼 때, 한국 정부의 계획을 기술적으로 타당한 것과는 거리가 멀다고 판단했을 가능성이 크다. 어떠한 전문가가 보더라도 당시 한국의 지정학적 여건과 경제 환경, 인력과 기술 수준 등 거의 모든 측면에서 경제개발이 가능하다는 판단을 내리는 일이 어려웠기 때문이다.

하지만 한국 정부로서는 미국 기술자들이 신중한 판단을 위해 시간을 소요할수록 경제개발계획이 요원하게 될 것을 우려했다. 이에 1961년 박정희 정부는 개발차관의 원활한 도입을 위한 방편으로서 '외국기술도입 기본방안'을 기획하고 이를 주한 미 원조당국에 제출했다. 그 골자는 미국의 대한 기술원조자금을 한국 정부의 관심사와 필요에 맞게 조정해달라는 것이었다. 기술원조자금의 상당 부분이 주한 미 원조당국과 SH&G사의 기술역무에 사용되던 비용이었기 때문에, '외국기술도입 기본방안'이 의도했던 바는 곧 한국 정부가 원조당국으로부터 기술원조자금 사용에 대한 권한과 자율성을 획득하려는 노력으로 해석할 수 있다. 한국 정부가 기술원조 사용 권한을 가진다면 개발차관의 승인 기간이 단축될 수 있었기 때문이다.

다른 한편으로 '외국기술도입 기본방안'에는 한국 정부 관료들 사이에서 누적되어온 미국의 대한원조정책에 대한 불만이 표출되어 있었다. 1945년부터 1960년대 초까지 미국의 대한원조 규모는 연평균 2억 달러에 달했는데, 이 원조자금의 대부분은 미국의 "Buy American" 정책을 따르고 있었다. 즉, 미국 원조당국이 대외원조자금으로 미국 제품을 구매하여 저개발국을 돕는 동시에 미국의 경기를 부양한다는 원칙이 있었던 것이다. 이러한 원칙은 연 500만 달러 내외에서 제공되던 기술원조자금에도 적용되었다. 대한(對韓)기술원조자금은 크게 네 항목으로 사용되었는데, 그 첫째가 'USOM 기술자'에 소요되는 비용이었다. 이 비용은 주한 미 원조당국인 USOM에 근무하는 미국인 기술자의 체재비였다. 둘째 항목인 '기술용역'은 한국에서 이루어지는 원조사업에 대해 미국 회사나 대학이 기술타당성 용역조사를 해주는 대가로 지불하는 비용이었다. 세 번째 항목인 '기술자해외파견'은 한국인 기술훈련생을 주로 미국에 파견하는 비용이었고, 넷째인 '물자대'는 대개 미국으로부터 구매하는 물품 구입비였다. 1956년부터 1961년까지 한국이 미국으로부터 받은 기술원조 총액은 3천6백만 달러에 달했음에도 불구하고, 한국 정부의 관료들 사이에서는 이 금액이 대개 미국으로 재흡수되는 성격을 지녔기 때문에 한국의 기술과 산업 발전에 도움이 되지 못했다는 인식이 팽배했다. 이들은 기술원조자금이 국내적 역량으로 축적되기 어려웠던 까닭을 "Buy American" 정책 탓으로 돌렸다.[10]

내역	FY 1962 요청액	FY 1962 비율	FY 1961 비율
미인기술자초빙비	2,398,000	30%	58%
용역계약비	3,541,000	44.4%	21%
한국기술자파견비	1,731,000	21.8%	7%
물자대	304,000	3.8%	9%
계	7,974,000		

〈표 1-7〉 1962년 ICA 기술원조 요청 내역
(자료: 경제기획원, "외국기술도입기본방안 및 FY 62 ICA 기술원조계획 한국측 요청안보고의 건"(1961), 대한민국 국가기록원)

이렇듯 1960년대 초 한국 정부의 관료들 사이에서 미국의 대한원조정책에 대해 비판적 인식이 부상한 점은 주목해야 할 일이다. 한국 정부의 관료들은 한국이 미국에서 많은 원조를 받고 있음에도 불구하고 저개발 상태를 벗어나지 못한 까닭을 자신들의 무능력함보다는 미국 대외정책의 '실기'에서 '발견'했다. 어마어마한 원조를 받더라도 그것이 그 나라의 내부 역량으로 흡수 및 승화하지 못한다면 원조 수혜국은 발전하기 어렵다. 원조의 여러 항목 중에서 특히 기술원조는 그러한 내부 역량을 만들 가능성이 가장 큰 요인이다. 그러므로 기술원조가 기술이전이나 기술학습과 같은 내부 역량 강화로 이어지지 못한다면, 그러한 기술자금의 사용 효과는 미미할 수밖에 없다.

이러한 점을 포착하게 된 한국 정부의 관료들은 '외국기술도입 기본방안'에서 미 원조당국(국제협조처, ICA)의 기술원조를 "성공적인 것이 되지 못하였다"고 비판했다. 그렇다면 '외국기술도입 기본방안'은 단지 미국 기술역무회사의 전문적 보고들이 한국이 개발차관을 획득하는 데 걸림돌로 작용한다는 소극적 비판을 넘어서는 제안이었다. 그것은 한국으로 들어오는 원조에 대해 공여국에 전적으로 의지하기보다는 수혜국 한국이 주도적으로 원조자금을 국내적 관심사에 맞게 운영하겠다는 의지의 표명이었다.

흥미로운 사실은, 주한 미 원조당국 및 국제기구의 전문가들이 한국 정부의 경제개발사업들을 비현실적이라고 판단했다면, 한국 정부의 관료들 및 국내 전문가들 또한 그들의 입장에서 상대의 판단을 경계했다는 점이다. '외국기술도입 기본방안'에는 1958년 이후 한국의 외원사업에서 독점계약을 맺은 SH&G사의 기술용역 업무에 대한 불만이 기록되어 있다. "구성인원이 일류기술자가 못되었"고, "단일회사가 산업의 전부문에 대한 기술조사를 수행한 관계로 신빙성있는 전문적인 것이 되지 못하였다"는 설명으로 미루어보아, SH&G사와 한국 관료들 사이에 마찰이 잦았음을 예상할 수 있다. 이 과정에서 한국 정부의 관료들은 SH&G사에 의존하지 않고 별도로 국내 기술자들에게 기술용역을 의뢰하여 차관신청서를 제출하기도 했다. 하지만 "국내기술자에 의해서 작성된 기술조사, 설계 등에 대해서는 차관당국이 불신뢰"했다는 기록으로 보건대, '기술적 판단'을 놓고 주한 미 원조당국과 한국 정부 사이에 상당한 입장 차이 및 불편한 관계가 있었음을 알 수 있다.[11]

이러한 맥락에서 외국기술도입 기본방안의 제안들이 구성되었다. 한국 정부는 기술원조 금액의 사용 방식을 다음과 같이 바꾸어줄 것을 원조당국에 요청했다. 연간 기술원조 총액에서 미국인 기술자를 한국으로 초청하는 금액의 비중을 절반으로 줄이고, 산업 건설을 위한 기술타당성 용역 조사비 비중과 한국인 기술자의 훈련비 비중을 높이겠다는 것이었다. 이러한 제안에는 기술타당성 검토를 담당할 회사를 한국 정부가 선택할 수 있도록 허용하라는 요구와 함께, 미국 일변도와 다름없던 기술교류국을 확대하도록 해달라는 협조 요청이 있었다.

박정희 정부의 외국기술도입 기본방안은 원조당국 입장에서는 당혹스러운 요구였을 것이다. 이 방안에서는 원조당국 산하의 SH&G사에 대한 불만을 노골적으로 드러냈을 뿐만 아니라, 미국의 대한기술원조정책의 전면적 수정을 요구했고, 미국 이외의 기술교류국 확대에 기술원조자금을 사용할 수 있도록 요청했기 때문이다. 특히 이 방안에서는 일본이나 유럽과의 기술협력 확대를 꾀했는데, 당시 일본과 국교정상화가 이루어지지 않았음에도 불구하고, 한국과 일본 간에 기술자 교류를 허용해야 한다고 제안했다. 다음 〈표 1-8〉과 같이 한국의 관료들은 미국인 기술자의 경우 초빙 비용이 많이 드는 데 비해 그들이 한국에 전수할 수 있는 기술은 언어와 문화의 차이로 인해 많지 않다고 보았다. 그에 따라 이들은 한미 간 기술인력 교류를 줄이는 대신, 비용과 언어소통 면에서 기술학습의 효과가 높을 한일 간 기술교류의 확대를 대안으로 제시했다.

	미국	서독	일본
기술면	과학 및 기술이 고도로 발달되었으며 특히 대량생산에 있어서 가장 선구적 역할을 하고 있다	화학공업기술 및 기본과학기술이 매우 우수하다	과학 및 기술면에 전기 이개국보다는 뒤떨어지나 선진국가의 기술모방을 잘한다
예산면	초빙비용이 과중하다 (1인당 1개월간 소요액은 5,305,000환이다.)	비용은 비교적 적게든다 (4,436,900환)	비용이 저렴하다 (2,108,730환)
지도 능력면	1. 언어와 문장이 상호 잘 통하지 않는다 2. 풍토와 관습이 상이하여 불편을 느낀다	1. 의사소통과 표현이 극히 곤란하다 2. 좌동	1. 언어와 문장이 상통하여 충분히 지도력을 발휘할 수 있다 2. 지리와 풍토가 흡사

〈표 1-8〉 1961년 10월 "외국기술도입 기본방안" 중 외국 기술자의 장단점 비교
(자료: 경제기획원, "외국기술도입기본방안 및 FY 62 ICA 기술원조계획 한국측 요청안보고의 건", 1961, 대한민국 국가기록원)

하지만 한국 관료들의 기대와 달리, 주한 미 원조당국은 한국 정부가 요청한 외국기술도입 기본방안을 수용하지 않았다. 이 방안은 근본적으로

미국 원조자금의 기획 및 사용권을 한국 정부에 달라는 요구와 다름없었기 때문이다. 더욱이 미국의 대외정책에서 "Buy American" 기조가 강화되는 추세에서 원조당국이 쉽사리 한국 정부의 요청을 들어주기도 어려웠다. 오히려 원조당국은 한국 정부의 계획을 그 실현이 요원한 기획이라고 비판했고, 이를 미국과의 사전협의 없이 진행한 점을 문제 삼았다.

　미국 원조당국의 비협조적 입장이 고수되면서, 한국 정부의 요구와 달리 해외 기술도입국가의 다변화 및 도입의 확대는 지연되었다. 1962년 경제개발사업 초기에는 7건에 이르렀지만, 이후 1963년부터 연간 도입 건수는 미미했다. 기술도입에 대한 미국 의존도 지속되는 경향을 보였다.

기술도입국	1962년	1963년	1964년	1965년
미국	5	1	–	4
서독	–	1	1	–
기타	2	1	–	–

〈표 1–9〉 제1차 경제개발계획 추진 시기의 기술도입 건수　　　　　　　　　　(단위: 건)
(자료: 재무부·한국산업은행, 『한국외자도입 30년사』, 70쪽)

　그럼에도 한국 정부는 1962년 서독, 이태리 등과 차관도입 협상을 성사시키며 미국 원조당국의 한국에 대한 독보적 영향력을 약화시키고자 했다. 주한 미 원조당국 또한 한국 정부의 요청을 즉각적으로 수용하지는 않더라도, 한국에서의 원조 효과성을 제고할 그들의 국내적 명분이 필요한 상황이었다. 문제들은 이렇듯 복잡하게 엉켜 있었지만 그 해결책은 단순했다. 한국이 발전하는 모습을 보이는 것, 자의에 의하든 타의에 따르든, 그것만이 양자가 동시에 만족할 해법이었다. 중요한 점은 한국이 경제성장의 궤적에 들어가기 위한 시도의 하나로서 기술도입, 기술역량의 문제가 고려되기 시작했던 사실이다.

4. 기술정책과 추진체계의 설치

외원의 자율적 활용, 자립경제를 목표로 삼은 한국 정부는 정책 기획과 집행 역량을 키우고자 했다. 이를 위해 우선 정부조직 개편 및 확대를 꾀했는데, 그 과정에서 기술정책 추진체계를 구축했다. 기술정책 추진체계의 원시적 형태는 1950년대 후반에 운영되던 한미합동경제위원회 내의 기술위원회 체계라고 볼 수 있다. 이러한 원형은 이후에도 이어졌다. 1961년 정부는 부흥부와 국토건설본부를 통합해 '건설부'를 설치하고 건설부에서 경제개발계획을 수립하게 했는데, 이때 건설부 내에 기술행정 추진체계로서 '기술위원회'를 설치했다.

이러한 독자적 기술정책 추진체계의 도입 시도는 한국 정부가 기술행정의 권한과 자율성을 확대하려던 일로 해석된다. 기술위원회는 건설부의 핵심 부서인 물동계획국과 국토건설국이 주관했고, 기술정책을 다룰 세 개의 분과위원회를 두었다. 한미합동경제위원회 기술위원회에 참석하던 부흥부 차관 이하 국내 기술 관련 고위 관료들은 미국 원조당국의 기술원조 사용에 대한 동의나 건의 정도의 권한을 지녔을 뿐이라면, 건설부의 기술위원회는 국내 경제개발계획을 주도할 기술을 육성하고 활용하며 경제개발사업의 기술적 타당함을 부여할 권위로서 작동할 것이었다.

기술위원회(위원장: 건설부 차관)		
국제기술경제회의 분과위원회	기술조사 분과위원회	기술정책 분과위원회
• 분과위원장: 물동계획국장 • 간사: 기술관리과장 • 위원: 국장급 공무원(10인 내외)	• 분과위원장: 국토건설국장 • 간사: 기술지도과장 • 위원: 국장급 공무원(10인 내외)	• 분과위원장: 물동계획국장 • 간사: 기술관리과장 • 위원: 민간 권위자(15인 내외)

〈표 1-10〉 1961년 7월 건설부의 기술위원회 설치안
(자료: 건설부, "기술위원회 설치의 건", 1961.7.20., 총무처, 『각의상정안건철(제41회-46회)』(1961), 대한민국 국가기록원)

기술위원회(안)의 세 분과 중에서 기술정책 분과위원회의 기능 정의를 눈여겨볼 만하다. 이 분과위는 크게 세 개의 기능을 수행하도록 정하였는데, "종합경제계획에 입각한 기술정책의 수립, 기술자원 육성과 향상을 위한 법령입안, 국내외 가용 기술자원의 활용과 유치"가 그것이었다. 이 세 개의 기능은 향후 우리나라 과학기술정책의 기본 프레임을 형성하는 기초가 된다. 첫째, 종합경제계획에 입각한 기술정책의 수립 측면에서는 1962년부터 1990년대까지 경제개발계획과 연동하는 형태의 과학기술5개년계획이 만들어졌다. 둘째, 기술자원 육성과 향상을 위한 법령 입안 측면에서는 1963년 기술사법, 1967년 과학기술진흥법 등 오늘날까지 수많은 과학기술 육성 관련법과 제도들이 형성되었다. 셋째, 국내외 가용 기술자원의 활용과 유치 측면에서는 기술인력 수급정책 및 해외 과학기술자의 유치 활용 정책이 1960~70년대 과학기술정책의 주종을 이루었다. 이렇듯, 1961년 기술위원회 기술정책 분과위에 부여된 기능은 향후 한국 과학기술의 초기 형태를 결정할 것이었다.[12]

하지만 지금으로서는 기술위원회의 운영이 원활했는지, 언제까지 존속했는지 알기 어렵다. 다만, 이러한 시도들이 1961년 하반기에 기술정책 입안을 위한 기초 작업으로 이어졌음은 분명하다. 그 작업의 결과는 1962년 연초 대통령 보고로 이어졌다. 당시의 각의 일정에 대한 공문서에 따르면, 1962년 1월 5일에는 그해의 제1회 각의가 개최되었고 경제기획원에서는 안건의 하나로서 "기술계 인적자원 조사보고서 작성 보고의 건"이 포함되었다.[13] 이 보고는 차후 한국 최초의 과학기술 종합계획의 수립 계기가 되는데, 그 골자는 다음 〈표 1-11〉과 같다. 이 표는 기술자와 기능공이 각각 2천여 명, 5천여 명 부족함을 제시한다.

	기술계 인적자원 취업자 수	기술계 인적자원 부족 수
기술자(Engineer)	8,616명(2.9%)	2,386명
기능공(Worker)	290,798명(97.1%)	5,247명
계	299,414명(100%)	7,633명

〈표 1-11〉 1961년 기술계 인적자원 현황
(자료: 경제기획원, "기술계 인적자원조사 보고서 작성 보고의 건(제1회)", 『각의상정안건철(제1회-3회)』, 1962, 17-18쪽을 바탕으로 작성)

이 보고에 대해서는 잘 알려진 일화가 존재한다. 그것은 보고 당시 박정희 의장이 기술 부족이 없겠냐는 질문을 던졌고, 이 질문에 대해 경제기획원 부원장 송정범이 쩔쩔매었다는 기록이다. 이 일화를 기록한 전상근은 당시 기술인력의 과부족 설명이 부족했기 때문에, 이후 경제부처에서는 기술인력 수급계획을 준비하게 되었고 그것이 1962년 기술진흥5개년계획의 수립으로 이어졌다고 밝혔다.[14]

경제기획원 기술과의 관료들은 제1차 기술진흥5개년계획을 준비하기 위해 여러 방법을 활용했다. 주한미국경제협조처(United States Operations Mission, USOM)의 기술훈련과장 윔즈(William Weems)를 통해 자문을 얻었고 일본의 관련 자료에도 접근했다.[15] 또한 과학기술계 각 분야를 대표하는 40명으로 "과학기술정책자문위원회"를 구성했다. 이 위원회에는 정인욱(강원산업 대표), 조홍제(효성물산 대표), 전택보(천우사 대표) 등 산업계 인사, 안동혁(한양대 교수), 김동일(서울공대 교수), 현신규(서울농대 교수) 등 학계 인사, 이채호(국립중앙공업연구소장), 정남규(농촌진흥원장) 등 연구계 인사들이 포함되었다.[16]

하지만 기술 수급계획의 작성 초기에는 경제기획원 기술과가 이를 맡을 것인가에 대해 혼선이 있었던 것으로 보인다. 1962년 1월 12일에 열린 국가재건최고회의에서 송정범은 제1차 기술진흥5개년계획에 대하여 "현재의 경제기획원 기술과에서 감당할 수 없으며 문교부에서 그 문제를 연구

중"이라고 보고했다.[17] 송정범이 문교부와 제1차 기술진흥5개년계획의 입안을 상의했던 이유도 이 계획이 기술계 인적자원 조사에서 시작되었기 때문이다. 기술계 인적자원 조사보고서의 핵심 결론인 7천 명이 넘는 기술계 인적자원 부족의 문제를 해결하려면 이에 대한 공급 대책을 세워야 했다. 당시 기술인력의 공급은 실업계 학교를 통해 이루어질 수 있었고, 따라서 경제기획원의 기술인력 수급계획은 문교부의 실업교육정책과 근접성이 있었다.

그럼에도 불구하고 제1차 기술진흥5개년계획의 작성은 경제기획원 기술과가 주도하게 되었다. 전상근의 회고에 의하면 그 과정에서 무엇보다 콜롬보플랜(Colombo Plan) 사무국에서 보내온 자료가 크게 기여한 것으로 보인다. 그 자료는 기술인력을 기술자, 기술공, 기능공으로 구분하면서 동남아 국가에서의 이상적인 구성 비율을 1:5:25로 상정하고 있었다.[18] 콜롬보 플랜 사무국에서 보내온 자료가 무엇이었는지는 분명하지 않지만, 적어도 그 자료로 인해 기술인력을 정책적으로 해석하는 관점이 달라졌다. 기술계 인적자원 조사보고서가 기술자와 기능공으로 이분했을 때와 달리 기술자, 기술공, 기능공으로 분류하면서 정책의 초점이 더욱 명확해졌기 때문이다. 총량 면에서 정책의 핵심 문제를 기술자와 기능공 7천여 명의 부족으로 삼는 것보다는, 경제개발에 반드시 필요한 중간 계층인 기술공 5만여 명의 부족 문제로 삼는 것이 정책적으로 보다 강력한 설득력을 부여했다.

경제기획원 기술과 관료들은 1962년 2월 16일부터 3월 5일까지 관계 부처에서 제출한 자료와 의견을 종합한 후 3월 12일에 최종적인 "제1차 기술진흥5개년계획(안)"을 완성했다.[19] 곧이어 "제1차 기술진흥5개년계획 개요"가 작성되었으며,[20] 3월 26일에 두 문건은 각의를 위한 안건으로 제출되었다. 제1차 기술진흥5개년계획은 1962년 3월 27일에 개최된 각의를 무난히

통과했고,[21] 5월 21일에 개최된 국가재건최고회의 상임위원회에서도 승인되었다.[22] 이로써 제1차 기술진흥5개년계획은 계획 수립에 착수한 지 4~5개월 만에 공식적인 국가계획으로 확정될 수 있었다. 제1차 기술진흥5개년계획은 입안 과정에서 종합계획으로서 인정을 받았으며, 경제기획원 기술과는 1962년 6월 29일에 기술관리국으로 승격되었다. 이와 함께 기술과장이던 전상근은 기술관리국장으로, 기술과 사무관이던 이응선은 기술관리국 조사과장으로 승진했다.[23]

제1차 기술진흥5개년계획을 수립하는 과정에서 주목할 만한 점은, 경제기획원 관료들이 단기적으로는 경제개발에 필요한 과학기술을 조달하는 문제부터, 장기적으로는 사회에 만연한 기술 천시의 문화를 극복하는 문제까지 고려하게 되었다는 사실이다. 관련하여 당시 기술정책을 입안한 전상근에 따르면, 기술자를 '쟁이'라고 부를 정도로 기술을 천시하거나 하대하는 사회 풍토에서 어떻게 과학기술을 중시하는 분위기를 만들어 뿌리내릴 것인가, 이용 가능한 자원과 환경을 바탕으로 뒤떨어진 과학기술 수준을 어떻게 선진공업국 수준까지 끌어올릴 것인가의 문제를 과제로 삼았다고 했다.[24]

이러한 문제의식은 1962년에 수립된 제1차 기술진흥5개년계획의 서문에도 나타나 있다. 서문에 의하면 이 계획의 핵심은 다음 두 가지였다. 하나는 한국 정부가 자립경제를 달성하기 위해서는 국내에 기술능력을 구비하는 일이 반드시 필요하다는 것이다. 제1차 경제개발5개년계획을 실천하기 위해서는 기술인력을 확보하고 혁신적으로 기술 수준을 향상시켜야 했다. 서문에서 강조한 두 번째 사항은 과학기술에 대한 고루한 관념을 타파해야 한다는 점이었다. 당시 한국 사회에서는 유교 전통이 남아 있어, 기술을 천시하는 풍습이 있었다. 국민들이 과학기술을 이해하는 수준도 대단히 저조한 상황이었다. 그렇기 때문에 국민으로 하여금 기술능력을 갖추게 하는 일은, 단지 개혁적 정책 집행의 차원을 넘어 문화적 전환이 필요한 일이었다.

이런 점에서 볼 때, 당시 경제기획원 관료들을 중심으로 기술역량을 갖추는 문제가 대단히 중요한 현안으로 다루어졌음을 짐작할 만하다. 과학기술은 경제개발의 수단이자, 농업사회에서 산업사회로 전환하는 동인이었던 것이다. 관료사회 엘리트 그룹의 일부에서 일어난 이러한 자각은 과학기술과 관련하여 큰 변화들을 재촉하고 있었다. 그것은 인력과 시스템 두 측면에서 한국 과학기술의 성장을 추동할 것이었다.

5. 개발도상국가 궤도로의 진입

이상과 같이 한국 경제는 대한원조기구와 한국 정부 사이에 있던 원조사업에 대한 입장 차이를 확인하면서부터 경제자립의 궤도에 진입할 조건을 마련했다고 볼 수 있다. 앞의 분석에서 보았듯, 그 과정이 무난했다고 보기는 어렵다. 오히려 한국의 도전적 외자도입방안 제출, 이에 대한 미국 외자기구의 반대, 자립경제를 위한 종합계획의 수립과 초기의 좌절, 경제부처의 조직 개편 등 그 과정에서 일어난 일들의 대부분은 경제개발 궤도에 진입하기 위한 실험들이었다.

그러한 다양한 실험들 중에서 현재 역사적으로 중요하게 평가되는 결과가 바로 경제개발5개년계획과 그에 부합하는 기술진흥5개년계획의 수립이다. 이 계획들은 하나의 빈곤 국가가 저개발 탈출을 위한 경제 변화의 청사진이자 기술 지원의 가이드라인으로 이해된다.

한국의 저개발 탈출은 세계사적 맥락의 변화에 국내적 실험들이 결합하며 이루어졌다고 볼 수 있다. 무엇보다 1960년대 초 한국에서 자립경제를 추구하고 그 핵심적인 수단으로서 기술도입과 역량 강화의 문제가 고려된 것은, 미국의 대외정책 변화와 그에 따른 국내의 정치경제적 변동이라는 보다 큰 변화의 흐름 속에서 이루어졌다고 봐야 한다. 무상원조 수혜의 감축이 예상되는 상황에서 한국 정부는 국내의 산업구조를 공업 중심으로 전환하여 경제의 자립을 꾀하고자 했다. 이를 위해서는 국제 원조기구의 많은 전문가들이 한국 정부의 경제개발 시도에 대해 갖고 있는 회의적 태도를 바꾸어나가야 했다. 한국 정부가 국제 전문가들의 비관적 전망을 해소하고, 그들로부터 적극적인 협력을 이끌어내기 위해서는 무엇보다 한국이 경제개발에 필요한 내재적 역량을 갖추어갈 것임을 확신시켜야 했던 것이다. 그러한 역사적 맥락과 과정의 결과가 바로 경제개발계획과 기술진흥계획이었다.

저개발 탈출을 고민하는 국가라면, 1960년대 한국 경제의 상황에서 중요한 시사점 하나를 발견할 수 있다. 그것은 해외 원조를 수원하는 국가가 원조국에 대해 지니는 본질적 긴장이자, 국가주의적 태도다. 한국 경험을 보면 당시 대한원조기구는 한국 정부가 추진하고자 하는 과감한 시도들을 냉정하고 객관적인 '기술적 판단'에 따라 기각시키고자 했고, 한국 정부는 미국의 지나친 국정 및 국책사업 개입으로부터 벗어나고자 했다. 그러한 원조국-수원국 간의 독특한 권력관계가 배태하는 긴장은 한국 정치에서 정권이 연달아 바뀌던 변화 공간에서 공개적으로 표출되었다. 그러한 공개가 양자 간 갈등을 일으키기도 했지만, 다른 한편에서는 새로운 개선책을 모색하는 계기로 작용했다. 그렇다면, 수원국이 원조국에 대해 가지는 긴장과 국가주의적 태도를 적절히 노출시킨다면, 그 긴장의 에너지가 경제개발의 동기로서 작동할 가능성이 있다.

이에 더해, 1965년 6월 한국과 일본의 국교정상화는 한국이 저개발국가로부터의 탈출과 개발도상국가로의 이행에 중요한 계기를 제공했다. 특히 기술도입 부문에서는 일본과의 협력이 다른 국가보다 우월하게 높았다. 1966년~1972년, 즉 제2차 경제개발5개년계획 기간 중 외자도입 현황을 보면 전체적으로 미국과 일본의 비중이 높았는데, 미국의 자금은 공공차관, 상업차관, 외국인직접투자가 주를 이루었고, 일본은 기술도입에서 가장 높은 비중을 보였다. 기술도입 실적을 보면, 1966~1972년 사이 일본으로부터는 250건, 미국 75건, 기타 31건이었다. 1973~1978년 사이에는 일본으로부터 484건, 미국으로부터 191건, 기타 172건이었다. 제1차 경제개발5개년계획 기간 중 연평균 5건 내외이던 점과 비교하면, 일본과의 국교정상화 이후 기술도입이 폭발적으로 증가했음을 알 수 있다.[25]

물론 기술도입의 양을 늘리는 것만으로 경제개발의 궤도에 진입하는 것은 아니다. 기술도입의 증가는 그만큼 외국 기술을 소화하고 흡수할 수 있는 국내적 역량을 필요로 한다. 도입되는 기술을 활용할 기술인력과, 도입 기술을 내재화하기 위한 연구개발역량이 뒷받침되어야 하는 것이다. 그렇기 때문에 추격기 한국의 과학기술정책은 기술도입과 산업발전 그리고 경제성장의 궤도를 맞물리게 할 과학기술인력 양성과 연구개발체계의 형성으로 확대되었던 것이다.

제4장

경제개발의 신주체로서 과학기술인력

1. 경제개발과 인력 공급의 문제

정부가 경제개발을 기획하면 민간은 그에 잘 따라줄까? 많은 개발도상국가에서 정부의 개발계획이 슬로건으로 그치는 까닭은 정부의 기획과 민간의 행위가 조응하지 못하기 때문이다. 그 대표적인 영역이 바로 인력이다. 대부분의 나라에서 교육과 산업은 공공 및 민간영역 모두에서 분리되어 있다. 교육은 인력의 공급 부문이고 산업은 인력의 수요 부문인데, 양자는 각각 교육계와 산업계에 의해 작동한다. 교육계와 산업계는 각자의 자율성이 있으므로, 인력의 공급과 수요를 통제하고자 하는 정부의 시도들은 종종 실패하기 쉽다.

    그렇다면 한국에서는 개발계획에 필요한 인력을 어떻게 공급 부문에서 조율했을까? 개발도상의 궤도로 진입하는 단계에서 한국 정부의 관심사는 다음과 같은 질문들이었다. 경제개발에 참여할 인력의 양성을 위한 정부 주체는 누가 되어야 하며, 이러한 정책은 어떠한 형태로 기획 및 실행되어야 하는가? 시장에서 인력 수요가 급격하게 변화할 때, 이를 기존의 교육체계에서 다룰 것인가 아니면 별도로 대안의 체계를 설계하고 대응할 것인가? 이 장에서는 경제개발 초기 과학기술인력 양성체계가 만들어지는 과정을 고찰함으로써 이러한 질문들에 대한 답을 구하고자 한다. 주된 탐구 대상은 전통적 공교육시스템의 바깥에서 새롭게 형성된 과학기술인력 추진체계이다.

다음의 〈그림 1-3〉은 한국 정부가 경제 및 과학기술정책수단을 통해 인력 공급과 수요 사이에 존재하는 본질적 불일치를 어떻게 해소했는지를 이해하는 개념 모델이다. 이 모델을 보면 오른쪽의 공급 부문에서 산업에 가장 조응력이 높은 교육 영역이 실업학교와 이공계 대학이다. 하지만 오른쪽의 안쪽 동그라미에서 보듯, 대개의 개발도상국가에서 산업이 필요로 하는 당면 수요는 공급에 비해 적다. 이것이 현안이다.

그럼에도 한국 정부의 놀라운 발명품인 경제개발계획은 오른쪽의 바깥쪽 동그라미와 같이 산업에서 필요한 미래 인력이 대단히 늘어날 것이라

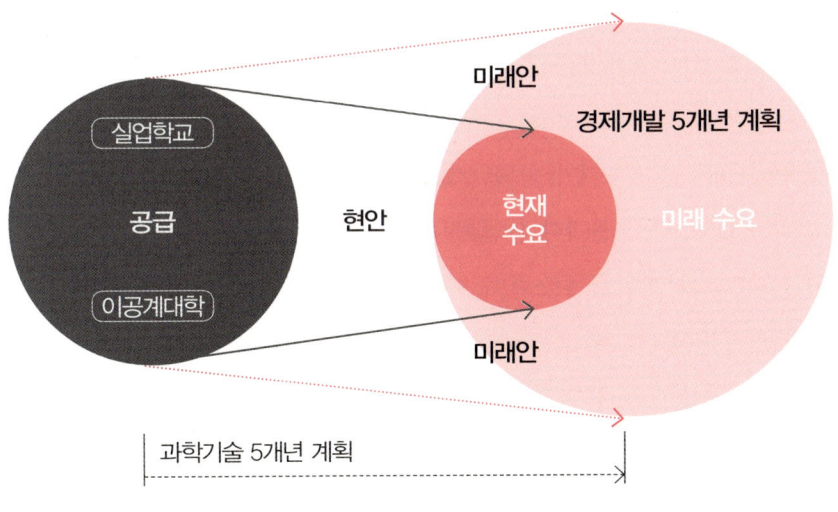

〈그림 1-3〉 경제개발에 필요한 인력 공급의 비전
(저자 작성)

는 전망을 제시했다. 이러한 전망을 실현하기 위한 수단이 바로 과학기술5개년계획이었다. 과학기술정책수단을 통해 현안이 아닌, '미래안'을 실현할 인력 공급정책을 모색했던 것이다.

경제개발의 목표에 부응할 기술인력 양성정책의 추진체계는 그 성장 과정을 크게 세 단계로 나눌 수 있다. 초창기의 경우는 기획조직에 비해 실행조직이 취약한 단계다. 이때는 기획조직의 선도적 정책기획 역할과 제도설계 능력이 중요하다. 한국에서는 경제개발5개년계획을 주도한 경제기획원과 같은 총괄기획기구가 그 역할을 담당했다. 다음 단계는 기획조직에서 주도하던 정책 기능의 일부가 실행조직으로 이양되는 제도화다. 경제기획원에서 제1차 기술진흥5개년계획의 과학기술인력 수급정책을 수립한 이후, 그 실행 주체로서 과학기술처, 노동부, 문교부 등이 업무를 분장하고 실행한 것을 그 사례로 볼 수 있다. 마지막은 신설 실행조직이 특화된 시스템을 구축하는 전문화기라고 볼 수 있다.

이 장에서는 경제개발 이전 우리나라에서 실업교육으로 분류되던 공교육체계 내의 산업교육이 지녔던 문제와 한계에 대해 분석하며 시작한다. 이러한 분석은 경제개발 초기 기술인력 양성정책의 태동을 이해하는 데 도움이 된다. 경제개발 시기 경제기획원이 공업화전략을 추진하면서 기술인력 양성은 정책적 우선순위의 하나로 책정되었고, 이를 계기로 과학기술인력 및 연구개발정책과 산업훈련정책이 태동하게 되었다. 과학기술처는 과학기술5개년계획을 주도하며 문교부 중심의 기존 공교육체계에서 벗어난 과학기술 두뇌, 오늘날의 개념으로는 인재 육성 모델을 정착시켰다. 노동부는 직업훈련을 공공제도로서 체계화하면서 역시 공교육 바깥에서 이루어지는 산업인력 양성체계를 만들었다.

이러한 역사적 과정을 이해함으로써, 현재 우리나라 공공제도에서 산업인력을 키우는 공공시스템이 세 개의 독립된 경로로 분화된 모습까지 조망할 수 있다. 하나는 공교육체계 내에서, 교육부를 주관부처로 하는 실업교육시스템이다. 두 번째는 과학기술 전담부처가 주관하는 과학기술교육과 연구개발시스템이다. 세 번째는 노동부가 주관하는 직업훈련시스템이다.

한국의 과학기술인력 양성 추진체계의 역사적 경로는 현재 우리나라에서 경제와 산업에 필요한 인력을 양성하는 전체 공공시스템의 구조에 대한 총괄적 이해를 도울 것으로 기대한다. 또한 이는 국가시스템이 미숙한 단계에 있는 개발도상국 정책 의사결정자들이 경제개발과 인력개발의 문제를 고려할 때 정부 개입의 근거로 활용할 수 있는 하나의 중요한 준거사례가 될 것이다.

2. 경제개발 이전 공교육정책의 문제

산업현장과 사회가 필요로 하는 인력 양성은 어느 시기 어느 정부라도 정책적으로 우선순위를 두게 되는 의제다. 해방 이후 한국 정부도 마찬가지였는데, 이것은 당시 교육당국이던 문교부의 실업교육정책을 통해 들여다볼 수 있다. 해방 후 문교부는 의무교육과 함께 산업인력 양성을 위한 실업교육정책을 추진했다. 실업교육정책은 실업계 고등학교의 설립을 늘리는 데 초점을 두었고, 실제로 중등교육 및 고등교육 학교 확충 면에서 상당한 성과를 보였다.

우선 중등교육 신설 현황을 보자. 1950년 문교부가 기존 6년제의 중등교육체제를 중학교 3년과 고등학교 3년제로 나누는 학제 개편을 단행하면서, 공립고등학교 설립 시 실업계 학교 비중을 늘렸다. 실업계 학교 확충 정책의 성과는 학교 수 통계에서 드러난다. 해방 직후 중등교육기관이었던 6년제 중학교의 총수가 248개교였고 이 중 인문계 학교는 183개교, 실업계 학교는 65개교였다. 그러다가 중등교육 개편 이후인 1954년 12월 말이 되면 인문계 고등학교는 255개교, 실업계는 213개교가 된다. 1954년의 경우 학교 수 전체를 두고 보자면 인문계 고등학교가 실업계보다 많다. 하지만 공공교육투자가 이루어진 국공립학교 수만 보면, 인문계 고등학교는 118곳이고 실업계 고등학교는 171곳이다. 해방 직후 실업계 학교가 65곳이었음을 고려한다면, 1950년대 초반에 문교부의 학교 설립 정책에서 실업계 중심주의가 적용되었음을 확인할 수 있다.

연도	인문계 고등학교				실업계 고등학교		
	국립	공립	사립	소계	공립	사립	소계
학교수	2	116	137	255	171	42	213
학급수	28	952	804	1,784	1,405	253	1,658
교원수	46	1,271	1,587	2,904	2,136	500	2,636
학생수	1,654	59,333	53,248	114,235	81,663	16,618	98,281

〈표 1-12〉 1954년 고등학교 개설 현황
(출처: 문교부, 『교육기관통계』, 1954, 2쪽)

문교부의 실업계 중심적 정책 기조는 고등교육정책에서도 드러났다. 대학 신설 및 확충 시 실업계 단과대학의 설치가 두드러졌다. 이는 전시연합대학이 국공립대학으로 확충되는 과정을 통해 확인할 수 있다. 6·25전쟁 시기에 수도에서의 고등교육이 불가능해지자 부산, 대구, 광주, 전주, 대전에 임시로 전시연합대학이 설치되었다. 1951년 5월 정부는 "대학교육에 관한 전시 특별조치령"을 공포했는데, 이 특별조치령은 학교 운영이 전쟁으로 인해 정상적이지 않은 상황에서 학생이 타 대학에서 수업을 받을 수 있고, 학교는 타교생의 취학을 허가하는 정책이었다. 오늘날의 학점교환제도보다 더 유연하게 학생의 학교 간 이동을 허가하는 정책이었다.

6·25전쟁 기간 동안 임시로 운영되던 전시연합대학은 각기 국공립대학으로 확충되었다. 1951년 국립경북대학교, 국립전남대학교, 국립전북대학교, 1952년 공립충남대학교, 1953년 국립부산대학교로 공식 설립된 것이다. 다음 〈표 1-13〉에서 보듯 문교부는 전시연합대학을 국공립대학교로 제도화할 때 문리과대학을 기본으로 하되, 농과대학, 공과대학, 상과대학 등 실업계 단과대학들을 여럿 설립했다. 분야별로 보면 농과대학과 공과대학이 각 4곳, 의과대학과 상과대학이 각 3곳 등으로, 신설되는 국공립대학에 주로 고등실업교육정책의 핵심 단과대학들이 설치되었다고 볼 수 있다.

전북대학교 (1951년)	전남대학교 (1951)	경북대학교 (1951)	충남대학교 (1952)	부산대학교 (1953)
공과대학 농과대학 문리과대학 정치대학 상과대학	공과대학 농과대학 문리과대학 상과대학 의과대학 법과대학	농과대학 문리과대학 법정대학 사범대학 의과대학	문리과대학 농과대학 공과대학	공과대학 문리과대학 법과대학 상과대학 약학대학 의과대학

〈표 1-13〉 1950년대 초 국공립대학교 설치 현황
(출처: 문교부 편, 『문교행정통계일람』, 1956, 532-544쪽)

　당시 문교부의 실업계 중심 기조는 사립대학의 변화에도 영향을 주었다. 사립고등교육기관에서도 정부 방침에 부응하여 실업계 단과대학을 증설하는 사례가 늘었다. 특히 1950년대 초에는 사립대학들이 기존의 농학부와 공학부를 각기 농림대학과 공과대학으로 확대 개편하는 움직임이 많았는데, 예를 들어 1951년에 고려대학교와 동국대학교는 농림대학을, 1952년 조선대학교는 공과대학을 설치하게 되었다.[1]
　실업계 고등교육기관이 늘면서 〈표 1-14〉와 같이 고등실업인력이 될 학생 수가 증가했다. 전국 고등교육기관의 재학생 통계에서는 인문계 학생 수가 실업계에 비해 많으나, 국공립기관에 한정하여 보면 인문계에 비해 실업계 재학생 수가 약간 더 많게 나타난다. 이는 문교부의 1950년대 고등교

	인문계	실업계	계
국립	12,588	13,746	26,334
공립	793	2,113	2,906
사립	23,674	8,850	32,524
계	37,055	24,709	61,764

〈표 1-14〉 1954년 12월 말 현재 전국 고등교육기관 재학생 수 통계
* 당시의 통계 집계 방식으로는, 인문계에 어문대학, 예술, 기타인문과학, 사회과학 분야가 포함되었고 실업계에는 이학, 공학, 의약학, 농림, 수산 분야가 포함되었다.
(출처: 문교부, 『교육기관통계』, 1954, 424-428쪽)

육정책이 실업계 인력 양성에 치중하였음을 보여준다.

1950년대 문교부의 실업교육 중심 기조는 대외교육원조자금의 획득과 배분 면에서도 드러난다. 1953년부터 국제연합 한국재건기구(United Nations Korean Reconstruction Agency, UNKRA)가 한국에 교육원조를 지원하기 시작했는데, UNKRA의 교육원조정책은 "기술교육진흥을 위주로"한다는 점을 표명했다. 실제 UNKRA의 교육원조 지불 내역을 살펴보면, 총액의 약 60%를 시설 복구비로 사용했고 나머지 금액은 대개 실업계 교육기관의 설비와 교육지원비로 사용한 것으로 알려졌다.[2]

1950년대 핵심 교육원조사업이던 미네소타 프로젝트도 실업계 고등교육 중심으로 이루어졌다. 이 사업은 서울대학교 공과대학, 농과대학, 의과대학과 이공계 교수 및 연구생을 미네소타대학교에 파견하여 시찰 혹은 학위를 취득하도록 지원하였다. 이 프로젝트는 서울대학교의 과학기술 분야 교수진의 파견교육 및 공대, 농대, 의대의 시설 확충의 성과를 보였다.[3]

문교부의 정책적 지원 성과가 실업계 학교 증설로 나타났음에도 불구하고, 당시 실질적으로 실업교육의 질은 크게 개선되지 못했던 것으로 보인다. 이를 해결하기 위해 문교부는 1954년 실업교육 강화를 위한 10개 방안을 결정했다. 그 구체적 방침으로는 실업계 고등학교에 기술훈련소 설치, 실업계 교육기관에 실습용 시설 지원 확대, 실업계 교원의 재교육 강화와

교과내용 혁신, 실업계 학교 졸업자에 대한 병역혜택 등이 제시되었다.[4]

　문제는 실업교육정책으로 학교와 학생이 늘어난 데 비해, 1950년대 경제 산업의 성장이 늘어난 실업계 인력을 수용하지 못한 데서 발생했다. 1950년대 중후반 이승만 정부의 경제정책은 미국 원조에 의한 전후 복구에서는 성공하였으나, 당시 대외원조 의존경제 상황에서 경제 부흥을 일으키기에는 많은 어려움을 겪고 있었다. 1950년대 말 이승만 정부가 부흥부에 "산업개발위원회"를 설치하고 경제개발계획의 수립을 시도했으나 이 시도는 기획 단계에서 그치고 실행으로 이어지지 못했다.

　결국, 경제부흥정책이 정체된 가운데 문교부의 실업교육 내실화 정책도 기획에 그치게 되었다. 문교부에서는 1956년 초 다시 "실업기술교육 5개년 계획"을 입안했으나, 한국 경제에 부흥이 일어나지 못한 상황에서 실업교육의 내실을 기하기란 어려운 문제였다.

　인력 공급 중심적 실업교육정책이 시장에서 활용되지 못하자, 문교부는 더 이상 실업교육정책을 추진하기 어려운 상황에 직면했다. 당시 신문의 한 사설에서는 "구호로 끝난 실업교육 충실"이라는 논조로, 기술교육을 담당하는 관료들이 "모두 책상만 차지하고 버티고 앉아 일 년을 보낸 셈"이라고 비판했다.[5]

부문별	졸업생 수	진학		사회진출		입대		자영 및 기타	
		수	%	수	%	수	%	수	%
농업계	79,047	25,840	33	4,022	5	5,294	7	43,891	56
공업계	61,056	24,387	40	9,454	15	2,912	5	24,303	40
상공계	63,813	22,376	35	6,693	10	3,329	5	31,415	49
해양수산업	6,818	1,706	25	778	11	810	12	3,524	52
기타	345	78	23	17	5	12	3	239	69
계	211,079	74,387	35	20,964	10	12,357	6	103,372	49

〈표 1-15〉 1956~1961년의 실업고등학교 졸업자의 진로
(출처: 경제과학심의회의 사무국 총무과, 「실업교육육성방안심의보고(제1호)」(1965), 대한민국 국가기록원)

〈표 1-15〉와 같이 적어도 1965년에 확인된 통계 자료에 따르면, 1956년부터 1961년까지 실업계 고등학교 졸업자 21만 명 중 10% 정도만 사회에 진출한 것으로 드러났다. 졸업자 중 35%는 상급학교에 진학했고, 50%에 가까운 인원이 자영업이나 기타에 종사했다. 당시로서 자영업 및 기타에 속한 직업이란 농어업, 목공업, 철공업 등을 의미했는데, 주로 소수의 가족으로 이루어진 가업 기반의 영업장에 종사함을 의미했다. 즉, 1950년대 후반 실업계 고등학교를 다녔던 이들은 막상 졸업 후 배움을 살려 취업할 '기업'이 드물었던 것이다.

이는 1950년대 문교부가 중점을 두어 추진한 실업교육 확충 정책이 당시 한국 경제와 산업 상황보다 앞서 나갔음을 보여주는 지표이자, 이 정책이 지속적으로 추진되기 어려운 환경이었음을 시사한다. 이러한 정책 실패는 1950년대 말 학생들의 실업계 고등학교 기피라는 사회문제로 이어졌다. 1959년 전국 실업계 고등학교 정원 수는 14만여 명이었으나, 진학 학생 수는 10만여 명으로 4만 명이 넘는 정원 미달 사태가 발생한 것이다. 이는 한편으로 대학입시 문제에서도 기인했다. 즉 실업교육보다는 교양교육을 강조하는 대학입시에서 인문계 고등학교가 실업계에 비해 유리했고, 그 결과 인문계 고등학교의 대학진학률이 실업계에 비해 월등히 높았기 때문이다.[6]

하지만 보다 근본적으로 보자면 실업계 학교의 정원 미달 문제는 문교부의 실업교육정책과 산업계의 인력 수요가 부응하지 못했던 까닭으로부터 나온다. 앞의 〈표 1-15〉와 같이 실업계 고등학교를 나와도 마땅히 취업할 곳이 적은 상황에서 35% 가까운 졸업자가 대학진학을 희망하게 되었으니, 학생의 입장으로서는 기왕에 대학에 진학할 바에야 애초 대학진학률이 높은 학교를 택하는 게 유리했다고 볼 수 있다.

이러한 상황에서 문교부는 뒤늦게 실업계 고등학교의 학급당 정원 수를 줄이거나, 정원 미달로 운영이 어려운 학교에 보조금을 주는 등의 임시적

정책을 추진하게 된다. 하지만 이는 당시 교육정책의 큰 실패로 인식되었고, 결국 박정희 정부 초기인 1961년 10월 문교부의 직제 개편 시, 실업교육정책을 담당해온 기술교육국이 폐지되었다.[7]

3. 경제개발을 위한 기술인력 수급계획

실업계 인력의 양과 질의 격차, 공급과 수요의 격차 문제는 산업 발전이 지체된 상황에서는 사회문제로 비화하지만, 산업 발전이 활발하게 이루어지는 국면에서는 경제시스템 내에서 해결될 가능성이 높아진다. 1950년대 말에 불거졌던 실업계 학교 기피 논란은 1960년대 경제개발이 빠르게 일어나고 산업이 발전하면서 해소되는 국면에 이르렀다. 1960년대에는 오히려 실업계 인력의 부족이 예측되며 더 많은 실업계 인력을 양성하기 위한 공공정책 개입이 늘어났다. 어떻게 이러한 변화가 가능했을까?

앞의 3장에서 보았듯, 경제기획원 관료들에게는 경제개발계획의 성공을 위한 거의 유일한 수단으로서 기술인력 양성이 중요했다. 이들은 최초의 과학기술 종합계획서라고 볼 수 있는 제1차 기술진흥5개년계획에서 기술인력의 수급정책을 핵심 수단으로 삼았다. 기술진흥5개년계획에서는 학력을 기준으로 기술인력을 세 계층, 즉 기술자, 기술공, 기능공으로 나누었다.

이러한 구분하에, 기술계 인력의 산업별 종사 현황에 대한 조사 결과가 다음이 〈표 1-17〉과 같이 나타난다. 기술자는 주로 건설 및 서비스업, 관공서, 이공계 학교에 종사하며, 광공업과 같은 제조업 종사자 수는 적은 편이다. 기술공의 경우 기술자의 산업 분야별 종사 분포와는 다른 경향을 보였다. 기술공은 학교나 관공서 종사자가 적은 반면 제조업의 전 분야에

구분	정의
기술자 (과학자 포함)	이공 실업계 대학 졸업자(전문학교, 공업, 농업, 수산 고교 졸업자 포함)와 정부에서 공인하는 동등 이상의 자격을 가진 자로서 현재 해당 기술전문 분야(전공한 기술) 또는 과목과 관련된 분야에 종사하는 자 (단 학력과 자격에 구애됨 없이 3년 미만의 경험이 있는 전기 각항에 해당한 기술자를 지휘 감독할 수 있는 기능을 가진 자도 이에 포함한다)
기술공	이공 실업계 초급대학 또는 이공 실업계 대학 2년 이상 수료자 및 고등학교 졸업자로서 3년 이상 해당 기술 전문 분야에 종사하는 자와 정부기관에서 공인하는 동등 이상의 자격을 가지고 현재 해당 기술 분야에 종사하는 자
기능공	1) 숙련공—6개월 이상의 습득을 요하는 기술직종에서 3년 이상의 경험이 있고 숙련공에 도달하지 못한 자를 지휘 감독할 수 있으며 그 직무에 종사하는 자 2) 반숙련공—6개월 이상의 습득을 요하는 기술직종에서 1년 이상 3년 미만의 경험이 있고 숙련공의 지휘 감독을 받아 그 직분에 종사하는 자 3) 견습공—6개월 이상의 습득을 요하는 기술직종에서 1년 미만의 경험이 있고 숙련공의 지휘 감독을 받아 그 직무에 종사하는 자

〈표 1–16〉 제1차 기술진흥5개년계획의 과학기술계 인력 구분
(자료: 제1차기술진흥5개년계획, 14쪽에서 처음 언급된 기술계 인적자원의 정의는 비교적 간단하다. 그 정의가 다음의 문헌에서 보다 상세하게 복원되었기에 인용한다. 육성으로 듣는 경제기적 편찬위원회, 『코리안 미라클』, KDI, 2013, 509쪽)

분야	기술자		기술공		기능공		계	
	인원	%	인원	%	인원	%	인원	%
관공서	1,273	14.8	742	6.7	14,335	5.1	16,350	5.5
이공계 학교	1,022	11.9	10	0.1	179	0.1	1,211	0.4
광업	464	5.4	1,456	13.1	26,422	9.4	28,342	9.5
섬유공업	529	6.1	2,174	19.5	81,802	29.2	84,505	28.2
금속 및 기계공업	515	6.0	1,404	12.6	34,430	12.3	36,349	12.1
화학공업	743	8.6	1,424	12.8	41,005	14.7	43,172	14.4
기타산업	441	5.1	1,781	16.0	51,101	18.3	53,323	17.8
건설 및 서비스업	3,629	42.1	2,137	19.2	30,396	10.9	36,162	12.1
계	8,616	100.0	11,128	100.0	279,670	100.0	299,414	100.0

〈표 1–17〉 1960년대 초 산업 분야별 기술인력 분포 (단위: 명)
(자료: 대한민국 정부, 『제1차 기술진흥5개년계획』, 1962, 12쪽)

고루 분포하고 있었다. 기능공은 섬유공업 분야에 종사하는 비율이 가장 높았는데, 전체적으로 보자면 관공서와 학교를 제외하고는 산업 전 분야에 고루 종사하고 있었다.

	기준 연도 (1961)	1차 연도	2차 연도	3차 연도	4차 연도	목표 연도 (1966)
광업	28,342	39,449	43,845	50,130	56,355	61,902
섬유	84,505	90,710	108,434	131,393	133,005	134,938
금속 및 기계	36,349	39,722	61,343	77,631	100,993	120,836
화학	43,172	48,387	56,507	66,743	70,549	72,918
기타 제조업	53,323	60,840	67,733	75,193	82,199	87,421
3차 산업	53,723	70,328	80,302	93,542	10,667	123,748
계	299,414	349,436	418,164	495,632	549,768	601,763

〈표 1-18〉 제1차 기술진흥5개년계획의 기술인력 예측 (단위: 명)
(자료: 『제1차 기술진흥5개년계획』, 25쪽)

경제기획원은 이러한 현황 조사를 토대로, 향후 5년간 어느 정도 기술계 인적자원의 수요가 필요할지를 예측하게 된다. 그 근거는 제1차 경제개발5개년계획의 산업별 성장률에 기초하였다. 산업 성장 목표에 따라 인력 성장의 목표를 맞춘 것이다. 그 결과 제1차 기술진흥5개년계획에서는 향후 5년간 총 60만 명의 기술인력이 필요하다는 예측을 제시했다. 1961년에 기술인력 총수가 약 30만 명이었으니, 5년 동안 이를 두 배 증가시켜야 한다는 결론이 나왔다. 특히 금속, 기계, 화학 등 공업의 주요 부문에서 기술인력이 많이 소요될 것으로 전망되었다.

기술인력 수급계획을 실천하기 위한 실행사업은 다음 〈표 19〉와 같이 경제기획원과 문교부의 분담으로 수행될 예정이었다. 경제기획원은 주로 법적, 제도적 정비와 기존의 기술도입 관련 업무를 수행할 것이었고, 새로이 부상한 기술인력 수급정책은 문교부의 기존 실업교육제도와 시설을 통해 실행될 것이었다.

이러한 역할 분담에 따라 문교부 중심으로 제1차 기술진흥5개년계획에서 제시된 기술훈련 및 공업교육 확대를 목표로 한 세부 사업들이 추진되었다. 하지만 경제기획원의 정책 기획이 문교부에 의해 시행되는 과정에서 몇몇 문제들이 불거졌다. 일단은 경제기획원의 정책 기획 자체에서 기능공

주관	사업 명칭	사업 내용
경제 기획원	1. 과학기술진흥관계 제법규 제정	과학기술진흥법, 기술사법, 기술자·기술공 고용법 및 직업훈련법과 그 시행령 제정
	2. 종합적 기술행정 관리 기구	경제기획원 내에 기술관리국 설치
	3. 과학기술연구사업의 확충	과학기술연구사업의 실태파악
	4. 외원에 의한 외국기술 도입	기술자해외파견, 외국기술자초빙, 용역계약체결 및 물자도입
	5. 기술협조센타	해외파견기술자의 예비훈련과 사후관리, 제반 과학기술 정보활동 수행
	6. 과학기술자 포상제도	과학기술자 포상 규정을 각령으로 마련
문교부	1. 이공계대학의 과별조정	이공계 대학의 학과별 양성인원을 기술자수 급계획에 따라 조정
	2. 실업계 학교의 시설확충	고교 및 초급대학 시설 확충
	3. 공업고등학교의 교육내용의 개선	공업고교 국정교과서 개편
	4. 직업보도부의 설치	기술공 단기 양성 위해 공업고등학교 시설을 활용한 직업보도부 설치
	5. 실업교사 양성	현직 공업교사 재교육, 실업교사양성계획 수립

〈표 1-19〉 제1차 기술진흥5개년계획의 실행 사업 개요
(자료: 경제기획원, "제1차 기술진흥 5개년계획 제1차년도(1962) 시행계획 시행보고", 1962.10.18, 총무처, 『각의상정 안건철(제85회-89회)』, 1962, 84-133쪽 중 98-101쪽에서 인용, 대한민국 국가기록원)

정책이 뚜렷하지 않기 때문에 산업현장에서 필요로 하는 기능공 인력에 대한 정책 고려가 미진하다는 점이 지적되었다.[8]

또한 추진 주체가 문교부였던 만큼 당시로서는 미래 산업 수요에 기반하여 대학의 정원을 조정하거나 실업교육을 강화하는 일이 쉽지 않았던 것으로 보인다. 무엇보다 문교부는 1950년대 말 증가할 산업 수요에 대비할 목적으로 실업계 고등학교 정원을 늘렸으나, 실제로는 산업 부흥이 지체된 탓에 학생들의 실업계 진학 기피라는 정책 위기를 겪었다. 이러한 입장에서 갑작스레 산업에서 필요로 하는 인력이 기존 30만 명에서 5년 뒤 60만 명으로 증대할 것이라는 경제기획원의 기술인력 예측을 문교부 관료들이 정책에 그대로 이행하기란 쉽지 않은 일이었다.

그럼에도 문교부는 중등 및 고등교육 전반에서 산업에 필요한 인력개발 중심의 정책 기조를 강화했다. 그 대표적인 예가 산업교육진흥법의 제정이

다. 이 법에서는 "기술학교, 고등기술학교, 실업계고등학교, 실업고등전문학교, 실과계 대학(초급대학을 포함한다), 기타 실업학교" 등 실업계 학교의 실험실습설비 확충과 실과계 교원 재교육, 중앙산업교육심의회의 설치를 기획했다. 산업교육진흥법은 1963년 9월 19일자 법률 제1403호로 제정되었다.

하지만 경제기획원 관료의 입장에서 볼 때, 문교부의 산업교육 진흥정책만으로는 산업 발전의 현장에서 필요로 하는 인력의 공급에 한계가 있었다. 무엇보다 공교육 테두리 안에서는 단기 훈련, 집중화된 실습 등 산업개발 단계에 따라 유연하게 인력 수요에 대응할 체계를 만들기 어려웠다. 이 때문에 1963년 경제기획원에서는 공교육 바깥에서 직업훈련을 제도화할 방안을 마련하였고, 이를 위해 직업훈련법(안)을 제출하게 된다. 그 골자는 산업계에 필요한 중하층 기술인력을 양성하기 위해 공공기술훈련소를 설립한다는 것이었다. 하지만 이 제안은 산업에서 필요로 하는 인력을 정부기관으로 설립하는 것은 옳지 않다는 내각사무처의 판단에 의해 기각되었다.[9]

그럼에도 불구하고 경제개발계획의 인력 공급 부처로서 새로운 제도적 기반의 필요성은 줄어들지 않았다. 현장에서는 "정부의 경제개발사업이 지속적으로 추진되어 차츰 산업기반이 형성되면서 기술계 인력의 수요도 증가되었다. 기업 일각에서는 기능공을 확보하지 못해 공장 가동도 제대로 못하고 있다는 말이 나돌 정도"라는 외부적 수요가 있었던 것이다.[10] 또한 "그 무렵의 공업고등학교는 사실상 실습 여건을 제대로 갖추지 못해 올바른 의미의 실습이 불가능"했다. 따라서 "기업주가 기능인력 양성을 적극적으로 실시할 수 있는 제도적 장치가 필요"했고, 이러한 수요에 따라 1963년 보건사회부 산하기관으로 노동청이 설립되면서 경제기획원은 직업훈련 업무를 노동청으로 이관하게 된다.[11]

이렇듯 경제기획원은 1960년대 전반기 동안 경제개발계획을 뒷받침하기 위한 보완 정책으로서 기술인력 수급계획을 기획하고, 이 계획이 현장에 착근하도록 제도화를 추진하게 된다. 이 과정을 통해 정책 기획의 한 영역으로서 과학기술계획이 성립했으며, 이를 실천할 기술인력 양성사업과 제도가 구축되었다. 즉, 경제개발계획의 실천 과정에서 기술인력계획의 기획 및 관리 업무와 현장에서 기술인력을 양성하는 업무가 파생하게 되는 것이다. 이 두 영역은 각기 1960년대 후반 과학기술부와 노동부의 업무로 분화되었다. 과학기술처가 기술계획의 기획과 관리 및 기술인력의 최상위 계층인 '과학기술자' 양성정책을 맡고, 노동청이 '기술공'과 '기능공' 양성을 목적으로 하는 직업훈련정책을 담당하게 되었다.

4. 과학기술인력 양성과 활용 체계

경제개발을 위한 기술인력 정책이 중요해지면서 과학기술 전담 행정부처 설립에 대한 논의가 본격화되었고, 후속 계획인 제2차 과학기술진흥5개년계획이 수립되었다. 제2차 계획에서는 제1차 계획의 인력 구분 방식을 계승하면서 각 인력 계층에 대한 정책을 보다 정교하게 기획하고자 했던 것으로 보인다. 그 단서는 다음과 같이 각 계층에 대한 정의가 구체적으로 분화한 점에서 찾을 수 있다.

이전의 계획과 뚜렷한 차이의 하나는 정부에서 허가를 내주는 건축기사를 과학기술인력의 범주 내에 명시했다는 점이고 다른 하나는 기능공에 대한 정의가 보다 구체화되었다는 사실이다. 제1차 계획에서 기능공이 기술자나 기술공이 아닌 인력으로 정의된 것에 비한다면, 제2차 계획부터

과학기술자	1. 이공계대학(구제 전문학교 포함) 졸업자 및 정부에서 공인하는 동등이상의 자격을 가진 자로서 현재 해당 과학기술전문분야 또는 이와 밀접한 관련을 가진 과학기술전문분야에 종사하는 자 2. A급 및 B급의 정부발행 건축기사 면허소지자로서 해당업무에 종사하고 있는 자 3. 기술자는 높은 수준의 공학원리를 활용하여 구조, 기기, 조직 및 공정의 건설 혹은 공작을 포함하는 전 산업시설의 기획 설계 및 지도를 수행하는 자이고 과학자는 산업 및 사회발전 내지 신지식의 확충을 위하여 물리학 화학 수학 생물학 등에 관한 연구를 수행하는 자
기술공	1. 이공계초급대학(실업고등전문학교 포함) 졸업자 또는 이공계대학 2년이상 수료자와 정부에서 공인하는 동등이상의 자격을 가진 자로서 현재 해당 전문기술분야 또는 이와 밀접한 관련을 가진 기술분야에 종사하고 있는자 2. 실업계 고등학교(상업고등학교 제외) 졸업자로서 해당 기술분야에서 3년이상의 취업경험이 있는자 3. 정부발행 C급 건축기사 면허소지자로서 현재 해당분야에 종사하고 있는 자 4. 기술공은 기술자와 기능공의 중간층으로서 기술자의 설계에 의거하여 생산방법의 계획, 원가의 산출, 사양서의 작성, 생산작업 준비 및 완제품의 시험 등의 업무를 수행하는 자
기능공	기술공은 3년 이상 기술직에서의 취업경험과 6개월 이상의 조직적 훈련을 필요로하는 직에 종사하는 자로서 다양한 업무에 특수도구들을 활용하여 작업을 수행하는 자 예를 들면 설계도를 해독하고 독자적인 판단으로 공작수행단계를 조정하여 작업공정 및 작업도구를 적절히 선택활용할수 있는 자

〈표 1-20〉 제2차 과학기술진흥5개년계획의 과학기술인력 정의
(자료: 대한민국 정부, 『제2차 과학기술진흥5개년계획』, 1966, 92~93쪽에서 인용)

는 기능공 또한 직업훈련의 중요한 정책 대상이 되었음을 알 수 있다.

새로운 정의와 함께 향후 5년간의 인력 수급계획이 다음 〈표 1-21〉과 같이 제시되었다. 총량으로 보자면 제2차 계획에서는 1965년 60여만 명의 과학기술계 인력을 1971년 98만 명으로 증가시킬 전망이었다.

	1965년	1971년 목표치	1967-1971 소요	예상공급 인원	과부족
계	609,000	980,000	315,000	400,000	+85,000
과학기술자 및 전문직	204,000	308,000	93,000	144,000	+51,000
	(55,000)	(80,000)	(21,000)	(36,000)	(+15,000)
기술공	112,000	178,000	57,000	33,000	-24,000
기능공	293,000	494,000	165,000	223,000	+58,000

〈표 1-21〉 과학기술계 인력 수급 계획(1965~1971)　　　　(단위: 명, 괄호는 과학기술자 인력 수)
(자료 : 대한민국정부, 『제2차 과학기술진흥5개년계획』, 1966, 92~93쪽)

단, 당시의 정책 자체가 신생 단계에 있기 때문에 통계의 집계 방식 면에서 주의할 필요가 있다. 제1차 계획과 달리 제2차 계획에서는 최상위 계층을 "과학기술자 및 전문직"으로 집계하면서 1965년도 인력 집계를 20만여 명으로 산정하고 있음에 유의해야 한다. 앞의 제1차 계획에서 최상위 계층인 기술자 인력의 총수가 1961년 약 9천 명, 1966년 추산치가 2만여 명이었음을 고려할 때, 1966년의 20만 명은 통계 집계 면에서 과도한 면이 있는 것이다. 자세히 보면 이 20만 명 중 15만 명 정도가 전문직 종사자로서, 『과학기술연감』에 의하면 이때 전문직 종사자에는 "의사, 약사, 교사, 상급해기원 등"이 포함된 것으로 나왔다.[12] 기존에는 과학기술인력 정책에서 고려 대상으로 삼지 않던 의사나 교사 등의 전문직 종사자를 2차 과학기술계획의 인력 추계에 포함함으로써 과학기술인력의 총수가 늘어난 것으로 볼 수 있다.

하지만 다른 한편으로 이러한 집계 기준의 문제는 과학기술인력 정책이 초창기부터 경제개발계획의 인력 공급계획으로 수립된 경로로 인해, 이 정책이 경제발전에 필요한 종합적인 인력 정책인지 아니면 과학기술 분야에 국한된 인력 정책인지의 사이에서 정책적 혼선이 일어난 결과로도 볼 수 있다. 경제기획원 입장에서는 처음엔 기술인력 문제로 접근했지만, 경제발전 과정에서 새롭게 부상하는 분야에 필요한 모든 인력을 집계할 필요가 있었기 때문이다.

이러한 혼선을 해소하기 위해 1967년 1월에 인력개발계획과 이에 따른 중요 정책을 심의하고 관계기관 간의 협조를 긴밀하게 구하기 위한 신설 조직으로서 인력개발위원회가 설치되었다. 인력개발위원회는 국무총리 산하의 기구로서 경제기획원의 장기 전망 및 투자계획과 과학기술처의 인력개발계획의 종합적 추진을 각 부처에서 수행할 수 있도록 조정하기 위한 기구였다. 인력개발위원회의 위원장을 경제기획원 장관이, 부위원장을 과학기술처 장관이 맡았다.[13] 같은 해 8월 인력개발위원회는 종합적 인력계획의 수립과 시행을 지원하기 위해 인력개발연구소를 설치했다.

정책의 초기 발생 단계인 만큼 정책 기획과 추진 체계상에는 종종 혼선이 발생한다. 1967년에 설립된 과학기술처의 인력 정책 기능이 그러했다. 당시 과학기술처는 경제기획원으로부터 인력개발계획의 기획 기능을 부여받았지만, 같은 시기에 인력개발위원회가 발족하면서 과학기술처의 인력 전망과 계획 수립 기능이 지속되기는 어려웠다. 또한 경쟁 부처의 산업인력 양성 성과가 이미 두드러지게 나타나고 있었다는 점 또한 과학기술처가 인력 정책의 이니셔티브를 가지는 것을 어렵게 했다. 당시 산업화의 진전과 함께 실업률이 1965년 7.4%에서 1971년 5% 수준으로 떨어졌다. 문교부의 실업교육 확대 전략이나 이공계 정원 확대, 노동청의 직업훈련정책이 탄력을 받아 운영되며, 그 성과가 실업률 저하로서 가시적으로 나타나는 상황이었다. 더욱이 인력개발위원회, 인력개발연구소라는 신생의 조직들이 인력 정책의 전반을 다루기 시작했기 때문에, 과학기술처가 종합적인 인력개발 기획의 기능을 담당할 정책 개입의 근거는 취약해졌다.

따라서 1971년 제3차 과학기술개발5개년계획부터 과학기술처가 기획하는 계획에서는 인력개발의 전반을 다루지 않는다. 노동청이 기술공, 기능공과 같은 직업기능인력 양성을 담당하고, 인력개발위원회가 종합적인 인력계획 수립 기능을 맡았으며, 과학기술처는 최상위의 과학기술자 양성정책에 중점을 두는 방향으로 정책 분화 및 특성화가 이루어졌다.

1970년대부터 과학기술처의 인력 정책은 연구개발인력 중심으로 수립 및 시행되었다. 하지만 당시 문교부가 대학 정책을 관장하고 있는 상황에서 과학기술처가 연구개발인력 양성의 중요한 수단 중 하나인 고등교육정책에 개입할 수 있는 영역은 제한될 수밖에 없었다. 이공계 대학을 중심으로 교수의 연구비를 지원하거나 실험실습시설의 확충, 대학원 교육의 충실화를 기획했음에도 불구하고, 당시로서 과학기술처가 대학을 대상으로 정책을 실행할 방안을 찾기는 어려웠다.

이때 과학기술처가 특화하기 시작한 정책이 '두뇌' 양성과 활용 전략이다. 이는 제3차 과학기술개발5개년계획이 시작되는 1970년대 초부터 강조되었다. 이 계획에서 과학기술처는 "앞으로 경제구조의 고도화에 따라 필연적으로 요청되는 창조적인 고급 두뇌의 수요충족과 투자효과의 파급을 위하여 계획기간 중에는 초중등교육보다는 대학 및 대학원의 교육, 특히 이공계 재원 배분의 상대적 우선순위"를 강조했다.[14] 이러한 전략은 이미 1966년 한국과학기술연구소(KIST)의 설립에서 정당화된 바 있었다. 재외 한국과학기술자를 유치하여 국내 산업기술개발에 활용할 목적으로 설립된 KIST가 대통령의 각별한 관심하에 그 역사적 특수성을 인정받았던 것이다. 이를 통해 과학기술처는 우리나라 연구개발인력의 양성 및 활용 체계를 기획하는 독자적인 정책 기능을 확보하게 되었다. 그 첫 사업으로 1971년 "세계적 수준의 과학기술 두뇌를 양성하고 침체된 이공계 대학원 교육을 선도할 한국과학원(현 KAIST)을 적극 육성"하기로 기획했다.[15]

두뇌 개발에 우선순위를 둔 과학기술처는 산업 발전의 새로운 청사진으로서 1976년 제4차 경제개발계획 과학기술부문계획에서 '두뇌산업'의 개념을 제시했다. 오늘날의 관점으로 보자면 '지식산업'과 유사한 개념이다. 1970년대 초부터 중화학공업 발전이 가속화되자, 이를 업그레이드한 새로운 산업 발전의 모습으로서 두뇌산업의 비전을 제시한 것이다. 이때의 두뇌산업은 "종래 일반적으로 사용하여오던 협의의 지식산업이나 정보산업을 포괄하는 보다 광의의 개념으로서, 예를 들어 정밀화학, 정밀기계, 정밀전자, 플랜트 용역산업과 지식 및 정보산업과 같이 창조적인 연구개발을 주축으로 하여 이루어지는 고도정밀의 두뇌집약적인 산업을 총칭"했다.[16]

과학기술처는 핵심 두뇌사업의 대상으로서 KIST의 설립과 운영을 적극 활용했다. 해외 과학기술자 유치와 활용의 허브로서 KIST가 기능했던 것이다. 사실 해외 과학기술자의 유치는 당시로서는 불가피한 선택이었다. 무엇보다 우수한 과학기술인재를 양성하는 일에는 상당한 기간이 요구되는데, 이러한 인재를 국내에서 키우기에는 당시 고등교육의 수준이 낙후했기 때문이다. 이러한 기간을 단축하기 위해서는 해외동포 중에서 우수한 과학기술교육을 받은 인재들을 국내에 초빙하는 것이 가장 효과적이었다. 그에 따라 해외의 우수 인재를 유치하는 사업이 전개되었고, 초빙된 과학기술자들은 주로 KIST에 근무하며 연구개발활동을 수행하였다. 연간 초빙 과학기술자 수는 20명에서 30명 내외로 그다지 많은 수는 아니었다. 이들은 한국에 과학기술 연구개발 수준을 단기간에 높임으로써 국내 과학기술역량 강화에 중요한 기여를 하였다.

연도	68	69	70	71	72	73	74	75	76	77	78	79	80
일시 유치	2	14	13	18	15	32	37	29	31	19	16	29	22
영구 유치	5	8	8	12	13	18	19	9	23	32	37	54	38
합계	7	22	21	30	28	50	56	38	54	51	53	83	60

〈표 1-22〉 해외 한인과학기술자 유치 실적(1968~1980) (단위: 명)
(자료: 과학기술처, 『과학기술연감』, 1968년도부터 1980년도 각 연도판의 종합)

물론 다른 한편으로는 KIST에 해외 과학기술자를 유치한 것을 놓고 인력개발정책의 성과라고 보기 어려울 수도 있다. 국내 개발이 아닌 해외로부터의 수혈이기 때문이다. 그럼에도 불구하고, 과학기술처와 KIST의 해외 인재 유치는 국내 인력 양성정책에 상당한 충격을 주는 상징적인 사건이었다. 무엇보다 해외에서 들어온 유능한 인재와 그들에 대한 특별대우를 통해 국내 우수한 젊은 인재들이 과학기술 분야에 종사하도록 유도했던 것이다. 그러므로 당시의 해외 인재 유치정책은 단지 일부 과학기술자를 해외로부터 초빙하여 국내에서 활용한 정도로만 평가되어서는 안 된다. 이 정책은 우리나라에서 인재들이 과학기술 분야에 지원하게 되는 사회적 효과를 미쳤다고 봐야 한다.

다음 인용문은 초대 KIST 과학기술자 우대 정책에 대한 대통령의 지원 일화를 담고 있다. 우수하고 유능한 과학기술인재에게 대통령이 특별대우를 허락했다는 사실만으로도, 당시 국내 학계 및 청소년들에게 미치는 영향은 지대했다. 무엇보다 당시의 미래 세대들이 과학기술을 전공으로 택하고 이를 기반으로 국가와 산업 발전의 붐에 참여하게 될 동기를 제공했기 때문이다. 이러한 저변의 변화는 경제개발과 함께, 실력과 유능한 인재에 대한 사회적 인식이 제고되는 문화적 변화를 낳았던 것이다.

> 봉급 문제는 이것(대학교수들의 반대)으로 끝난 것이 아니었다. 대통령한테까지 진정이 들어갔고, 과기처(MOST, Ministry of Science and Technology)에서도 봉급이 너무 많다는 보고를 한 것 같았다. 하루는 청와대에서 KIST 봉급표를 가지고 들어오라는 전갈이 왔다. 대통령은 내가 제시한 봉급표를 보더니 "과연, 나보다도 봉급이 많은 사람이 수두룩하군"하고 웃었다. 그래서 나(최형섭)는 "만일 대통령께서 부당하다고 생각하시면 제 봉급만 깎으시오. 다른 사람은 안 됩니다"라고 말했다. 대통령은 한참 그것을 들여다보다가 "여기 있는 대로 그대로 하시오"하고 자리를 일어섰다.[17]

이후 KIST의 해외 과학자 유치사업은 이후 국내 이공계 특화대학원 설립이나 특성화대학의 신설로 이어지게 된다. 그 첫 시도가 국내 기반 과학기술 엘리트의 공급지로서 특수이공계 대학원인 한국과학원(KAIS)의 설립이었다. 이미 1970년대 초 국내 이공계 대학은 해마다 만여 명의 졸업생을 배출했다. 하지만 이들 중 산업계에서 고급 두뇌로 활동할 인재는 적다는 사회적 비판이 끊이지 않았다. 그 이유는 이공계 대학 교육에서 실험실습시설이 빈약하고, 강의가 이론 위주로 진행되며, 문제해결 능력의 향상보다는 암기 중심의 교육이 이루어지기 때문이었다.[18]

이 문제를 해결하는 방법은 문교부가 대학과 대학원 교육에서 실험교육을 강화하거나, 과학기술처가 이공계 교육의 특수성을 명분으로 고등교육정책에 개입하는 것이었다. 하지만 전자의 경우 문교부의 초, 중, 고등교육 전체의 정책 범위를 고려할 때, 이공계 고등교육 실험비를 강화하는 것은 최고통치자의 각별한 정책 의지 하에서만 가능한 일이었고, 만약 실험교육비가 늘어난다고 하더라도 전국에 분포한 대학에 이를 배분하다 보면 그 효과가 그다지 크지 않을 수도 있었다. 이러한 이유로 문교부의 대학 실험교육 투자는 상당히 지체되었다. 1990년대에 와서야 대학원중심대학이 정책사업으로 등장하게 된 것이다.

그렇기 때문에 당시 과학기술 분야의 고급 인력은 거의 해외유학에 의지했다. 하지만 1960년대 산업이 발전하면서 역량이 탁월한 고급 과학기술인력이 필요할 것이라는 전망이 우세한 가운데, 이공계 우수 인력을 국내에서 양성할 필요성이 커졌다. 그럼에도 과학기술처가 이러한 산업 수요에 부응할 고급 과학기술인력을 양성할 방안은 기존 문교부의 정책 범위에 개입하지 않는 이상 어려운 일이었다.

이때 재미 한인과학자 정근모가 특수이공계 대학원 설립을 제기했고, 1970년 3월 박정희 대통령은 경제동향보고회의에서 특수이공계 대학원 신설 방안을 검토하도록 지시했다. 또한 이를 문교부가 아닌 과학기술처가 계획하도록 안배해주었다. 당시 과학기술처의 한국과학원 설립계획에 대해 문교부는 반대 입장을 보였지만 대통령의 의지에 따라 한국과학원은 별도의 입법 하에 출범하게 되었고 이를 계기로 과학기술처의 고급 과학기술 두뇌 양성정책은 그 명분을 정당화하게 되었다.

한국과학원은 기존의 교육법과 교육공무원법의 적용을 받지 않아 자율적인 학사 운영과 신축성 있는 교육체제를 구축할 수 있었다. 또한 정부는 출연금을 지원하지만 운영에 관여하지 않아 한국과학원 경영의 자율성을 보장했다. 한국과학원 학생들은 병역특례를 포함한 다양한 혜택을 제공받아 엘리트 교육에 집중할 수 있었다. 이렇듯 한국과학원에 대한 특별한 정책은 산업에 필요한 과학기술 엘리트 양성이라는 특수성을 인정받아 추진된 일이었다.[19] 이후 한국과학원은 과학기술계 특수교육의 체계를 만드는 계기로 작용했다. 1980년대에 과학고등학교에서 과학기술대학, 한국과학기술원에 이르는 과학기술 전문인력 양성시스템 구축의 출발점이 되었던 것이다.[20]

과학기술인력을 두뇌 자원으로 특화하면서 과학기술처의 인력 정책은 연구개발정책으로 확대되었다. 과학기술처의 연구개발정책은 1970년대까지는 주로 과학기술계 정부출연연구조직의 확충을 의도했고, 1980년대부터는 연구개발사업 정책으로 변화하였다. 과학기술계 정부출연연구조직 확대 정책은 KIST를 롤 모델로 삼아 산업 분야별 출연연구기관을 확대한 것으로 이어졌다. 과학기술처는 그 제도적 근거로서 정부출연금의 지급, 국유재산의 무상 양여, 연구소 운영의 자율성 등을 보장하는 특정연구기관 육성법을 제정했다.

이러한 변화 속에서 한국의 연구개발체제는 재단법인 형태의 정부출연기관 중심으로 형성되었다. 지금까지도 정부출연기관들은 우수하게 양성된 과학기술 두뇌들이 국가적 과학기술 미션을 수행하는 특수기관으로 인식되고 있다.

과학기술처의 두뇌 양성 전략은 1980년대와 그 이후에도 지속되었다. 무엇보다 1980년대 과학고등학교와 과학기술 영재들이 진학하는 과학기술대학의 설립을 들 수 있다. 과학고등학교의 경우 과학영재교육기관으로서 1983년 경기과학고등학교를 시작으로 이후 전국적으로 확대하여 각 시도에 설립하였다. 과학기술대학(현재 KAIST)은 1986년 대덕연구단지에서 개교하였다. 과학기술대학은 무학년, 무학과제를 채택하여 학년 구분을 뚜렷이 두지 않고 학생 개개인의 능력에 따라 자유롭게 필요한 과목을 수강할 수 있게 하였다. 이는 당시 대학 교육의 일반적 제도와는 전혀 다른 파격적인 실험이었다. 또한 졸업에 필요한 학점만 이수한다면 조기에 졸업할 수 있게 하고 개인의 적성과 소질에 맞는 과목을 이수할 수 있게 하여 학과 간 이동을 허용하고 입학 후에 학과를 선택할 수 있게 하는 등 학사 운영의 새로운 모델을 제시했다.[21]

이로써 과학기술처는 과학기술 중등영재교육, 과학기술대학과 대학원, 과학기술계 연구기관이라는 일련의 과학기술 두뇌의 양성과 활용 체계를 구축할 수 있었다. 실업교육정책이나 직업훈련정책이 분화하는 과정에서, 이를 담당하기에는 정책 전문성이 부족했던 과학기술처는 1970년대 두뇌 중심의 인력 양성전략을 표방함으로써, 당시 연구개발 부문에 필요한 인력 정책을 수행할 수 있었다.

하지만 과학기술처의 두뇌산업 육성전략은 중화학공업 육성전략을 대체하기에는 인기가 없었던 것으로 보인다. 일단 중화학공업 자체가 개발 초기 단계에 있었을 뿐만 아니라, 당시로서는 지식산업이나 정밀공업에 대한 인식이 부족했다. 5개년계획과 같은 정책서에 있을 뿐 언론에서도 그다지 조명되지 못한 듯하다. 그럼에도 불구하고 1970년대 중후반에 제기된 두뇌 중심의 과학기술정책 전략은 1980년대 경제발전 상황에 적중하게 된다. 무엇보다 이 당시 기획했던 특정연구개발사업의 산학연 컨소시엄에 참여한 기업들이 노동집약적 생산에서 첨단기술 중심의 생산으로 전환하기 시작했던 것이다.

이상과 같이 경제개발을 위한 인력 양성계획에서 출발한 과학기술인력

정책은 그 기능이 문교부, 노동청, 인력개발위원회, 과학기술처로 분화 발전하게 되었다. 이에 과학기술처는 과학기술 두뇌 또는 과학기술 연구개발 인력 정책을 특화하게 되었던 것이다. 그 결과 기존 문교부의 고등교육체계나 노동청의 산업기술인력체계와는 다른 과학기술 분야만의 독자적 경로로서 과학기술인력 양성체계가 형성되었다.

5. 산업인력 양성체계

경제기획원은 개발정책 초기 기술인력 양성정책에서 중점을 두었던 직업훈련정책 부문을 1963년 보건사회부 산하로 신설된 노동청으로 이관했다. 초기 직업훈련 제도화 과정에 관여했던 전 노동부 관료 서상선은 다음과 같이 기록했다. 경제기획원이 당초 직업훈련 "인력개발 사업으로서가 아니라 기술개발" 차원에서 접근했기 때문에 다루기는 했으나, 곧 경제정책을 다루는 부처가 인력개발의 집행 업무를 담당하는 것은 적절치 않았다는 부처 내 인식이 있었기 때문에 타 부처로 이관했다는 것이다. 또한 새롭게 발족한 초대 노동청장 엄기섭이 일본의 사례를 들어 노동행정에서 직업훈련을 다루어야 함을 설득하면서 경제개발의 이른 시기에 부처 간 업무 분장이 이루어졌다고 볼 수 있다.[22]

서상선에 따르면, 당시 경제기획원에 자문을 제공하던 외국인 전문가들, 특히 에드가 맥보이(Edgar C. McVoy) 미국 노동성 소속 국제인력연구소장의 조언이 노동청에서 기술인력 양성을 위한 직업훈련제도를 만드는 데 결정적 역할을 한 것으로 보인다. 맥보이 소장은 "한국의 인력개발 및 활용" 보고서에서 직업훈련 및 사업장 내 훈련, 직업안정소의 개선과 지역인력 수급통계 작성에 필요한 임무와 예산이 노동청에 부여되어야 함을 강조했다. 이러한 외국 전문가의 견해는 노동청이 직업훈련 업무를 주관하는 데 상당한 영향을 주었다고 볼 수 있다.[23]

　노동청을 중심으로 직업훈련이 제도화된 핵심적 계기는 1967년 직업훈련법의 제정을 들 수 있다. 직업훈련법의 골자는 공공직업훈련과 사업내직업훈련의 구분, 직업훈련공단의 설치와 공공직업훈련의 실시, 인정직업훈련의 임의적 실시와 정부의 지원, 직업훈련교사의 면허제도 등이었다. 이러한 제도적 프레임을 설정함으로써 노동청은 1960년대 후반부터 직업훈련과 관련된 정책사업과 제도 구축을 추진하게 되었다.

　노동청의 초기 직업훈련정책은 과학기술진흥5개년계획에서 설정된 기술공과 기능공의 양적 확충에 초점을 두었다. 기술계 인력 양성기획이 본래 경제기획원에서 수립되었고, 1967년 과학기술처로 이관됨에 따라 노동청은 기수립된 계획을 실행하는 역할을 맡았다고 볼 수 있다. 하지만 점차 인력개발위원회 및 노동청을 중심으로 산업인력 양성의 종합적 기획과 집행의 일원 체계가 갖추어져갔으며, 과학기술처는 종합적인 인력 정책 수립 기능이 아닌 고급 과학기술 연구개발인력 양성정책으로 특화했다.

구분		합계	1967	1968	1969	1970	1971
계	계획	120,700	14,000	20,300	24,800	29,400	32,200
	실적	114,300	8,500	18,200	22,400	30,100	35,100
기능공	계획	96,300	12,500	16,400	20,000	22,600	24,800
	실적	106,100	7,700	16,100	20,400	28,200	33,700
기술공	계획	24,400	1,500	3,900	4,800	6,800	7,400
	실적	8,200	800	2,100	2,000	1,900	1,400
취업률		88%	92%	89%	87%	90%	88%

〈표 1-23〉 제2차 경제개발계획 기간 중의 직업훈련 실적　　　　　　　　　　　　(단위: 명)
(자료: 한국경영자총협회, 「노동경제연감」, 1983, 221쪽)

노동청의 직업훈련 사업은 훈련 장소에 따라 사업내직업훈련 사업과 공공직업훈련 사업으로 구분되었다. 사업내직업훈련의 경우 1) 기능공 훈련, 2) 감독자 훈련 사업이 주를 이루었고, 공공직업훈련의 경우 1) 중앙직업훈련원의 설치와 운영, 2) 직업훈련교사의 양성 사업이 주를 이루었다. 그 외 노동청은 직업훈련을 관리할 심의조직과 실태 조사, 교재 편찬 등의 사업을 운영했으며, 양성된 기능인력의 기능검정과 기능경기대회 출전 관리 사업을 수행했다.

직업훈련은 본래 사업내직업훈련 중심으로 이루어지지만, 경제개발 초기 우리나라 기업들이 자체적으로 직업훈련을 시행할 역량이 부족했기 때문에 공공직업훈련이 민간을 보완하는 역할을 맡았다.

당시 직업훈련정책을 시행하기 위한 자금은 국제기구로부터 원조를 받는 경우가 많았다. 1968년 국제노동기구와 UNDP의 지원으로 중앙직업훈련원이 설립되어 직업훈련교사의 양성 및 직업훈련제도 개발을 추진할 수 있었다. 1970년에는 독일 정부의 지원을 받아 한독공공직업훈련원을 설치하였으며, 같은 해 국제노동기구와 유니세프 등의 협조에 의해 농촌직업훈련소 6개소를 광주 등의 각 지역에 개설하였다.

다음 〈표 1-24〉에서 보듯 경제개발 초기에는 공공직업훈련기관이 사업내직업훈련기관보다 많지만, 1975년부터는 사업내훈련기관이 더 늘어남을 알 수 있다. 1980년에는 사업내직업훈련기관이 공공직업훈련기관보다 더 크게 성장했고, 훈련인원 또한 두 배 가까이 많았다. 직업훈련이 확대됨에 따라 1967년 만여 명이던 직업훈련 인원수는 1980년 10만여 명 수준으로 10배 가까이 증가하게 되었다.

직업훈련에 대한 투자 성과는 1970년대 한국이 국제기능올림픽대회(IVTC)에서 최고의 성적을 거두는 결과로 나타났다. 1977년 한국 기능인들이 IVTC에서 종합 1위를 달성하자, 박 대통령은 "우리나라가 공업입국

구분		훈련기관수	훈련직종수	훈련인원수
1967	소계	36	50	10,738
	공공	20	42	1,748
	사업내	16	26	8,990
1970	소계	158	110	30,558
	공공	105	75	12,160
	사업내	53	70	18,398
1975	소계	388	302	84,218
	공공	109	156	26,444
	사업내	279	146	57,774
1980	소계	590	244	104,502
	공공	90	100	31,153
	사업내	472	116	66,213
	인정	28	28	7,136

〈표 1-24〉 경제개발 초기 형태별 직업훈련 실적
(자료: 한국경영자총협회, 『노동경제연감』, 1983, 223쪽)

을 지향하고 있는 이때 여러분이 자랑스럽게도 종합 1위를 차지한 일은 우리가 멀지 않아 선진 공업국가 대열에 올라설 수 있다는 확고한 자신감을 갖게 해 준 것"이라고 치하했다. 또 박 대통령은 "과거 올림픽 등 국제 스포츠 대회에 나가 메달을 획득해 국가적 영광을 누린 일이 있지만, 특히 이번 국제기능올림픽대회에서 중화학 공업 분야에 우리 젊은이들의 숨은 자질과 저력을 발휘한 것은 특별한 의의가 있다"고 강조했다.[24]

기능올림픽대회 참가 실적을 보여주는 〈표 1-25〉에 따르면, 우리나라는 1967년 제16회 국제기능올림픽대회에 처음 출전했다. 당시 파견 선수는 9명에 불과했는데, 이 중 6명이 입상할 정도로 우리나라 기능인력의 잠재적 우수성은 탁월했다. 이후 정부의 직업훈련정책이 시행되면서 우리나라의 국제기능올림픽대회 참가 직종과 파견 선수가 늘었다. 1978년 이후에는 대회의 전 종목에 선수를 출전시켰으며, 1977년 종합 1위를 달성한 이후 1위 행진을 이어갔다.

참가년도	대회횟수	실시직종	참가직종	파견선수	입상자	종합순위
1967	16	32	9	9	6	6
1968	17	28	15	15	11	3
1969	18	28	17	17	12	3
1970	19	30	29	29	20	2
1971	20	31	26	26	15	4
1973	21	33	17	17	14	2
1975	22	35	25	25	22	2
1977	23	33	28	28	26	1
1978	24	31	31	31	31	1
1979	25	33	33	33	26	1
1981	26	33	31	31	26	1
1983	27	32	32	32	22	1
1985	28	34	33	33	24	1
계				326	255	

〈표 1-25〉 국제기능올림픽대회 참가 실적(1967~1985)
(자료: 과학기술처, 『과학기술행정20년사』, 1987, 154쪽)

직업훈련정책과 사업이 정착 및 확대되면서 노동청은 노동부로 승격하였다. 이와 함께 노동부 관계자들은 전문화된 직업훈련 관리기구로서 공단의 설치를 추진하였다. 1982년 한국직업훈련관리공단(현 한국산업인력공단)이 설치되자, 개별 체제로 운영되던 공공직업훈련시설이 공단 산하로 재편되었다.[25] 노동부가 전문 체계를 구축하기 위해 주력한 또 다른 사업은 직업훈련대학의 설립이었다. 1977년 기능장 양성을 목표로 창원기능대학이 설립되었고, 1989년 한국기술교육대학이 출범하였다. 이렇듯 직업훈련정책이 노동당국의 업무로 분화한 이후, 노동부는 산업인력공단과 산하 훈련기관 및 기능대학 확충을 도모하면서, 우리나라에서 전문화된 직업훈련 공공교육체계가 형성되었다.

6. 대안적 기술인력 양성체계 구축의 함의

이렇듯 한국에서 경제발전을 위한 인력 공급정책은 경제기획원의 기술정책 기획에서 시작되어 과학기술처의 과학기술인력 정책과 노동부의 직업훈련정책으로 분화 발전한 양상을 보였다. 여기에 전통적인 문교부의 실업교육정책 영역까지 합한다면, 우리나라에서 경제산업인을 육성하기 위한 공공투자는 세 가지 경로로 정리된다.

인력개발정책은 경제개발 초기부터 경제계획의 목표하에 성립함으로써 정책영역 간 부처별 전담조직의 분화가 일어나는 과정에서도 총괄적인 일관성을 유지할 수 있었다. 그것은 경제개발계획의 거시적 목표와 실행계획에 부합하는 형태로 하부의 정책과 사업들이 구성되었기 때문이었다. 〈표 1-26〉과 같이 경제개발의 단계에 따라, 산업, 과학기술, 인력개발정책의 연계성과 일관성이 유지되면서 부문별 정책들이 특화 및 전문화되었다고 볼 수 있다.

경제개발 초기 기술인력개발정책은 1) 노동청의 직업훈련체계, 2) 과학기술처의 과학기술두뇌 양성체계, 3) 문교부의 공교육체계 내 실업계 및 이공계 교육 부문으로 삼분되었다. 이러한 분화 형태는 현재까지 지속되는 것으로, 본 연구에서는 경제개발 초기 인력 정책 집행체계의 변화를 통해 현재 한국의 인력 정책이 다부처, 다기관으로 분화된 원형과 과정을 발견할 수 있었다.

1960년대 이후 인력 정책의 제도화 과정에서 부처별 분화와 전문화가 진행되어 개별 제도의 완성도는 높아졌다고 볼 수 있다. 하지만 국가 차원에서 전체 인력개발시스템의 효율성은 저하되는 상황으로 포착된다. 그 근거로는 1) 한국의 고등교육이 사회적 수요 및 미래 성장동력 개척에 적합한가에 대한 사회적 논란이 지속되고 있다는 점, 2) 중등교육까지 국제 올

단계	산업	과학기술	인력개발
1960년대	○ 기초공업 제품의 수입대체 및 국산화 개발 촉진 　- 비료, 시멘트, 정유 등 ○ 경공업 제품의 수출 산업화 개발 촉진 　- 섬유, 합판 등 소비재	○ 과학기술개발 기반구축 　- 과학기술처 발족 　- 한국과학기술연구소 설립 　- 과학기술진흥법 제정 ○ 외국기술수원에 의존	○ 인력개발정책개념의 형성 　- 과학기술진흥 5개년계획에서 인력 개발을 최중점 전략으로 제시 ○ 기능인력의 개발에 정책의 역점을 부여 　- 공업고등학교·교육의 확충 및 질적 내실화 중점 추진 　- 직업훈련법제정으로 직업훈련기반 구축
1980년대	○ 첨단산업의 개발과 기술집약형 산업으로의 이행 　- 선박·자동차·철강·가전산업의 성숙 　- 반도체·통신·컴퓨터·정밀화학·신소재·생명공학 등 본격개발 ○ 기술도입촉진·도입기술의 소화개량 　- 생산성 향상과 품질고급화	○ 기술 주도 정책의 추진 　- 기술진흥확대회의·기술진흥심의회 　- 특정연구개발사업의 실시·확대 　- 국가핵심전략기술의 본격적 개발 ○ 민간기업의 기술개발 활성화 　- 기업연구소·연구조합 급증, 기업기술개발투자 급증	○ 고급과학기술인력의 양성·확보에 치중 　- 박사과정 위주의 한국과학기술원 확충 　- 이공계 대학원 교육의 확대 강화 ○ 과학기술영재인력의 양성체제 발전 　- 과학고교, 과학기술대학 설립 ○ 해외두뇌의 유치활용과 국비해외연수 확대

〈표 1-26〉 경제개발 단계별 산업·기술 및 인력개발정책 개요
(자료: 『과학기술행정20년사』, 137쪽)

림피아드대회를 석권할 정도로 뛰어난 인재가 많음에도 불구하고 한국 산업계에서 새로운 성장동력을 창출하는 데 대단한 지체를 보이고 있다는 점, 3) 과거에 중시되던 산업기능인력을 현재 외국인 노동력 또는 로봇이 대체하는 추세임에도 불구하고, 산업인력 정책의 본질이 여전히 단순노동력의 숙련 향상에 초점을 두고 있다는 점 등을 들 수 있다.

이렇듯 인력개발과 관련이 되는 문제들이 산적하지만, 현재 인력 정책의 총괄적 거버넌스가 작동하지 않아 인력 교육과 활용 전체를 부처 간, 정책 간 통합적 관점에서 모니터링하는 것이 어려운 상황이다. 과거와 같이 경제정책의 총괄적 프레임하에서 분야 정책 대부분을 통제하고 관장하기는 어렵다고 하더라도, 현재 지나치게 전문화 및 분화된 시스템으로 파편화

되는 현상을 제어하고 전체 정책의 흐름을 '인력개발'의 주제를 가지고 이해할 수 있는 총괄 거버넌스 체계가 필요한 상황으로 판단된다.

덧붙이자면, 본 연구는 국내적 문제에 대한 이해를 넘어 개발도상국가의 의사결정자들이 경제개발과 인력개발 문제를 고려할 때 준거로 활용할 가능성이 높다고 판단된다. 개발도상국가의 경우 정부를 포함하여 국가시스템 자체가 미숙한 단계에 있는 경우가 많다. 부처 시스템이 전문화하지 못했을 뿐만 아니라 부처별로 특화된 하위 시스템이 구축되지 못한 상황에서는, 한국의 경제발전을 위한 인력 양성 추진체계의 형성과 분화 과정이 하나의 중요한 벤치마킹 사례가 될 것이다.

제5장

과학기술 연구개발체계의 발전

1. 연구개발체계의 국가 제도화

한국에서 과학기술의 대표적인 활동인 연구개발은 어떻게 성장했는가? 한국 과학기술 연구개발체계의 성장에 대한 대표적인 설명은 정부(관)주도 모델이다. 정부주도 모델은 하나의 형태가 아니라, 다음의 〈그림 1-4〉와 같이 대략 세 단계의 변화를 거치면서 거대한 체계로 만들어졌다.

첫째는 1960년대 후반부터 1970년대까지 지역적으로는 서울의 홍릉을 중심으로 만들어진 초창기 체계다. 당시에는 기업과 대학의 연구역량이 크기 않았기 때문에 정부가 출연연구소를 통해 연구개발을 직접 기획하고 관리했다. 출연연구소에서 이루어진 성과는 당시 철강, 화학, 조선, 기계 등 새롭게 부상하는 신생 산업에 이전되었다. 출연연구소는 1966년 한국과학기술연구소 1개를 시작으로 1981년 기준 총 9개(1981년 16개 기관을 9개로 통폐합), 1996년 기준 총 29개로 늘었다. 이후 과학기술 전담부처 소속의 출연연구소 총수에서는 큰 변화가 없었으나 이와 유사한 형태의 전문연구

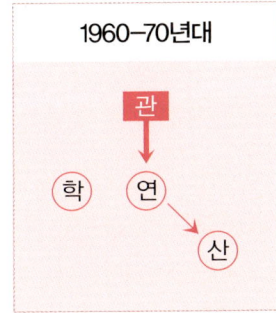 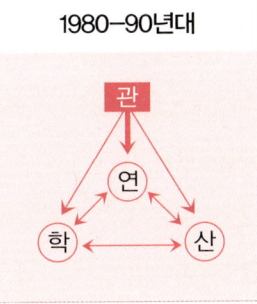 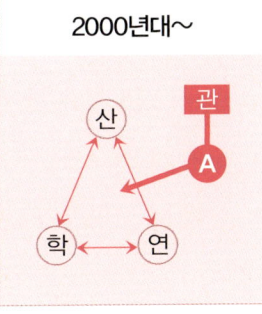

〈그림 1-4〉 한국 과학기술 연구개발체계의 변천 모델
(자료: 저자 작성. 본 모델은 신태영 외, 『한국 혁신체제의 동태분석과 발전전략』, 과학기술정책연구원, 2012, 171쪽의 도표 중 1990년대까지는 거의 유사하다고 볼 수 있다. 하지만 2000년대 이후를 보는 시각은 저자와 신태영 외(2012)에서 다르다. 신태영 외(2012)에서는 정부가 혁신시스템 바깥에 있다고 보았으나, 저자는 여전히 관주도 모델이라고 판단했다. 세 번째 그림의 영문 'A'는 연구개발사업을 관리하는 중간기구(Agencies)를 뜻한다. 한국에서는 중간기구로 부르지 않고 전문연구관리기관이라고 부른다.)

기관이 부처별로, 지자체별로 만들어지면서 정부주도 과학기술 정부출연연구소 모델은 지속적으로 확장되었다. 2014년 현재 국가과학기술연구회 소속 출연연구소 25개와 의약학 분야를 포함한 과학기술 분야 공공연구기관의 총수는 약 200개에 이르렀다.[1]

둘째는 연구기관들이 대덕연구단지에 입주하고, 특정연구개발사업과 같은 국가연구개발사업을 매개로 과학기술 체계가 작동하는 1980년대~90년대. 이 시기에는 연구소뿐만 아니라 기업과 대학이 연구개발활동에 핵심 참여자로 포함되었다. 참여자가 늘어난 상황에서 정부는 출연연구소를 매개로 대학과 산업을 컨소시엄 형태로 묶는 연구개발사업을 추진했다. 1982년에 시작된 특정연구개발사업이 그 효시로, 이때부터 정부가 기획하고 발주한 연구개발사업에 대한 산학연의 참여라는 관주도 방식이 만들어졌다. 이후 특정연구개발사업과 유사하거나 이를 계승하는 정부 사업이 만들어졌는데, 1987년의 공업기반기술개발사업, 1988년 에너지자원기술개발사업, 1990년 정보통신국책연구개발사업, 1992년의 선도기술개발사업, 1997년 창의적 연구진흥사업이 그 대표적인 사례다. 2000년대 이후 정부 연구개발예산이 늘면서 정부부처 20여 개가 연구개발사업을 운영하며 2014년 현재 사업의 총수는 600개가 넘고, 600개 사업에 속한 과제 수는 5만 개가 넘었다.[2]

셋째는 2000년대 이후 정부의 연구개발사업 관리 기능을 담당하는 중간기구가 산학연 연구개발을 관리하는 형태로 변화했다(〈그림 1-4〉에서 A는 중간기구, Agencies를 의미). 중간기구의 증가는 정부연구개발비의 증가와 관련된다. 1990년대 초까지 정부연구개발비는 1조 원 내외였는데, 이때는 과학기술정책연구평가센터(현 과학기술정책연구원)에서 정부의 각종 연구개발사업을 관리했다. 이후 정부의 연구개발비 투자는 2016년까지 19조 원 규모로 증가했고, 이를 관리하기 위한 중간기구가 급격하게 늘어 2015년 현재 20여 개의 연구개발사업 관리를 위한 전문기관이 만들어졌다. 일반적으로 중간기구는 산학연의 매개 역할을 담당할 것으로 기대되나, 한국에서는 정부의 연구개발사업 관리 업무를 대행하는 역할을 가지고 운영되었다.[3]

이 장에서 제공하는 설명은 한마디로, 정부주도의 과학기술 발전 모델이다. 〈그림 1-4〉처럼 3단계로 그 양상이 변화하기는 했으나, 큰 틀에서 정부의 주도적 역할과 개입의 정도는 심화되었지 줄어들지는 않았다. 이러한 발전 경로는 탈추격체제로의 전환 노력과 상충한다. 즉, 정부주도에서 시장주도로, 통제관리에서 자율책임 체제로 전환하고자 하는 수많은 노력에도 불구하고, 한국의 과학기술 체계는 상당 부분 추격기의 관주도 모델의 관성을 유지하고 있다.

2. 기술 추격을 위한 연구기관 설립과 확산

추격기 1단계에서 과학기술정책의 핵심은 기술 추격의 기획과 그 실천을 담당할 핵심 행위자로서 정부출연연구기관을 설립한 일이었다. 〈표 1-27〉에서 보듯, 1959년 원자력원 설립과 1962년 한국과학기술정보센터 설립을 제외하면, 한국이 경제개발 궤도에 진입한 1960년대 중반에 와서야 과학기술제도 부문에서 많은 변화들이 일어났다. 자세히 보면 정책 기획, 새로운 산업 조성 및 이를 위한 기술개발조직의 신설이 주를 이루었음을 알 수 있다.

저개발 상태의 한국에서는 민간의 과학기술활동이 취약했기 때문에 추격기 과학기술에 대한 투자의 대부분이 정부 투자였고, 과학기술과 관련된 제도들이 공공영역에 안착했다. 그렇다 보니 과학기술제도가 만들어질수록 행정법적 정당성의 확보가 필요했고, 국회에서의 입법화 과정이 동시에 진행되었다. 〈표 1-27〉에 나타난 경제개발 초기 주요 입법 사례들을 보면, 기계, 조선, 전자, 석유화학, 철강 등 경제개발계획에서 기획한 산업 부문별 진흥법이 만들어지면서, 한국과학기술연구소, 한국과학원 등 주요 연구개발기관이 설립되었음을 알 수 있다.[4]

한국에서 정부주도의 과학기술 발전을 설명하기 위해 빠질 수 없는 조직이 바로 과학기술 전담부처다. 한국 정부는 제2차 경제개발5개년계획의 개시연도인 1967년 과학기술 행정의 주무부처로서 과학기술처를 설립했다. 과학기술처의 전신은 1962년 6월 경제기획원에 설치된 기술관리국이었다. 기술관리국은 제1차 경제개발5개년계획의 보완을 위해 수립된 제1차 기술진흥5개년계획을 기획 및 집행하기 위해 신설되었던 조직이다. 기술관리국을 만든 지 5년 만에 과학기술 행정을 전담하는 독임부처가 출범했으니, 당시 한국의 정부 부문에서 과학기술정책의 역할이 중요하게 다루어졌음을 짐작할 수 있다. 실제로 1966년 정부구조 개편이 추진되었을

연도	주요 내용
1959	• 원자력원 설립
1962	• 한국과학기술정보센터 설립
1966	• 한국과학기술연구소 설립 • 제2차 과학기술진흥 5개년 계획 수립
1967	• 과학기술처 설립 • 과학기술진흥법 제정 • 기계공업진흥법 제정 • 조선공업진흥법 제정
1968	• 과학기술개발 장기종합계획 수립
1969	• 전자공업진흥법 제정 • 한국과학기술정보센터 육성법 제정
1970	• 석유화학공업육성법 제정 • 철강공업육성법 제정
1971	• 한국과학원 설립 • 서울(홍릉)연구개발단지 발족 • 제3차 과학기술개발 5개년 계획 수립 • 비철금속제철공업사업법 제정
1972	• 종합과학기술심의위원회 설치 • 기술개발촉진법 제정 • 한국과학기술진흥재단 설립
1973	• 기술용역육성법 제정 • 대덕연구학원도시 건설 추진 계획 수립 • 한국원자력연구소 설립 • 특정연구기관육성법 제정 • 국가기술자격법 제정
1975	• 한국표준연구소 설립
1976	• 제4차 경제사회발전계획 과학기술부문 실천계획 수립 • 한국기술검정공단 설립 • 한국핵연료개발공단 설립
1977	• 한국과학재단 설립 • 기능대학법 제정
1978	• 기술도입 자유화 조치
1979	• 종합과학기술심의위원회 재개 • 섬유공업근대화촉진법 제정

〈표 1-27〉 한국 과학기술 연구개발 행정 및 제도의 주요 변천(1959~1979)
(자료: 과학기술처, "부록: 과학기술·경제연표", 『과학기술30년사』, 1997, 619-631쪽에서 발췌 인용)

때, 과학기술뿐만 아니라 문화관광부 등 여러 부처의 신설 및 개편안이 추진되었는데, 1967년 이 중 과학기술처만 신설되었던 것이다.

과학기술처의 설립을 정당화한 사건은 두 가지였다. 하나는 1966년 서울대학교 행정대학원을 중심으로 구성된 행정개혁조사위원회에서 제작한 행정개혁안에 과학기술 행정기구 설립안이 포함된 것이었다.[5] 다른 하나는 같은 해 11월 21일에 개최된 수출진흥확대회의에서 박정희 대통령이 과학기술 행정부처 설립을 지시한 일이었다.[6] 과학기술 전담부처의 설립은 당시 정부가 공업화를 서두르면서 발생하는 기술적 문제를 해결하기 위함이었던 것으로 알려졌다. 당시의 『과학기술 연감』에 따르면 "외자와 내자를 합한 공장은 곳곳에 늠늠하게 건설되고 있다.…… 제1차계획 기간 중 건설한 공장과 시설투자를 밑받침으로 기술혁신에 의한 경제의 고도성장"을 꾀할 필요가 있다는 점이 과학기술처 발족의 의의로 서술되었다.[7]

추격기 경제개발계획에서 설정한 목표들은 대개 생산공장의 건립이었고, 이 공장의 건설부터 운영까지 다양한 종류의 기술지식과 인력이 필요했다. 〈표 1-28〉과 같이 경제개발계획상에서 추진된 공업 건설 목표는 방대했을 뿐만 아니라, 당시의 국내적 역량으로는 역부족일 것이 예상되는 상황이었다. 철강, 정유, 석유화학, 금속, 기계, 시멘트 등 정부의 지정 사업으로 공업 건설이 진행되는 과정에서, 이에 필요한 기술적 지식과 인력을 공급하는 것 또한 정부주도로 추진될 필요가 있었고, 이것이 과학기술처의 설립과 운영을 정당화했던 것이다.

과학기술처는 경제개발에 대한 기술적 지원과 함께 독임부처의 존립 이유로서 기술 자체의 발전 목표를 설정하게 되었다. 신생 조직인 과학기술처가 한시적 조직으로 머물지 않기 위해서는 과학기술 자체의 독자적 발전 목표가 필요했을 것으로 보인다. 이러한 문제의식은 1968년에 발표된 『과학기술개발장기종합계획』의 준비로 이어졌다. 과학기술처 설립 초기에 시작된 이 작업에는 약 400명의 과학기술자가 참여했고, 우리나라의 경제와 사회 부문의 지속적 발전을 전제로 기술 수준의 장기 전망을 시도했다.[8]

『과학기술개발장기종합계획』에서는 경제와 사회 부문의 발전상을 포괄

경제개발계획	산업정책의 핵심 목표
제1차 계획 (1962–1966)	– 시멘트: 3개 공장건설 – 철강재: 종합제철소 건설 – 비료: 3개 공장 착공 – 비료: 3개 공장 착공 – 정유: 정유공장 건설 – 화학공업: 소다회공장 등 공장 건설 – 광업부문: 화력발전소, 종합제철소등 건설계획
제2차 계획 (1967–1971)	– 석유화학공업: 제2 정유공장, PVC, 폴리에틸렌, 아크릴로니트릴공장 등 – 금속공업: 알미늄제강공장, 특수강공장, 인천제철 등 건설 – 제철공업: 종합제철소 건립 – 기계공업: 대규모 공장 중심의 계열화, 공장 건설 확장, 국산화 촉진 – 시멘트: 각종공장, 크링카분쇄공장 건설 – 식료품공업: 전분공장, 포도당공장, 서강사료공장, 유가공장 건설 등 – 그 외 비료, 화학, 섬유, 요업 등을 육성 – 광업부문에 있어서는 석탄, 기타광업개발과 지질조사사업 계속 추진
제3차 계획 (1972–1976)	– 금속공업: 종합제철 완공, 주물선공장과 특수강공장 건설, 시설계열화 등 – 기계공업: 중기계공장 건설, 중추부품공장 건설, 시설의 전문화 계열화 – 석유화학 및 기타화학공업: 스치렌모노마공장, 중과석비료공장 건설 등 – 기타 제조업: 전문공장 건설, 팔프공장건설 방안 강구 등 기존 시설 확장이나 신규건설
제4차 계획 (1977–1981)	– 기계공업: 설비국산화자금 확대 공급, 창원기계공업기지 건설 촉진 – 전자공업: 부품생산중심, 수출특화상품 개발, 공업단지 조성 – 조선공업: 옥포조선소 건설, 계획조선 추진, 선진기술도입 등 – 금속공업: 포항종합제철공장 시설규모 확장, 제철소의 계열화, 전문화 등 – 그 외 석유화학, 정밀화학, 섬유공업 육성 – 기타 제조업: 생산공정 현대화, 노후시설 대체 등

〈표 1–28〉 경제개발 초기 산업정책의 핵심 목표(1962~1981)
(자료: 경제기획원, 『제1차 경제개발5개년계획』(1962); 『제2차 경제개발5개년계획』(1967); 『제3차 경제개발5개년계획』(1972); 『제4차 경제개발5개년계획』(1977))

하면서 기술발전의 목표를 제시했다. 우선 경제 부문에서는 공업화의 기반 구축, 도약의 최종 단계 도달, 성숙의 기본 발전 단계를 가정했다. 사회 부문에서는 전통사회로부터의 탈피, 변혁기, 근대화 및 복지화의 달성으로 제시되었다. 이러한 목표들과 함께, 우리나라가 산업구조 면에서 농수산 부문이 크게 저하되는 반면 광공업과 사회간접자본, 서비스 부문의 성장이 급속하게 일어나고, 도시화가 촉진될 것이라는 전망도 있었다.[9]

『과학기술개발장기종합계획』은 기술 추격을 위한 과학기술정책의 대표적인 성격을 보여준다. 이 계획에서는 과학기술의 발전 목표를 '자주기술 개발능력의 개화로 중진공업국가군에서 최상위 수준에 도달'하는 것으로 설정했다. 또한 이러한 대담한 목표가 '창조를 위한 모방' 전략에 의해 달성이 가능하다고 전제했다.[10] 기술 추격은 경제 및 기술 목표를 명확하게 제시하고 그 수단을 동원함으로써 달성 가능성을 높인다. 당시 한국경제 수준에서 중진공업국 중 상위권에 들겠다는 대담한 목표를 설정하고 이를 위해 기술의 자주화를 핵심 수단으로 채택한 점, 특히 이를 정부주도로 추진함으로써 공공부문이 민간의 발전을 견인한다는 점이 바로 한국적 기술 추격의 핵심 방정식이었다. 〈표 1-29〉에서는 기술의 자주화 또는 내재화를 기술의 자충도(自充度), 즉 자기충족도로 표현했다.

	기술의 자충도(自充度)
1960년대	① 생산시설 산업기술 기술용역의 대부분을 해외에 의존 ② 수입대체 산업의 육성
1970년대	① 금속기계공업의 기반 정비 ② 플랜트 엔지니어링의 보호육성 ③ 자본재 도입 위주에서 기술도입 중심으로 외자도입 정책 전환 ④ 경공업 분야 50% 이상 국산화 ⑤ 중공업 분야, 기술선단 산업분야는 시설과 기술용역의 계속 도입
1980년대	① 경공업 분야의 완전 국산화 ② 중공업 분야는 부분적인 시설의 도입 ③ 기술과 용역의 수출 ④ KS는 국제통용규격화 ⑤ 해외 특허 출원의 증대

〈표 1-29〉 1968년 한국의 장기 기술 발전 전망
(자료 : 과학기술처, 『과학기술개발장기종합계획 1967-1986』, 1968, 14쪽)

그렇다면 문제는 기술 추격의 체계를 어떻게 조직화하여 기술역량의 내재화 및 기술도입 전략을 실천하느냐에 있었다. 과학기술처가 기술 추격의 기획을 담당했다면, 이를 실제로 기술지식과 역량으로 실행할 전문조직과 체계가 필요했기 때문이다. 이는 1966년 한국과학기술연구소의 설립으로 시작되었고, 다음 〈그림 1-5〉와 같이 1972년 홍릉 연구개발체계로 구축되었다. 홍릉 체계는 5개의 핵심 기관으로 구성되었다. 과학기술대학원인 한국과학원, 국방과학연구소, 한국과학기술정보센터, 한국과학기술연구소,

그리고 경제개발계획의 정책수단을 만드는 한국개발원이 홍릉 체계의 구성요소였다.

홍릉 연구개발체계의 5개 기관들은 명확한 임무에 따라 주요 기능을 설정했다. 한국과학원은 우수한 과학기술인력을 양성하고 연구능력을 배양하며 과학교육을 선도하는 역할이 부여되었다. 이를 통해 한국과학원은 경제와 기술, 국방력의 발전에 필요한 우수한 인재를 공급하는 기능을 맡을 것이었다. 국방과학연구소는 병기의 제조, 방위산업 연구, 군장비의 국산화를 추구하도록 설계되었다. 한국과학기술정보센터는 해외의 정보를 수집하여 국내에 보급하며 국제 기술협력을 담당하고 한국과학기술연구소는 신기술개발, 산업기술개발의 선도, 도입기술을 개량하고 발전시키는

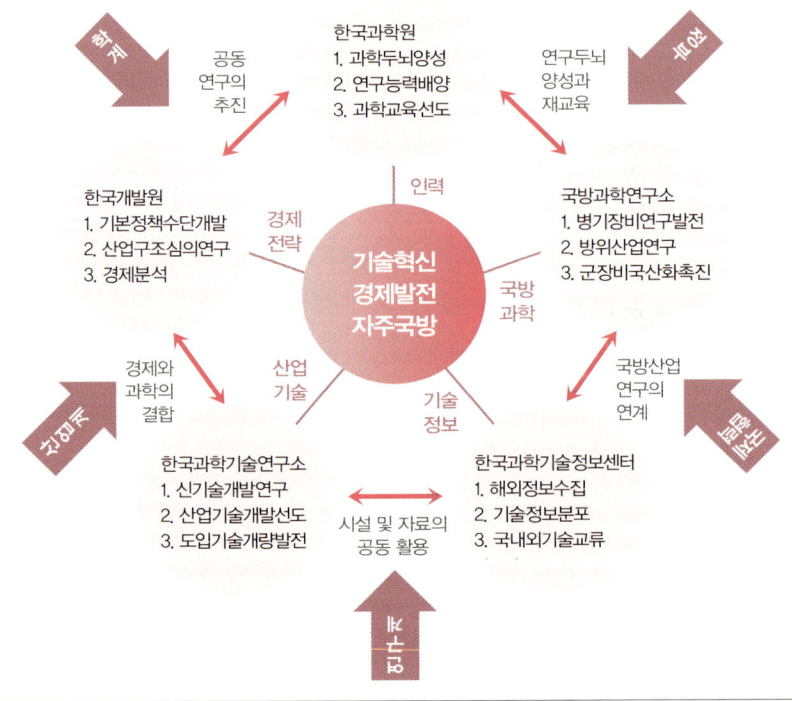

〈그림 1-5〉 기술 추격의 초기 체계 (1972년)
(자료: 과학기술처, 『제3차 과학기술개발5개년계획』, 1972, 29쪽)

역할을 맡았다. 이러한 연구체계에서 한국개발원은 경제와 과학의 발전 목표를 일치시키도록 경제전략을 수립하는 기능을 수행하였다. 이렇듯 5개의 기관은 한편으로는 각자에 설정된 임무를 수행하고, 다른 한편으로는 기관 간 필요한 연락과 협력을 추진함으로써 핵심 목표인 경제발전과 기술혁신, 자주국방의 추진체로 작동하도록 설계되었다.

초창기 홍릉 연구개발체계에서 가장 두드러진 성과를 보인 기관은 한국과학기술연구소였다. 한국과학기술연구소는 기업의 기술역량이 부족할 때 기업 대신 공정 개선, 품질 향상을 위한 기술개발, 도입기술의 소화, 비교적 간단한 제품개발, 시범 제작 및 시험연구의 역할을 맡았다. 1975년 말까지 599건의 수탁 과제 중에서 약 절반에 해당하는 261건이 기업화가 되었다.[11] 기업화율이 높은 것은 그만큼 연구소가 기업현장에서 당장에 필요한 기술적 서비스를 제공했음을 의미한다. 『한국과학기술연구소10년사』에 따르면, "S공업주식회사에서 위탁받은 연구인데 내후성 및 내광성이 우수한 자연발색 처리기술을 50만원 미만의 적은 연구비로서 단시일에 개발해주었다" 등 공장에서 어려워하는 기술 문제를 연구소의 실험실에서 해결한 여러 사례들이 등장한다.[12] 한국과학기술연구소의 대표적인 성과 사례로는 현 POSCO의 초기 기업인 포항종합제철소의 기획과 건설에서 기술 자문과 서비스(1969년) 제공, 선경화학에 대한 PET 필름(Polyethylene Terephthalate Film) 기술의 개발과 이전(1977년)을 들 수 있다.[13]

한국과학기술연구소의 성공적 기술이전 사례들은 유사한 연구소 모델의 확산을 가져왔다. 이후 과학기술처뿐만 아니라 상공부, 동력자원부 등 다른 정부부처에서도 한국과학기술연구소를 모델로 한 출연연구소를 설립하게 되었던 것이다. 〈표 1-30〉과 같이 1966~1981년 사이에 설립된 연구기관들은 대개 해당 산업 부문 기술의 국산화, 즉 기술의 수입대체를 목표로 설립 및 운영되었다. 이 기관들에는 산업계보다 먼저 기술을 학습하고

도입한 뒤 이를 개량하여 산업계에 이식한다는 임무가 부여되었는데, 동시에 정부 내 주무부처가 이러한 기관들의 임무와 기능을 관할하는 관계 또한 형성되었다. 요컨대 과학기술의 정부주도 모델이 적용 및 확산되었던 것이다.

연구기관명	주무부처	설립년도	주요기능
한국과학기술정보센터	과학기술처	1962	과학기술에 관한 정보 수집, 처리, 제공 정보자료 책자 간행
한국과학기술연구소	과학기술처	1966	기술개발, 도입기술의 토착화 산업계에 대한 기술지원, 국제협력
국방과학연구소	국방부	1970	병기장비의 개선, 국방과학기술 조사연구 군장비의 국산화 촉진, 방위산업개발
한국과학원	과학기술처	1971	국가 산업 발전에 필요한 과학기술 두뇌 양성
한국원자력연구소	과학기술처	1973	원자력발전기술의 토착화, 핵연료 이용기술의 자립, 방사성원소의 산업화
한국표준연구소	공업진흥청	1975	국가표준유지, 표준과학기술의 연구 및 보급, 해외정보 교류
한국선박연구소	상공부	1976	선박의 설계 및 생산기술 개발
한국핵연료개발공단	과학기술처	1976	국내핵연료자료의 활용, 원자력발전용 핵연료의 국산화
한국화학연구소	상공부	1976	플랜트 설계 및 공정 개발, 석유화학 비료 합성고무, 합성섬유
자원개발연구소	동력자원부	1976	부존자원의 조사, 자원기술의 개발 및 정보수집
한국기계금속시험연구소	상공부	1976	기계국산화—설계 및 제작기술의 개발과 시험
한국전기기기시험연구소	상공부	1976	중전기기 국산화 개발 및 성능 시험
한국전자기술연구소	상공부	1976	반도체 및 컴퓨터 관련제품 개발 Mask 및 유틸리티 공장운영
한국열관리시험연구소	동력자원부	1977	열관리에 관한 조사연구, 산업 및 주택 열관리 기술 개발, 연료사용기기 성능 개선
한국통신기술연구소	체신부	1977	통신시설의 국내생산을 위한 생산업체 지원, 체신부 통신시설 개량 및 시스템 개발
한국연초연구소	전매청	1978	연초의 경작, 제조, 위생에 관한 시험연구 및 조사, 관련기계의 국산화
고려인삼연구소	전매청	1978	인삼의 경작, 제조, 효능에 관한 시험연구 및 조사, 인삼가공 제품의 개발

〈표 1-30〉 추격기 과학기술 관련 연구기관의 확대와 주요 기능
(자료 : 과학기술처, 『과학기술연감 1980』, 1979, 85쪽을 참조했으나 본래의 도표에는 빠져 있던 국방과학연구소 설립 사실을 추가했으며, 연도별로 재배열하였음을 밝힌다.)

하지만 1970년대 후반부터는 정부출연연구소가 기업의 산업기술개발을 직접적으로 지원하는 모델이 더 이상 지속 가능하지 않게 되었다. 무엇보다 한국과학기술연구소의 연구자들은 연구소의 발전 방향이 산업기술개발로부터 종합연구로 이행해야 한다고 강조했다. 기업이 필요로 하는 단기적 수요에 대응하는 것을 넘어, 중장기적이며 종합적인 대형 연구를 수행해야 한다고 보았던 것이다.[14] 이러한 흐름은 과학기술처 최형섭 장관의 구상과도 일치했다. 최 장관은 한 언론사와의 인터뷰에서 산업기술개발은 정부주도에서 기업주도로 바뀌어야 하고, 정부는 향후 유망할 두뇌산업에 대한 전략적 투자를 해야 한다고 보았다.[15]

정부출연연구소의 역할 변화에 대한 논의는 한국과학기술연구소가 선경화학에 제공한 PET 필름의 기술이전을 계기로 더욱 불거졌다. 비슷한 시점에 선경화학의 경쟁사인 제일합섬이 일본의 도레이사로부터 PET 필름의 국내생산을 위한 기술이전 계약을 맺음으로써, 국산화된 기술의 사용자와 외국 기술의 도입자 사이에 갈등이 벌어진 것이었다. PET 필름을 둘러싼 선경화학과 제일합섬 간의 논쟁은 1978년 당시 언론을 통해 국내에서 큰 이슈로 부각되었다. 선경화학은 PET 필름의 국내 개발이 성공한 시점에서 일본의 도레이사가 기술이전을 시도한 것은 간교한 일본의 상술을 보여주는 처사라 비판했고, 제일합섬의 기술도입은 결국 일본 도레이사만 살찌게 할 뿐이라며 국내개발기술의 보호를 주장했다. 이에 대해 제일합섬은 KIST의 PET 필름 기술개발이 극히 일부분의 시험적인 성공 케이스에 지나지 않는다고 폄하하면서, 최첨단 외국 기술의 도입이 결코 국내 기술개발을 가로막지 않는다고 반박했다.[16]

PET 필름의 기술이전 논쟁은 선경화학의 승리로 끝났다. 정부는 기술개발심사위원회를 열어 한국과학기술연구소가 개발한 PET 필름 기술을 보호할 만한 가치가 있다고 판정했고, 그 과정에서 한국과학기술연구소의 기술자들은 이 기술에 대한 4년간의 보호를 관철시키는 데 기여했다.[17] 그 결과 선경화학은 국산화된 기술을 보호받아 PET 필름을 독점적으로 생산할 기회를 얻는 데 성공했으나, 다른 한편으로는 정부출연연구소에 의한 시장 침해 논란이 커질 것이었다. 이를 두고 당시의 기사는 "과기처는 막대한 자원을 받고 있는 KIST(한국과학기술연구소)가 지금까지 이렇다하게 산업계에 내세울만한 연구업적이 없어 항상 애를 태워왔는데 이번에 모처럼 「한건」한 것을 죽일 수 없다는 입장"이었다고 비꼬았다.[18]

출연연구소의 역할 변화 필요성은 다른 곳에서도 제기되었다. 기업과 대학의 빠른 과학기술역량의 성장 또한 정부가 출연연구소에 대해 거의 독점적으로 산업기술개발 임무를 부여하는 일이 지속 가능하지 않음을 말해주고 있었다. 1979년에는 코오롱, 금성사, 동양나일론, 삼성전자 등 주요 기업을 중심으로 사내 종합연구소들이 개소되거나 설립이 추진되었다.[19] 또한 같은 해 과학기술처가 당해연도 연구사업계획안을 발표했을 때, 일부의 대학 교수들은 기초과학이 제외되었다는 이유로 반대 의견을 개진했다. 그들은 무엇보다 "과학기술처가 기술도입에 치중하는 등 상공부적인 기술정책을 펴고 있는 인상이라며, 과학기술처는 장기적인 안목에서 과학기술처적인 정책을 펴나가야 한다"고 주장했다.[20] 요컨대 정부와 출연연구소를 중심으로 산업기술개발을 직접 지원하던 모델을 대체할 새로운 대안이 필요하게 되었던 것이다.

3. 국가연구개발사업의 발명과 확산

1980	• 과학기술 정부출연연구기관 통합조정안 확정 및 16개 출연연을 9개로 통폐합
1981	• 한국기술개발주식회사법 제정 • 제5차 경제사회발전계획 과학기술부문 실천계획 수립 • 한국직업훈련관리공단법 제정 • 한국산업경제기술연구원법 제정
1982	• 특정연구개발사업 시행 • 기술진흥확대회의 발족
1983	• 유전공학육성법 제정
1984	• 기술진흥심의회 발족
1985	• 한국과학기술대학 설립 • 기술진흥심의회 산하에 기술진흥지역협의회 운영(구로, 구미, 창원, 반월 공단)
1986	• 산업기술연구조합육성법 제정 • 공업발전법 제정 (기계공업진흥법, 조선공업진흥법, 전자공업진흥법, 석유화학공업육성법, 철강공업육성법, 비철금속제철공업사업법, 섬유공업근대화촉진법의 폐지) • 2000년대를 향한 과학기술발전 장기계획 수립 • 제6차 경제사회발전 5개년계획 과학·기술부문계획·인력부문계획 수립
1987	• 과학기술정책평가센터 개소(한국과학기술원 내) • 소프트웨어개발촉진법 제정 • 공업기반기술개발사업 시행
1988	• 남극과학기지 건설 준공 • 에너지자원기술개발사업 시행
1989	• 기초과학연구진흥법 제정
1990	• 한국원자력안전기술원 설립 • 정보통신 국책연구개발사업 시행
1991	• 국가과학기술자문회의법 제정 • 과학관육성법 제정
1992	• 한국종합기술금융주식회사 설립 • 엔지니어링기술진흥법 제정
1993	• 생명공학육성 기본계획 수립(바이오텍 2000) • 대덕연구단지관리법 제정
1994	• 협동연구개발촉진법 제정
1996	• 고등과학원 개원
1997	• 창의적 연구진흥사업 시행
1999	• 민·군겸용 기술개발사업 시행 • 21세기 프론티어연구개발 사업 시행

〈표 1-31〉 한국 과학기술 연구개발 행정 및 제도의 주요 변천(1980~1999)
(자료: 과학기술처, "부록: 과학기술·경제연표", 『과학기술30년사』, 1997, 632-655쪽에서 발췌 인용. 1997년 이후의 목록은 저자에 의해 추가되었음.)

이러한 변화는 역설적이게도 한국과학기술연구소의 성공 사례 및 출연연의 확대와 관련이 있었다. 1970년대 말 출연연 중심의 과학기술 발전 방식에 대해 여러 문제들이 제기되었다. 그 문제들은 대략 다섯 가지로 요약된다. 첫째, 우리나라의 연구인력과 투자 규모에 비해 단위 연구기관 수가 많아 비효율적이라는 점 둘째, 연구기관이 늘면서 연구자가 관리직으로 빠져나가 실제 연구에 몰입할 인력이 부족하다는 점 셋째, 기능과 전문분야가 비슷한 연구기관의 중복 증설로 연구 예산과 과제를 수주하기 위한 경쟁이 과열된다는 점 넷째, 연구기관의 주관부처가 달라 기관 간 협조가 안 된다는 점 다섯째, 국가 차원에서 연구개발 과제들에 대한 종합조정이 어렵다는 점이 거론되었다.[21] 이를 당시의 언론에서도 다루었는데 "과학자들이 감투를 너무 좋아해서 탈이다. 금년들어 외국에서 유치된 과학자들이 한창일할 나이에 서로 다투어 소장, 부소장 감투를 써 가뜩이나 모자라는 고급인력난을 부채질"한다는 평가가 나왔다. 같은 기사에서는 KIST가 해외에서 유치한 106명의 과학자 중 30% 이상이 신설된 연구기관의 경영관리층으로 옮겼다고 지적했다.[22]

1980년 전두환 정부가 추진한 행정 개혁도 출연연구소 통폐합의 근거로 작용했다. 전두환 정부는 중앙행정기구의 간소화를 추진했고, 정부의 과장급 이상 고위직 531개를 축소 개편했다.[23] 이러한 흐름 속에서 정부는 출연연구소 16개 기관을 9개로 통폐합, 각 부처에 분산되어 있던 연구소들을 과학기술처 산하로 일원화했다. 경영관리층의 축소 및 부처별 파편화 경향을 제어함으로써 연구 집중도를 높이려는 일이었다.

일본의 고도성장을 지켜본 선진국들이 기술보호주의를 강화하는 추세 또한 한국 정부의 경제개발 및 과학기술정책에서의 변화를 요구했다. 선진국 간의 상호 협력이 강화되는 반면, 선진국으로부터 후발국가로의 기술 이전은 어려워질 뿐만 아니라 모방 제품에 대한 통상 압력도 증가할 전망이었다. 국제적 환경의 변화는 과학기술정책에서의 변화도 요구했다. 해외

기술의 도입과 도입기술의 민간 이전 정도를 넘어 기술과 제품의 자체 개발에 역점을 두어야 했던 것이다. 다만 그것은 1970년대 출연연구소가 기술을 도입하고 개량하여 기업에 이전해주는 방식이 아니라, 기업이 직접 개발하도록 도와주는 방식이라야 했다. 이러한 변화 인식은 제5차 경제사회발전5개년계획 이후 지속적으로 이어졌다. 다음 〈표 1-32〉에서 보듯 경제 산업 부문에서 1982년부터 1990년대 초까지 4차례의 5개년계획이 수립될 때마다, 자체 기술개발, 기술 토착화, 국산화, 첨단기술개발의 용어가 강조되었다.

경제개발계획	산업정책의 핵심 목표
제5차 계획 (1982–1986)	비교우위에 기반한 산업합리화 – 기계공업: 부품업체의 전문계열화 – 조선공업: 수출제품 고급화, 계획조선 – 자동차공업: 부품공업에 역점, 생산전문화, 선진기술도입과 자체기술개발 – 전자공업: 생산구조 전환(단순부품조립, 가정용전자기기→부가가치 높고 기술집약적인 산업용전자기기), 공동연구 및 협조체제 확립 등 – 철강·비철금속공업: 본공장 착공, 시설간의 전문화 계열화 등 – 그 외 석유화학, 섬유공업 육성
제6차 계획 (1987–1991)	– 기계공업: 경쟁력 있는 품목의 국산화계획, 기술개발관련 자금지원 등 – 자동차공업: 경제단위의 생산규모 실현, 생산자동화, 컴퓨터화, 부품의 표준화 전문화, 계열화체제 발전 등 – 전자공업: 국산부품 개발로 고부가가치산업으로 육성, 첨단기술개발 – 철강 및 비철금속공업: 특수철강부문에 대한 시설확충 – 조선공업: 기자재의 국산화, 전산화 기법 활용, 계열화 전문업체 발굴 등 – 그 외 섬유, 석유화학, 정밀화학공업 육성
제7차 계획 (1992–1996)	– 제조업: 산업기술개발 촉진 – 제2차 기계류·부품·소재 국산화 5개년계획 추진 – 정보통신산업: 산업활동 정보화, 정보통신산업의 경쟁력 강화
신경제계획 (1993–1997)	– 모든 산업에 걸쳐 첨단기술의 발전 촉진 – 가공조립산업: 모델 고유화, 시스템화하여 성장 주도산업으로 육성 – 소재산업: 공정의 효율화 및 제품의 고부가가치화 – 경공업: 구조조정과 함께 패션화, 고급화로 경쟁력 확보 – 성장잠재산업: 기술개발 및 선진국과의 기술제휴, 생산기반의 확충을 통해 향후 성장주도 산업으로 이행하기 위한 기반 구축 – 정보산업: 민간과 정부의 적절한 역할 분담과 유기적인 협조를 통해 전략적으로 육성

〈표 1-32〉 1980~90년대 산업정책의 핵심 목표
(자료: 경제기획원, 『제5차 경제사회발전5개년계획(1982~86)』(1982); 『제6차 경제사회발전5개년계획(1987~91)』(1987); 『제7차 경제사회발전5개년계획(1992~96)』(1992); 『신경제 5개년계획(1993~97)』(1993))

1980년대 초에 이루어진 기술개발 중심의 경제발전전략을 별칭으로 '기술드라이브'라고 부른다. 당시 정부는 경제사회발전5개년계획 기간인 1982년부터 1986년까지 기술개발에 총 5조4465억 원을 투입하여 고밀도 집적회로(반도체), 컴퓨터, 광섬유통신, 천연색 필름 등 주요 첨단기술과 제품의 국산화를 달성한다는 목표를 제시했다. 이러한 목표의 실질적 집행을 위해 정부는 대통령이 주재하는 기술진흥확대회의를 설치 및 운영했다. 과학기술처는 1982년 1월 29일 첫 번째 기술진흥확대회의에서 "기술주도의 새세대 전개"라는 제목의 대통령 보고를 실시했다. 이 보고에서는 1980년대 과학기술정책의 방향과 기술우위정책의 기조가 설명되었는데, 기술드라이브의 기본 전략으로 ①고급인력의 확보 ②생산적인 연구개발 활동의 창달 ③핵심전략기술의 토착화가 제시되었다.[24]

국내 공공부문의 구조조정, 국제시장에서 기술보호주의의 심화는 한국 정부가 새로운 형태로 민간의 기술개발에 대해 개입하는 것을 정당화했다. 그것은 1982년 출연연구소별로 지원하던 연구개발자금을 통합하여 과학기술처를 주관으로 하는 특정연구개발사업을 시행한 일이었다. 과학기술처는 정부출연연구소가 기업을 직접 지원하는 모델이 지속 가능하지 않다고 판단했고, 시장에서 투자 위험을 감수하기 어려운 기술개발 분야나 도입 자체가 어려운 기술의 국산화를 중심으로 기술개발전략을 수정했다. 이러한 전략은 민관 컨소시엄 형태의 특정연구개발사업을 통해 실행될 것이었다.

과학기술처는 특정연구개발사업을 정당화하기 위해 기술개발촉진법의 개정을 추진했다. 기술개발촉진법은 산업기술개발을 효과적으로 추진하기 위해 1972년 12월 28일 법률 제2399호로 제정되었다. 제정 당시 기술개발촉진법의 핵심 내용은 기업에 대한 기술개발준비금의 장려, 시험연구기재에 대한 관세와 물품세 일부를 감면, 수입물품의 국산화를 위한 기술개발에도 정부의 지원 가능, 연구용역계약에 의한 연구개발 성과의 무상양여 등이었다. 과학기술처는 1981년 기술개발촉진법의 일부 개정을 예고했는데, 그 골자는 특정연구개발사업의 과제에 대해 기업부설연구소, 대학, 국공립연구기관의 참여를 가능하게 한 것이었다. 당시 과학기술처 기술개발과장 한기익의 회고에 따르면, 특정연구개발사업의 예산을 확보하기 위해 기술개발촉진법 제8조 3항 "특정연구개발사업의 추진"을 신설하여 출연연구소의 연구활동 지원이라는 개념에서 벗어나 산업계, 출연연구소, 학계가 공동으로 협력할 근거를 만들었다.[25]

특정연구개발사업의 모델은 1980년 국가보위비상대책위원회에서 과학계 및 산업계의 의제를 논의하는 과정에서 만들어진 것으로 알려져 있다. 당시 정부에서 대통령 비서실 비서관이었던 홍성원에 따르면, 국방과학연구소가 기술개발에서부터 생산까지 일원화된 체계를 갖추고 있다는 점을 참조하여 특정연구개발사업을 추진하기로 했다고 한다. 민간부문에서는 국방과학연구소처럼 연구와 생산이 일원화된 체계를 갖추기 어렵기 때문에, 특정연구개발사업을 통해 산학연의 협력을 유도하게 되었다.[26]

특정연구개발사업의 개념적 모델은 다음의 〈그림 1-6〉과 같다. 연구개발자원을 결집한다는 것은 출연연에 배분되던 자원을 특정연구개발사업비 예산으로 활용함을 의미했고, 산학연 협동을 전제로 했으며, 관련하여 정부조직 내 협조체계를 만들 것을 원칙으로 삼았다. 기술 추격 1단계의 성공을 바탕으로 기술 추격 2단계의 기술개발 목표가 높아졌다. 첨단기술개발의 선도, 당면 기술의 개발, 에너지자원과 공공복지 및 미래형 분야로의 확대, 중소기업 지원 및 기초연구 강화라는 5대 목표가 뚜렷해졌고, 이러한 목표 달성에 적합한 기술 분야들이 지정되었다.

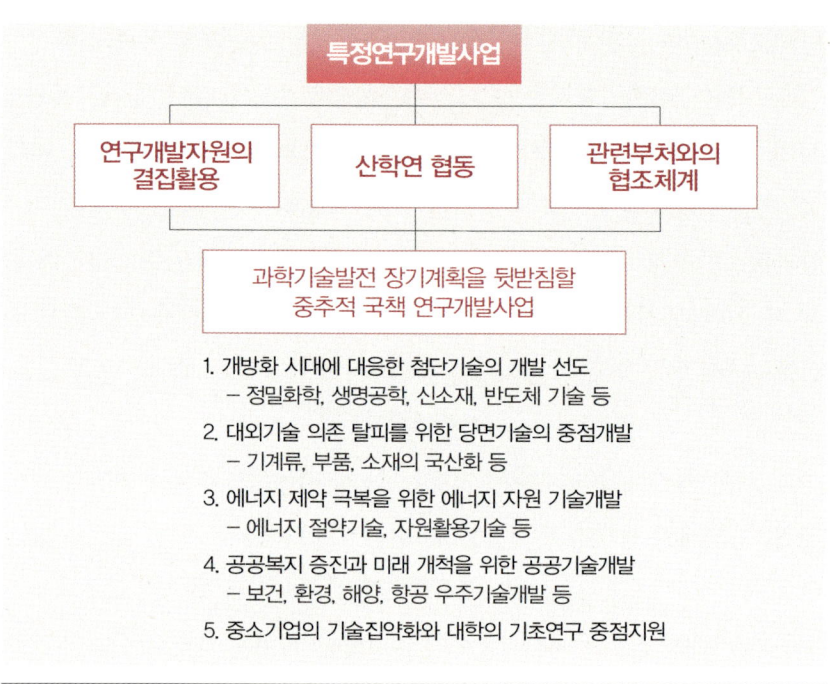

〈그림 1-6〉 1982년 특정연구개발사업의 개념 모델
(자료: 과학기술처, 『과학기술행정20년사』, 1987, 113쪽)

특정연구개발사업의 실행 형태와 방식은 시간이 지날수록 발전하는 양상을 보였다. 이 사업은 국가주도 연구개발사업과 기업주도 기술개발사업의 두 종류로 시작되었다. 전자는 첨단기술, 공공기술 등 성공의 불확실성과 투자위험도가 높고 공익성이 큰 기술을 개발하기 위하여 정부가 연구비를 전액 부담하는 사업이었다. 후자는 민간의 능력에만 맡기기에 적합하지 않은 산업핵심기술을 개발하기 위해 정부·민간 공동으로 연구개발비를 부담하는 사업이었다. 사업 초기에는 두 종류의 사업이 뚜렷하게 구분되었던 것으로 보이지 않는다. 대개의 사업들은 1970년대 출연연구소가 기업의 기술개발을 지원하는 형태로 추진되었다.

기업 지원으로부터 민관 공동기술개발 전략으로의 이행은 1980년대 중반부터 본격화되었다. 즉각적인 기업의 기술 문제 해결 차원에서 벗어나

종합적이고 장기적인 목표와 전략을 가진 기술개발전략으로 이행했던 것이다. 그러한 변화는 1988년 특정연구개발사업의 재정립 과정을 거치며 더욱 명료화되었다. 재정립 내용은 첫째, 과학기술 장기 목표에 따라 우리의 여건과 능력에 적합한 목표 지향적 중장기 전략 과제를 도출하여 이를 중점 개발하고 둘째, 과학기술 장기 목표와 연계한 목표 지향적 중장기 전략 과제의 본격 추진을 위해 현재의 연구개발투자 규모를 지속적으로 확대하며 셋째, 한정된 연구개발자원을 보다 효율적으로 활용해나가기 위해 연구개발주체 사이의 협동연구를 확산시키고 넷째, 다원적으로 확대 추진되는 국책연구개발사업이 상호 유기적으로 연계 및 협력하도록 조정 기능을 강화하며 다섯째, 효율적인 연구사업 관리를 위한 각종 제도를 개선 및 발전시켜나가는 것이었다.[27]

특정연구개발사업에 대한 재정립이 필요했던 까닭은 다음 〈표 1-33〉과 같이 1980~90년대 이루어진 이 사업의 분화와 관련된다. 특정연구개발사업은 초기에는 두 개의 사업에서 출발했으나, 1983년 기초연구를 지원하는 사업이 추가되었고, 1985년에는 중소기업에 대한 기술지원사업이 포함되었다. 이후 국제공동연구사업, 연구기획평가사업이 더해졌고, 이것이 2014년 현재까지 국가연구개발사업의 기본 체계로 이어지고 있다.

특정연구개발사업이 분화 및 확대되었던 핵심적인 까닭은 1980~90년대 이 사업으로 운영된 과제 몇몇이 큰 성과를 내었기 때문이다. 대표적인 초기 사례로 1980년대 초반에 이루어진 8비트 소형컴퓨터의 국산화 과제를 들 수 있다. 출연연구소의 하나였던 한국전자기술연구소를 중심으로 금성사, 동양나일론, 삼보컴퓨터, 삼성전자, 한국상역의 컨소시엄이 형성되었고, 이러한 협동에 참여한 기업들이 양산한 소형컴퓨터를 정부에 납품하는 형태의 과제가 설계되었다. 2년이 안 된 시점에서 5개 업체가 소형컴퓨터 5,000대를 한국전자기술연구소에 납품했고, 과학기술처는 이를 전국의

	대상사업
1982년	(1) 국가주도연구개발사업 (2) 기업주도기술개발사업
1983년	(1) 국가주도연구개발사업 (2) 기업주도연구개발사업 (3) 목적기초연구사업(추가)
1984년	(1) 국책연구개발사업(명칭 변경) (2) 기업기술개발지원사업(명칭 변경) (3) 목적기초연구사업 (4) 신기술기업화개발연구사업(1985년 이후 폐지)
1985–1986년	(1) 산업 및 공공기술개발사업/국가주도연구사업/정부민간공동연구사업 (2) 목적기초연구사업 (3) 유망중소기업 기술지원사업(1985년 독립 신설) (4) 국제공동연구사업(1985년 신설) (5) 연구개발평가사업(1985년 신설)
1989–1990년	(1) 국가주도연구개발사업 (2) 첨단요소기술개발사업(명칭 변경) (3) 기초연구지원사업(명칭 변경) (4) 중소기업기술개발사업(명칭 변경) (5) 국제공동연구사업 (6) 연구기획평가사업(명칭 변경)
1992년	(1) 선도기술개발사업 (신설) (2) 국책연구개발사업 (3) 첨단요소기술개발사업→ 출연기관연구개발사업(1994년 명칭 변경) (4) 원자력연구개발사업(구 원자력개발사업을 특정연구개발사업에 포함) (5) 국제공동연구사업 (6) 연구기획평가사업
1997년	(1) 선도기술개발사업 (2) 국책연구개발사업 (3) 거대과학기술개발사업 (4) 창의적연구진흥사업 (5) 공동연구시설 선진화사업 (6) 과학기술세계화사업 (7) 연구기획평가사업

〈표 1–33〉 특정연구개발사업의 변천
(자료: 과학기술처, 『과학기술행정20년사』, 1987, 113쪽과 『과학기술30년사』, 1997, 222쪽을 병합)

실업계 고등학교와 연구소 등에 보급했다. 당시 수입한 외국 컴퓨터의 가격이 40만 원이었는데, 이때 정부가 보급한 소형컴퓨터는 24만 원에 책정되었다.[28] 컴퓨터 양산 경험이 적은 5개 업체에서 생산했기 때문에 제품의 사양과 성능이 각기 다르고 품질에 대한 불만이 많았던 것으로 알려졌으나.²⁹ 그럼에도 불구하고 이러한 경험을 통해 5개의 업체는 컴퓨터 양산을 위한 초기 능력을 갖추게 되었다고 볼 수 있다. 특정연구개발사업을 통한 8비트 교육용 소형컴퓨터 개발은 민간 교육용 PC의 시장을 급격히 팽창시키는 데 기여했으며, 사업에 참여한 5개 회사를 비롯하여 대우전자, 제일정밀, 동양정밀, 한국전자계산 등 PC 전문생산업체가 13개로 늘어나 국내 PC산업이 형성된 직접적인 계기가 되었기 때문이다.³⁰

그 외, 대중적으로 잘 알려진 TDX(시분할 전전자교환기) 개발, 4M DRAM(메모리반도체) 개발 등이 특정연구개발사업의 대표적 성과였다. 정보통신분야 외에도 기계설비, 소재, 정밀화학, 의료진단기기 등에서도 크고 작은 성과가 이어졌다. 과학기술부의 사후 평가에 의하면, 특정연구개발사업은 초기부터 민관 협력 모델을 추구함으로써 출연연구소뿐만 아니라 민간기업의 연구개발능력이 향상되는 효과를 가져왔다. 특히 민간기업을 사업의 출범부터 참여시킴으로써, 무엇을 개발하고 어떻게 시장을 형성할 것인가의 문제에서 기업이 도전하기 어려운 기술적 투자 위험을 정부가 분담해주는 효과가 있었다. 이러한 정부 사업의 역할은 1992년 선도기술개발사업으로도 이어졌다. 선도기술개발사업은 선진 7대 강국에 도달하겠다고 표명하면서 당시 'G7 프로젝트'라는 별칭을 얻었는데, 이 또한 대규모 연구개발투자를 수반하는 제품기술개발사업에 민간기업을 참여시킴으로써 투자 위험성이 큰 첨단기술개발에 민간이 도전할 수 있는 기회를 제공했던 것이다.³¹

특정연구개발사업이 만든 성공 사례들은 이와 유사한 사업이 이후에도 계승되거나, 다른 부처들로 확산되는 효과를 가져왔다. 상공부는 1987년 공업기반기술개발사업, 1988년 대체에너지기술개발사업을 시작했다. 1990년대에는 정보통신연구개발사업, 환경기술개발사업, 보건의료기술개발사업, 건설기술개발사업, 농업기술개발사업 등 각 부처별 연구개발사업이 시작되었다. 이와 같이 특정연구개발사업은 민간의 연구개발투자 위험을 분담해주었을 뿐만 아니라, 그 성공 사례를 타 부처의 연구개발사업으로 확산시키는 데도 기여했다.

하지만 1990년대 특정연구개발사업의 확산은 다른 한편으로 후속적으로 늘어나는 사업들의 정당성 약화 및 부실 운영을 초래할 위험이 있었다. 1980년대 후반만 해도 4M DRAM 개발에 참여했던 삼성전자는 이후 독자적으로 반도체 개발에 성공했다. 민간의 기술개발 및 국제 기술협력 역량이 증가하면서 정부가 기술개발을 놓고 시장을 주도할 정당성이 약해지고 있었던 것이다. 이렇듯 특정연구개발사업 등 정부주도의 연구개발사업들이 가지는 한계에 대해 당시 연구개발 현장에서는 인지하고 있었던 것으로 보인다. 한국과학기술연구소(KIST)는 1992년 『세계 과학기술정책 기조의 전환 움직임』 보고서에서 특정연구개발사업과 G7 프로젝트 등 우리나라 국책연구개발사업들이 지나치게 대기업 중심의 소수 과제들로 구성되어 중소기업에 대한 지원이 취약하며, 기술개발에서는 성공하더라도 실용화되는 비율이 낮다고 분석했다.[32]

연구계의 우려와 달리, 과학기술처는 G7 프로젝트를 대대적으로 홍보하며 사업에 착수했다. 그 과정에서 연구개발의 실용화율이 낮다는 논란이 계속되었는데, 특히 1999년 경제정의실천시민연합의 『98 예산낭비백서』는 G7 프로젝트의 정당성을 크게 뒤흔들었다. 『98 예산낭비백서』에서는 정부의 혈세 낭비 1순위로 총 3조7천억 원이 투입된 G7 프로젝트를 꼽았다. 백서는 G7 프로젝트의 실패 이유에 대해 연구 중복 및 실용화율 저조와 함께, 대부분의 과제들이 연구실 수준에 머물러 있다고 지적했다.[33]

물론 특정연구개발사업과 G7 프로젝트의 실용화 실적에 대한 논란은 일부 과도한 측면이 있다. 이는 압축성장, 단축성장을 겪은 한국적인 관점에서 비롯된 것이기도 하다. 1970년대에는 '불과 몇 달 만에', '채 2년도 안

된 시점'에서 기업의 상업화를 도왔던 실적이 있었다. 이러한 관점에서 보자면 특정연구개발사업과 G7 프로젝트의 실용화 실적이나 달성 기간이 만족스럽지 못했을 가능성이 높다. 예를 들어, 특정연구개발사업이 종료된 시점에서 한 언론사는 "82년부터 89년까지 출연연구기관이 연구를 마친 특정연구과제 1천39건 중 기업화가 완료됐거나 기업화중에 있는 과제는 36%인 2백19건에 지나지 않는다"[34]는 비판 기사를 올렸다. 하지만 선진국의 경우 연구개발의 기업화 실적이 잘해야 10~20%, 첨단기술일수록 5% 내외에 달한다는 점을 고려한다면, 1980년대 36%의 연구개발 기업화 실적은 대단히 높은 편이었다. 더욱이 1980년대 기술개발 목표는 기업에 대한 즉각적 서비스로부터 점차 장기적 기술개발로 이동했다. 그것은 그만큼 시간과 비용이 더 소요됨을 의미했는데, 이러한 변화에 대해 사회적 수용력이 따라오지 못했던 것이다. 이에 더해 1997년 외환위기로 경제가 어려운 시점에서 시민단체의 세출에 대한 감시가 강화된 점도 정부의 연구개발사업에 대한 비판이 거세졌던 맥락으로 이해할 수 있다.

오히려 문제의 본질은 특정연구개발사업 모델이 한계에 이르렀다는 점에 있었다. 이 사업은 정부의 주도성을 전제로 산학연의 협력을 유도한 것이었으나, 이미 1980년대 말부터 연구개발역량을 갖춘 민간기업들이 특정연구개발사업에 참여하지 않거나 정부 혜택을 위한 형식적 참여에 머무는 사례가 생겨났고, 이러한 사례는 1990년대 더욱 증가했던 것으로 보인다. 무엇보다 정부부처별로 특정연구개발사업과 유사한 사업들을 확대하면서 부처 간 이해관계 다툼과 예산 경쟁에서 기인하는 연구 중복, 정부 홍보를 위한 성과의 왜곡 현상이 심화되었다. 1997년 공과대학 교수 대상의 한 조사에 따르면, 정부의 과학기술정책에 대해 "부처 이기주의가 내재돼 있으며 정부가 지원하는 프로젝트를 따내기 위해서는 인맥 동원이나 로비가 필요"하다는 부정적 인식이 팽배했다. 같은 조사에서는 "과학기술정책의 문제점으로 실적 위주의 행정(54%), 주먹구구식 정책 입안(24%), 정책의 일관성 결여(21%)"를 꼽았다.[35]

그렇다면 문제의 해결 방안은 1990년대까지 지속되어온 정부주도적 과학기술 발전 양식을 어떻게 개혁할 것인가로 모아져야 했다. 그 핵심은 새로운 변화의 시대에도 관료사회가 과학기술을 주도하는 것이 유효한지, 만약 그렇다면 어떠한 새로운 방식이 발명되어야 하는지, 만약 그렇지 않다면 과학기술 전문가 중심의 의사결정 거버넌스를 어떻게 만들어야 하는지에 있어야 했다. 그러한 변화 요구에도 불구하고 한국에서는 어떠한 정권도 정부주도의 기술개발을 결코 포기할 수 없는 숙명으로 받아들이는 경향을 보였다. G7 프로젝트가 혈세 낭비의 1순위로 꼽혔을 뿐만 아니라, 1997년 외환위기로 국가 전체에서 구조조정이 일어나는 상황에서도 한국 정부는 연구개발투자를 늘렸고 정부 사업과 과제도 증가시켰다. 앞서 언급했듯, 2014년 현재 정부부처 20곳, 정부 업무를 대행하는 관리기관 수십 곳이 600개 정부 연구개발사업, 5만여 개의 과제를 발주하고 운영한다. 정부주도성의 틀은 그대로 유지한 채, 연구개발 성과 부실이라는 표면적 문제를 풀기 위해 프로젝트 기반 시스템(PBS), 기관평가제도, 성과평가제도 등 각종 규제형, 감시형 제도들이 추가되었다. 그렇기 때문에 2000년대 여러 변화 시도들이 있었음에도 불구하고, 2016년 현재 한국 과학기술시스템을 움직이는 핵심 수단은 여전히 정부주도의 연구개발사업이다. 바로 그 모태가 1982년에 발명된 특정연구개발사업인 것이다.

4. 한국 과학기술 연구개발체계의 특성과 함의

이 장은 추격기 한국 과학기술 연구개발체계가 만들어진 경로와 그 구조적 양상을 밝혔다는 점에서 의의가 있다. 추격기 한국의 연구개발체계 발전을 크게 두 단계로 나누어 설명했다. 첫 번째 단계에서는 과학기술역량이 취약한 상황에서 정부가 소수의 정부출연연구소를 만들어 산업의 형성 과정에 필요한 기술 서비스를 제공했음을 보였다. 두 번째 단계에서는 기업의 자체적 기술개발과 제품 양산을 돕기 위해 정부가 특정연구개발사업을 운영하여 산학연의 협동체계를 작동시켰다. 한국 정부는 기술 추격의 각 단계마다 산업적 수요를 충족시킬 과학기술의 역할을 창안했고, 그 과정에서 공공부문의 일부로서 과학기술 연구개발체계를 확장시켰다.

추격기 한국 과학기술 연구개발체계 형성의 규명은 제도사적 측면에서 중요한 기여로 평가될 것이다. 대개의 연구에서 한국 과학기술의 발전상은 과학기술 연구개발 투자금액이나 연구인력의 수와 같은 양적 지표의 수치상의 증가를 통해 설명되었다. 그에 비해 과학기술 투자와 인력이 증가하게 되는 제도적이고 역사적인 배경에 대한 설명은 거의 없었다. 그런 측면에서 이 장의 서술은 추격기 한국 과학기술이 발전하는 과정에서 필요했던 제도적 시도들, 논쟁들 그리고 개혁의 양상을 이해하는 데 도움이 될 것이다.

추격의 경로는 한국 과학기술 연구개발체계에 독특한 특성을 만들어냈다. 그것은 정부의 주도성과 연구개발계의 수동성이다. 정부주도성의 핵심은 국가적 목표에 따라 과학기술정책과 제도가 결정된다는 점에 있다. 추격기 한국의 국가적 목표는 중진국가 달성, 중진국가 중 최상위권 달성과 같이 구체적으로 설정되었다. 이러한 목표에 따라 정부는 자원을 재배열했고, 그중 과학기술 부문을 국가적 목표 달성의 핵심 수단으로 활용하면서 빠르게 성장시켰다. 출연연구소 중심의 성장이나 특정연구개발사업 중심의 성장 모델 모두 국가적 목표에 과학기술을 활용하는 방식이었던 것이다.

하지만 정부주도성은 다른 한편에서 정부가 가지는 취약한 측면들로 종종 적지 않은 불합리를 만들어낸다. 그것은 정부가 단일한 조직이 아니라 대통령을 비롯해 다수의 부처청으로 구성된 복합 조직이자, 조직 간 예산과 실적 경쟁 때문에 발생한다. 예컨대 대통령 선거는 정부 정책에 큰 변수로 작용해왔고 과학기술정책 또한 정권 변화에 민감하게 반응해왔다. 정부조직은 20여 개의 부처청으로 구성되기 때문에 각 부처청의 이해관계나 경쟁, 조직구조 변동에 따라 정책과 사업이 영향을 받게 되어 있다. 1960년대 문교부와 경제기획원, 노동부가 각기 기술인력 양성사업을 분화한 일, 1970~80년대 과학기술처와 상공부가 경쟁적으로 출연연구소를 설립하거나 연구개발사업을 확장한 일, 1990년대 다수의 부처들이 연구개발사업을 출범시킨 일, 2000년대 다수의 부처들이 연구개발사업 관리를 대행할 산하기관을 확대한 일 등이 그것이다. 이러한 현상을 정책의 파편화, 부처 이기주의 또는 부처 할거주의라고 부른다.

이렇듯 한국의 과학기술 연구개발체계는 정부주도성이 일으키는 동학의 영향을 받는다. 그러한 영향은 연구개발 행태에까지 미친다. 한국의 정치체제가 5년 단임제이므로 연구개발사업을 주도하는 정부의 각 부처는 담당 사업의 성과가 5년 이내, 또는 공무원의 평가 및 승진과 맞물린 1~2년 이내에 도출되도록 유도하게 되어 있다. 이러한 특성은 주로 모방을 통해 성장을 추구하거나, 이미 앞선 기업이나 국가를 추격하던 시기에는 장점으로 작용할 수 있었다. 결과값이 정해진 목표에 대해서는 빠른 속도가 가장 중요한 성공 요인이기 때문이다. 하지만 결과값이 미정인 목표를 추구해야 하는 1990년대가 되면, 정부주도성이 일으키는 동학은 연구개발 행태에 좋지 않은 영향을 미치게 된다. 시간이 걸리고 자율성이 확보되어야 얻어지는 발견, 발명, 창조, 파괴적 혁신을 저해하는 요인이 되는 것이다.

정부주도성의 다른 측면은 공공연구개발계의 수동성으로 나타난다. 과학기술 의사결정의 권한이 관료사회에 있고 연구개발 기획을 각 부처의 공무원이 주도하면서, 한국 과학기술자 사이에서 공공연구개발계는 위에서 내려온 임무를 수행하는 집단이라는 인식이 팽배하다. 그렇기 때문에 한국의 공공연구개발 조직들은 자기 완결성의 측면에서 취약하다. 한 조직에서 자기 완결성이란 자율적 경영과 책임 체계라고 볼 수 있는데, 대개의 나라에서 과학기술 공공조직들은 상당히 높은 수준의 자율성과 전문적 책무성을 특징으로 한다. 선진국에서는 종종 연구개발기관들의 자기 완결성이 너무 높아 경제사회적 문제와 괴리될 수 있음을 문제로 삼는다. 심지어 개발도상국에서도, 국가별로 다소 차이가 있긴 하지만, 각 나라가 지닌 연구계의 독립성 요구로 인해 연구와 혁신의 연계에 어려움을 호소할 정도다. 그에 비하면, 한국의 과학기술 체계에서 정부-공공연구개발계의 상하관계는 대단히 공고하다고 볼 수 있다.

결국 추격기 과학기술 연구개발체계와 그 특성은 2000년대 이후 한국 과학기술의 변화를 저해하는 구조적 모순이기도 하다. 한국의 연구개발체계는 자기 완결성이 취약하여 내부적 문제를 스스로 해결하는 데 한계가 있다. 연구개발 기획과 심의 기능이 상위 조직인 과학기술 독임부처 및 정부가 운영하는 심의기구에 달려 있기 때문에, 그 의사결정 결과에 따라 연구개발기관들의 경영 사항들이 결정된다. 연구개발기관의 취약한 자율성, 예산과 기획의 정부주도는 결국 연구조직 내부의 혁신 동력을 만들기 어렵게 한다. 이러한 구조적 제약 조건을 그대로 둔 채, 연구개발기관에 대한 변화 또한 정부주도로 추진되었다. 1981년의 출연연구소 구조 개혁 이후,

정부 출연연구소의 구조 개혁은 모든 정권의 공통 관심사이자 실천사항이었다. 하지만 정권이 주도한 개편의 효과는 언제나 미미했고 정부주도적 발전 양식을 강화시켰지 새로운 발전 경로와 양식을 창출하지는 못했다. 출연연구소를 비롯한 공공연구개발계는 정부주도성이 미치는 영향력에 더 민감하게 반응하는 방식으로 적응했고, 그에 비해 공공연구개발계 내부의 자기 혁신은 느렸다. 한국의 과학기술혁신에 대한 투자가 높지만, 파괴적 혁신의 성과가 낮은 딜레마가 바로 이러한 구조적 모순에서 기인하는 것이다. 그렇기 때문에 이후 탈추격 담론에서 정부주도성의 극복이 중요한 문제로 부상하게 된다.

제6장

과학기술 진흥과 추격의 성공

1. 추격기 과학기술의 성장

20세기 후반 한국의 경제성장은 단순히 노동과 자본의 투입 결과로만 볼 수 없다. 추격기 한국 정부가 주도적으로 성장시킨 과학기술 부문은 첫째, 경제성장에 필요한 기술적 문제들을 해결함으로써 산업의 형성과 팽창을 도왔고 둘째, 외생의 과학기술역량을 내재화함으로써 경제의 지속적 성장을 가능하게 도왔다. 한국 정부는 과학기술의 진흥을 통해 산업구조의 변화 단계마다 필요한 지식과 기술적 방법을 공급했고, 그렇기 때문에 한국 경제가 경공업에서 중공업, 첨단기술로 이행하며 압축적 성장을 이룰 수 있었다. 물론 과학기술이 경제성장을 견인했다고 장담하기는 어렵겠지만, 적어도 한국의 경제성장 과정에서 과학기술은 빠져서는 안 될 필수 요인 중 하나였음이 분명하다.

경제성장과 맞물린 과학기술의 진흥을 단지 자본 투자의 결과로만 볼 수도 없다. 자본을 투입한다고 해서 과학기술이 발전한다면, 여러 개발도상국가에서 저개발 탈출의 문제는 해외자본의 하나인 기술원조나 국내 전략 자본의 투자를 통해 도모할 만한 일이 될 것이다. 하지만 현실은 그렇지 않다. 한국 사례에서 보듯 기술원조는 그저 해외 원조 흐름도를 따라 움직이는 외부 자원에 그치기 쉬우며, 국내의 전략적 자본 투자는 그 나라의 환경이 과학기술 투자에 유리하도록 조성되어 있어야 가능하다. 한국에서는 해방 이후 과학기술을 내재화할 청사진과 국가주의적 사고가 팽배했고, 이것이 저개발 탈출의 국면에서 정치적 지원과 함께 추진력을 만들어내는 요인이었다.

추격기 과학기술 진흥의 성과는 무엇보다 국가 전체에서 과학기술역량의 성장을 가져온 데서 찾을 수 있다. 한국 과학기술의 성장을 보여주는 대표적인 지표들을 보자. 단, 지표상 한국의 과학기술 발전 양상은 추격기에 형성된 추세가 현재까지 이어지는 경향을 보이므로 가급적 최근까지의 수치를 함께 살펴본다.

연구개발비 총액을 보면, 1970년 105억 원에서 2014년 63조 원이 되었다. 이 중 같은 기간을 비교할 때, 정부의 연구개발비는 74억 원에서 15조2천7백억 원으로 늘었다. GDP에서 연구개발비가 차지하는 비중은 2014년 기준 4.29%로 세계 최고다. 이처럼 한국은 경제개발을 시작한 이래 GDP의 꾸준한 상승력을 바탕으로 연구개발비를 꾸준하게 늘렸다. 연구개발투자의 장기적 추세를 봤을 때 한국의 정책이나 기획이 5년 또는 단년 주기로 운영되는 단기주의적 속성을 보임에도 불구하고, 한국은 과학기술에 대한 투자 면에서는 장기간 꾸준한 상승세를 유지해왔음을 알 수 있다.

연구개발인력의 추이에 대해 보자. 1963년 한국에서 연구개발인력 총수는 3천여 명이었다. 2014년 현재 연구개발인력 총수는 60만 명에 이르고, 이 중 상근 연구개발인력은 43만여 명이다. 박사급 연구개발인력을 놓고 보면, 1980년 3천4백명 규모에서 2014년 9만2천 명을 넘었다. 한국의 인구

연도	1970	1980	1990	2000	2010	2014
총연구개발비(억 원)(정부+민간+외국)	105	2,117	32,105	138,485	438,548	637,341
정부연구개발비 (억원)	74	1,055	5,108	38,168	122,702	152,750
GDP대비 비중 (%)	0.38	0.54	1.68	2.30	3.47	4.29

〈표 1-34〉 한국의 연구개발비 추이(1970~2014)
(자료: 국가과학기술지식정보서비스(NTIS, http://sts.ntis.go.kr/, 2017년 1월 10일 접속)

연도	1963	1970	1980	1990	2000	2010	2014
총연구개발인력	3,072	12,922	30,473	125,512	237,232	500,124	605,604
박사급	–	–	3,400	17,662	46,146	81,442	92,155

〈표 1-35〉 한국의 연구개발인력 추이(1963~2014)
(자료: 국가과학기술지식정보서비스(NTIS, http://sts.ntis.go.kr/, 2017년 1월 10일 접속)

만 명당 채 1명이 안 되었던 연구개발인력이 2014년에는 100명을 넘게 된 것이다.

투자 및 인력의 증가와 함께, 한국에서는 과학기술 연구개발로부터 산출되는 논문과 특허의 수가 빠르게 증가하였다. 1995년 과학기술 논문 발표는 총 5천여 건이었고, 2010년에는 5만 건이 넘었다. 특허를 보면 1970년에는 국내특허 등록 수가 2백여 건이었고 1980년에는 약 2천 건, 1992년에 만 건을 넘었으며, 2012년에는 11만여 건에 달했다.[1]

과학기술의 성장 과정에서 일어난 기업 지원의 효과도 빼놓을 수 없을 것이다. 특히 추격기에는 기업에 대한 직·간접적 지원이 주효했다. 포스코, SK와 같은 기업들은 1970년대 정부출연연구소의 기술이전을 통해 성장할 수 있었다. 삼성, LG, 현대와 같은 기업들은 1980년대 정부의 특정연구개발사업에의 참여를 계기로 첨단제품을 자체 개발하는 부담을 덜 수 있었다. 이후 이들 기업들은 과거 수출용 조립생산기업으로부터 글로벌 제조기업으로까지 도약했다.

2. 한국 과학기술정책의 성공 요인

한국은 저개발에서 탈출하고 개발을 지속하는 과정에서 국가의 내재적 역량의 하나로서 과학기술을 채택하고 그 시스템을 성장시켰다. 한국의 과학기술은 거의 제로 기반에서 출발하여 2015년 기준, 분야별 주체별로 다소 차이가 있기는 하지만, 세계 10위권 내외의 경쟁력을 갖춘 부문으로 발전했다. 1960년대 시점에서 2000년대를 전망했던 대담한 목표들은 실제 2000년대에 들어 실현되었고, 현재 한국은 세계에서 과학기술 강국 순위의 상위권에 꼽힌다. 한마디로 한국의 과학기술은 그 자체로 한국식 압축성장의 증거라고 볼 수 있다. 그렇다면 국가 발전의 과정에서 과학기술정책의 어떠한 전략들이 압축적인 성장을 이끌었는지 그 성공의 원천을 정리해보자.

우선 한국의 과학기술정책은 국가적 목표에 과학기술을 수단화함으로써 그 정당성을 확보해왔다. 과학기술의 국가 수단화란 경제력이 낮은 개발도상국가에서 당연한 선택인 것으로 보이지만, 실제로 과학기술이 핵심적인 국가 수단의 위치를 차지하기 위해서는 정책적 전략이 뛰어나야 한다. 이를 이해하기 위해서는 개발 과정에서 과학기술이 중요하다는 정보를 아는 것과, 과학기술을 내재화하도록 투자하는 것 사이에 큰 거리가 있음을 이해해야 한다. 그 까닭은 기업과 마찬가지로 정부 또한 과학기술을 성장을 위한 여러 자원의 하나로 보기 때문이다. 다시 말해 개발 과정에 필요한 기술을 구매하는가, 또는 기술을 직접 개발하는가 사이에는 큰 질적 차이가 있는 것이다. 개발도상국의 기업 대부분이 재력이 미약하기 때문에 크고 작은 사업들에서 기술을 직접 개발하기보다는 구매를 택하기 쉽다. 개발도상국의 정부 또한 차관 또는 공공재원을 투자하는 주요 국책사업에서 기술을 직접 개발하거나, 기술개발만을 위한 사업을 도입하기보다는 필요한 기술을 구매하는 방법이 주요 국책사업을 성공시키기 위해 빠른 길일 수가 있다.

개발도상국에서 과학기술개발이 가능하기 위해서는 과학기술정책 입안자들이 기술개발에 예산을 투자하도록 예산당국을 비롯한 정부의 핵심 의사결정 주체를 설득하는 과정이 필요하다. 이는 과학기술을 국가 개발의 내재적 수단으로 정당화하는 과학기술전략을 통해 획득된다. 이러한 전략은 최상위 국가정책인 경제사회계획과 과학기술정책을 얼마나 잘 합치하느냐, 과학기술의 국가 개발에 대한 기여를 어떻게 입증하느냐, 이를 영향력 있는 통치자에게 얼마나 잘 전달하느냐에 달려 있다. 한국의 과학기술정책의 현장을 담당했던 고위 관료들은 한결같이 과학기술정책에 대한 최고통치자의 의지와 결단을 중시한다. 이는 그만큼 정책 논리나 정치적 당위성만 가지고는 정부 내에서 과학기술정책을 정당화하기가 쉽지 않았음을 의미한다. 이는 또한 최고통치자를 설득할 정도로 정책 입안자들이 과학기술개발전략을 국가적 목표에 합치하도록 만들었음을 뜻한다.

다음으로 한국의 과학기술정책은 과학기술이 경제자립력을 높이는 핵심 요소로 작용하도록 유도했다. 경제개발 초기 한국은 선진국가나 다국적기업 입장에서 볼 때 결코 유리한 투자 대상이 아니었다. 분단으로 인한 정치적 불안정과 종종 벌어지는 크고 작은 테러들, 외국인에게 불편한 정주 환경, 숙련되지 않은 노동력, 국제 표준과는 한참 거리가 먼 국내생산 제품규격과 사양, 천연자원이나 부품소재를 자체 조달하기 어려운 척박한 산업 환경, 전력, 교통망, 통신망과 같은 기초 인프라의 부족 등 해외 투자를 유치하기에는 불리한 조건이 산적했다. 이러한 조건에서 차관을 유치하고 국책사업을 수행할 수 있던 배경에는 한국에서 이러한 사업들을 추진할 기술적 타당성이 있다는 설득이 필요했고, 그러한 설득을 위해 국내 과학기술 행위자의 역량 증대와 시스템의 구축을 유도했다.

무엇보다 해외 차관기구로부터 외자를 유치하기 위한 기술적 타당성 설득은 한국 정부가 수출 지향 발전을 목표로 삼으면서 더욱 절실하게 필요로 하던 것이었다. 해외로 수출하는 제품의 경우 기술적 사양 조건을 맞추지 않으면 거래 자체가 불가하다. 저가 제품일 경우라도 제품의 기본적인 조건은 갖추어야 하기 때문이다. 이러한 기술적 사양을 맞추기 위해서는 적어도 국제적으로 표준화된 생산시설의 도입과 가동, 품질 관리가 철저하게 이루어져야 하는데, 이러한 공장 운영의 모든 과정에 기술적 역량이 필요하다. 그러므로 국가 차원에서 내재적 과학기술역량, 즉 국가 과학기술인력의 총수, 기술적 숙련의 정도, 과학자, 공학자 등 최고 과학기술자의 수, 과학기술 분야별 교육과 훈련 정도와 공공인증, 연구개발인프라 구축 규모, 국가의 기술 투자 규모 등의 지표를 늘리도록 관리하는 것은 대단히 중요해진다. 이러한 과학기술 지표들은 외국자본 유치의 기본적 설득도구가 되기 때문이다.

한국의 경제개발 특성은 산업개발의 기술적 관리를 한국인들이 직접 수행했다는 점에서 찾을 수 있다. 만약 해외 투자가 이루어질 때 기술역량을 다국적기업이 직접 관리하고, 국내 개발 행위자들이 내재적 기술역량을 축적하거나 발전시키지 못한다면, 그 국가는 노동력 제공 이상으로 산업화의 효과를 누리지 못한다. 이는 실제로 많은 개발도상국이 겪는 현실이다. 다국적기업은 대개 저렴한 노동자원 및 현지 시장을 인센티브로 개발도상국에 진출한다. 그러므로 필요치 않다면 다국적기업은 굳이 현지에서 기술을 조달하려 하지 않을 것이고, 그 기업이 진출한 국가에서 외국 투자로 인한 효과는 고용 창출 등 일부분에 국한된다. 하지만 한국의 개발 과정에서는 해외 투자가 늘수록 국내 기반의 과학기술역량 축적과 선진 생산관리에 대한 학습이 일어났다. 개발 초기에는 한국에서도 대부분의 개발도상국과 유사하게 다국적기업의 현지 공장 운영 표준인 턴키 방식의 완제품 조립생산이 일반적이었다. 하지만 이와 함께, 흔히 모방으로 지칭하는, 역행적 엔지니어링에 기반한 국산화 및 자기 브랜드화 움직임도 뚜렷하게 일어났다. 그 결과 한국에서는 턴키로부터 자체적 공장설비 제작으로, 주문자상표부착 생산으로부터 자기상표 생산으로 제조업 부문이 발전했다.

한국의 과학기술정책이 산업개발 과정에 기여한 바는 명확하다. 하나는 숙련된 기술인력의 육성정책, 다른 하나는 민간의 취약한 연구개발활동을 보완할 공공부문의 연구개발 및 지원 정책이었다. 국가 과학기술시스템을 구성하는 핵심 부문인 연구개발체계는 민간부문에 대한 기술의 창이자 국가 전체적으로 부족한 과학기술역량을 강화하는 역할을 수행했다. 공공부문에 의해 조성 및 강화된 과학기술역량을 통해 한국은 해외 차관사업 및 외국인 직접투자 사업에서 국내적 기술 참여와 학습을 이룰 수 있었고, 또한 그러한 경험과 함께 제품 및 기술의 국산화를 주도적으로 추진하게 되었다.

요컨대 한국의 과학기술정책은 공공부문의 기술역량을 강화하면서 민간부문의 기술개발을 선도했다. 공공부문에 해당하는 연구개발체제의 성과는 민간부문의 취약한 개발능력을 보완하거나, 기술이 민간의 발전을 이끄는 역할을 했다. 한국에서 민간을 선도하는 공공과학기술정책의 주안점은 개발의 단계에 따라 달라졌다. 초기에는 산업적으로 응용 가능한 기술의 목록을 민간에 제공하여 사업화의 가능성을 넓혔다면, 그다음 단계에서는 민간이 감당하기 어려운 위험성이 높은 개발 부문에서 공공부문이 위험을 분담해주었다. 이 단계를 넘어선 이후에는 국제시장에서 기술의 방향과 시장성에 대한 정보를 제공하고, 국제적으로 최첨단을 형성하는 미래 기술개발을 선도했다. 이렇듯 변화하는 역할을 설계하고 실제 개발 과정에 기여한 점이 한국 과학기술정책이 과학기술 분야의 압축성장을 이끈 성공 방정식의 핵심이었다.

하지만 이와 같은 성공의 방정식은 2000년대 이후 한국의 경제구조가 글로벌 선진 수준으로 전환하는 데 종종 난관으로 작용한다. 민간 중심의 경제 전환을 목표로 삼고 있음에도 불구하고, 한국 정부의 시장에 대한 정책 개입 수준은 여전히 개발 시대만큼 높으며, 그러한 지나친 개입이 시장에서의 경쟁 규칙을 교란시킨다. 그 대표적 사례가 한국 경제언론에서 자주 언급되는 '좀비 기업'론이다. 정부가 혁신적 중소기업을 육성하기 위해 다양한 정책 수단을 활용함에도 불구하고, 실제로 여러 기업들이 혁신적으로 성장하지 않으면서 정부의 보조금에 의존하여 존속을 유지하고 있다는 것이다.

그렇기 때문에 2015년 현재 한국에는 창조경제와 같이 민간 중심의 새로운 경제에 대한 비전과 동시에 개발시대 정부와 공공부문이 주도하던 정책 전통이 공존한다. 이러한 공존은 현실적 차원에서 관치의 필요와 자유주의적 시장중심경제로의 전환 구상 사이의 갈등의 근원이 되지만, 또 다른 한편에서 새로운 변화를 모색하는 동력이 되기도 한다. 그러한 맥락에서 2017년 한국 정책계의 핫이슈인 공공 개혁과 정부 연구개발 혁신은 새로운 시대에 필요한 과학기술의 새로운 체계를 요청하고 있다.

3. 개발도상국가에 대한 시사점

국가 차원에서 과학기술정책, 제도, 구조가 형성되는 역사적 과정을 탐구한 이 책은 한국의 개발 경험을 배우고자 하는 개발도상국가의 공무원들, 한국 경험을 개발도상국가에 전수하려는 한국인들, 그리고 20세기 후반 세계 개발 역사의 상징적 사례로서 한국을 탐구하고자 하는 전 세계의 지식인들에게 하나의 중요한 경험 연구사례를 제시한다. 하나의 연구서에 대한 독해를 넘어 이 책을 접할 독자들이 공통적으로 제기할 질문을 하나 예상한다면, 그것은 한국의 경험이 다른 개발도상국가에 전수될 수 있는가에 집중될 것이다. 이 질문에 대해 필자는 전통의 형성과 기술 전략의 관점에서 복수의 답과 해석의 가능성을 열어두고자 한다.

이 책에서는 한국의 과학기술정책을 과학기술과 국가의 관계를 만드는 초기 조건, 불연속적 정책 선택들, 과학기술시스템의 형성 과정과 작동, 이러한 역사적 과정에서 기인한 구조적 특성을 중심으로 살폈다. 이러한 장기적 과정은 한마디로 후기산업화 시대 한국의 과학기술 전통의 형성으로 요약된다. 전통의 형성이라는 관점에서 본다면 한 국가의 과학기술시스템은 특정한 매뉴얼에 따라 만들어지는 게 아니라, 많은 노력과 시행착오를 겪은 역사적 과정의 산물이다. 이 관점에서 중요한 것은 개발도상국가의 현재와 한국과 같이 개발에 성공한 국가들의 경험 사이에 대화의 창을 열어놓는 일이다. 이와 같은 대화의 창은, 개발도상국가에서 국가 발전을 추구하는 이들이 자기 전통과 해외 전통의 차이에 대한 이해를 심화시킬 때, 다시 말해 선진 개발 경험을 전수하고자 하는 이들이 자기 경험(과거태)과 이식될 경험(미래태)의 간극에 대한 고민을 심화시킬 때 열린다. 이러한 관점하에서 한 국가의 과학기술역량이 결국 하나의 전통을 형성하는 일임을 주시할 때, 그 나라에 중요하고도 적절한 정책적 선택들을 취할 수 있을 것이다.

전통의 형성이라는 관점이 국가 차원의 과학기술시스템에 대한 역사적이고 구조적 측면을 강조한다면, 과학기술 전략의 관점은 그러한 시스템의 형성과 작동을 유도하는 거버넌스의 중요성을 함축한다. 특히 한국과 같이 국가주도의 과학기술정책과 그로 인한 국가 차원의 과학기술역량을 만들고자 하는 개발도상국가의 정부가 주목해야 할 대목이다. 한국에서 과학기술 거버넌스의 주요 행위자들은 과학기술정책의 중요한 의사결정 내용을 정하기 위한 정부조직(기술 부처, 산업 부처)과 과학기술계, 산업계로 구성되어왔다. 한국의 과학기술 거버넌스는 과학기술의 국가 수단화 전략을 대통령 등 최상위 국가 의사결정자들에게 설득하고, 그러한 설득을 정당화하기 위해 과학기술의 국가적 역할과 발전 방향을 끊임없이 탐색 및 재설정하는 역할을 수행했다. 그러므로 이러한 거버넌스 조직은 과학기술 자체의 발전보다는 과학기술을 국가적 맥락에 위치 짓는 전략을 구사한다. 단언컨대 한국에서 과학기술시스템이 제로의 상태로부터 선진국과 같은 형태까지 발전한 것은 과학기술 거버넌스의 성공적 의제 설정과 설득으로부터 기인한 결과다. 따라서 이 책의 한국 과학기술정책 사례는 한국의 성공에 대한 몇몇 성공 요소를 추출하는 것을 넘어 전략적 사고의 측면에서 개발도상국가의 정책을 반추할 비교 시사점을 제공할 것이다.

　자국의 경제 개선을 빠르게 성취하고자 하는 개발도상국가의 독자에 따라서는 이 책에서 그리고 있는 한국의 과학기술정책 경험의 호흡이 지나치게 길다고 느낄 수 있다. 5년 또는 10년 이내에 눈에 띄는 경제적, 기술적 성취를 이루려는 의사결정자들에게 한국과 같은 수십 년의 과학기술역량 형성이란 쉽게 성취하기 어려운 정책적 무게로 다가오기 때문이다. 그럼에도 불구하고 현재 지구적으로 일어나고 있는 여러 트렌드들은 과거의 한국과 지금의 개발도상국가가 처한 조건들이 다르고, 그러한 차이가 개발도상국가의 개발 시기를 단축시킬 수 있음을 시사한다. 무엇보다 IT 기술의 발전에 따라 2000년대 이후 개방화와 국제화가 급격하게 진전되고 있으며, 전 세계적으로 정보 접근성이 높아지고 학습의 속도가 증가하고 있다. 과거 정보 격차의 시대에 선진국이 누리던 지식에서의 절대 우위가 약해지고 있는 것이다. 이러한 상황에서는 개발도상국가의 기술 전략이

IT 인프라를 늘리고 지식정보기술과 산업을 내재화하는 일을 우선으로 삼을 수 있다. 지금의 개발도상국가 입장에서는, 과거 자원과 노동 격차의 시대에 노동집약적 섬유산업부터 발전시켰던 한국과는 다른 전략들을 충분히 선택할 수 있는 것이다. 결국 시대적 고민을 심화시킨 새로운 전략만이 개발도상국가의 과학기술 기반 발전을 성공적으로 이끌고 또 그 시기를 단축시킬 가능성을 만든다.

절대 빈곤으로부터 탈출하고 개발의 모멘텀을 유지해온 사례는 세계에서 한국이 유일하다. 그렇기에 여러 개발도상국가에서 한국 배우기가 한창이다. 한국이 국제 사회에 발신할 수 있는 한국적 경험에 대한 사례 연구가 그다지 풍부하지 않은 상황에서, 이 책은 독자들에게 한국 과학기술 정책 선택의 순간들이 살아 있는 생생한 경험을 제공하며 독자 각각에 필요한 판단을 돕는 가이드로서 기능하기를 기대한다.

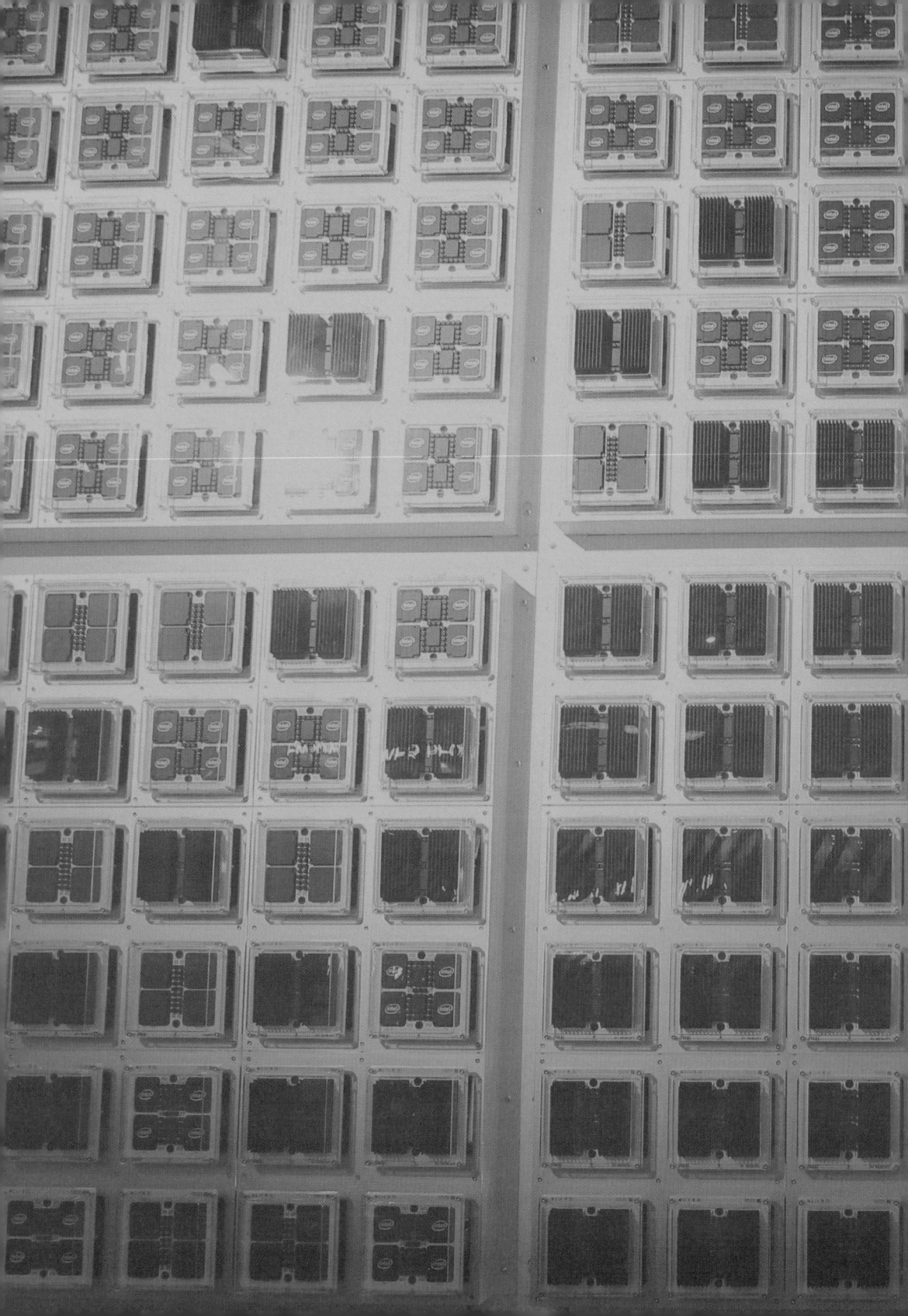

제2부

탈추격 체제의 모색

_송위진

그동안 한국은 외국 기술을 효과적으로 소화·흡수·개선하는 추격형 기술혁신을 통해 놀랄 만한 성과를 거뒀다. 산업을 선도하는 삼성전자, 현대자동차, 포스코와 같은 기업이 등장했고 세계적 수준에 근접하는 과학기술활동도 나타나고 있다. 추격에 성공한 것이다.[1] 김근배 교수는 이러한 추격 성공을 '한국 과학기술혁명'이라고 표현하고 있다. 해방 이후 50년 동안 다른 나라에서 찾아보기 어려운 도약이 이루어졌고, 선진국에서 나타나는 새로운 과학기술 영역을 여는 지적 대전환은 없었지만 새로운 형태의 과학기술발전 유형이 만들어졌기 때문이다.

이렇게 놀랄 만한 발전이 이루어졌지만 1990년대 후반 이후 추격형 혁신활동에 문제가 나타나기 시작했다. 모방을 통한 추격이 더 이상 용이하지 않기 때문이다. 추격이 성공해서 모방할 대상 자체가 줄어들고 선진국의 견제가 심해져 모방이 어려워졌다. 또 한국의 추격전략을 모방한 중국과 같은 후발국이 급성장하면서 그 전략의 효과가 떨어지고 있다. 모방을 넘어 새로운 기술 궤적을 개척하는 창조적 혁신활동이 요구되고 있다.

이런 상황을 극복하기 위해 추격형 혁신모델을 성찰하고 새로운 방향을 모색하는 '탈추격(post catch-up)'이 과학기술정책과 혁신활동에서 중요한 의제로 다루어지고 있다. 선도, 창조, 퍼스트 무버(first-mover) 등으로 표현되는 다양한 용어들은 추격형 혁신모델을 넘어서야 한다는 한국 과학기술정책의 탈추격 의제를 잘 표현하고 있다.[2]

탈추격은 '선도', '창조'보다 선진 정책과 제도의 따라잡기를 뛰어넘어 독자적인 발전 경로를 탐색해야 한다는 성찰과 의지를 좀 더 명확히 할 수 있는 개념이다. 선진국을 따라 기술을 개발하고 제도를 도입하는 모방형 활동은 현재 우리의 혁신체제에 깊이 각인되어 있기 때문에 쉽게 바뀌기 어렵다. 이런 상황에서 1등과 선도를 이야기하는 것은 우리의 '독자적인 발전 궤적' 또는 '독자적인 혁신체제'를 만들어야 한다는 의미보다는 기존 궤적에서 선두에 서는 것을 의미하는 경우가 많다. 탈추격이라는 개념을 사용하면, 기술혁신과 제도혁신의 목표가 현 선진국 시스템을 구현하는 닫힌 문제가 아니라 지향점이 정해지지 않은 상태에서 독자적인 기술과 시스템을 구축하는 열린 문제가 된다. 탈추격은 새로운 실험을 필요로 하며 결국에는 새로운 혁신체제로의 전환을 지향하게 된다

제2부에서는 추격형 혁신체제에 대한 성찰과 그것을 벗어나기 위한 탈추격 실험과 정책을 살펴본다. 제1부가 '추격의 성공학'을 다루었다면 여기서는 '추격모델 넘어서기'를 논의한다. 따라서 추격의 성공학과는 다른 프레임을 가지고 과학기술정책의 전개 과정을 검토한다. 성공의 역사가 아니라 성찰과 탈추격을 위한 실험의 관점에서 접근할 것이다. 그리고 추격을 가능하게 했던 요소들이 이제는 걸림돌이 되고 있어 새로운 도약을 위해서는 추격체제를 벗어나기 위한 노력이 필요하다는 관점에서 한국의 기술혁신과 정책의 진화 과정을 논의한다. 추격 시기부터 현재까지 전개된 혁신활동과 정책을 고려하지만 주로 1990년대 후반 이후 나타나고 있는 탈추격 혁신활동과 정책을 중심으로 살펴볼 것이다. 이는 탈추격의 관점에서 과거, 현재, 미래를 조망하는 작업이 될 것이다.

주된 분석의 대상은 과학기술과 산업발전, 과학기술과 행정체제 및 정

책 과정, 과학기술과 시민사회이다. 과학기술과 사회의 관계와 그 속에서 전개되는 정책을 종합적으로 조망하기 위해서는 사회를 구성하는 국가·자본·시민사회와 과학기술의 상호작용을 검토해야 하기 때문이다. 이를 위해 추격체제에서 '시장', '정부', '시민사회'와 과학기술이 어떤 관계를 형성했는지, 그리고 그것이 어떤 문제점에 봉착했는지를 살펴보고, 탈추격 과정에서 나타나는 새로운 변화를 위한 노력을 논의한다.[3]

제1장에서는 산업화 과정에서 형성된 추격형 혁신체제가 어떤 성격을 가지고 있는지를 정리하고 변화된 환경에서 직면하는 문제점을 검토한다. 추격체제에서 형성된 과학기술과 산업, 과학기술과 행정체제 및 정책 과정, 과학기술과 시민사회의 관계를 선진국의 그것들과 비교해서 살펴보고, 탈추격 혁신의 필요성을 논의한다.

제2장에서 제4장까지는 1990년대 후반 이후 나타난 추격모델을 극복하고자 하는 탈추격 실험과 관련 정책 그리고 그 한계를 다룬다. 제2장에서는 민간부문 산업혁신에서 모방형 혁신을 넘어서는 탈추격 혁신을 위한 노력과 한계를 다룬다. 제3장에서는 과학기술정책 과정과 행정체제에서 등장한 새로운 양상과 한계를 살펴본다. 제4장에서는 과학기술계와 시민사회의 관계에서 나타난 새로운 특성과 한계를 다룰 것이다. 과학기술과 시장, 국가, 시민사회의 관계에서 나타나고 있는 탈추격 노력과 정책들이 어떻게 진행되고 있으며 직면한 문제는 무엇인지를 논의한다. 제5장에서는 탈추격을 위해 한국 과학기술정책이 나아가야 할 방향을 제시한다.

제2부의 핵심 주장은 다양한 방식으로 전개되는 탈추격 혁신활동과 정책이 추격체제의 연장선에서 이루어지는 '경로의존성(path dependency)'[4]이 나타나고 있다는 것이다. '경로의존성'은 특정 시스템의 발전 경로가 형성되어 그 경로를 따르게 되면, 환경이 바뀌거나 다른 더 나은 방법이 등장

해도 과거의 경로를 벗어나지 못하는 현상을 말한다. 탈추격은 남을 따라가서 'No. 1'이 되는 것이 아니라 차별화된 독자적인 길을 형성해서 'Only 1'이 되는 것이다. 그렇지만 추격체제의 경로의존성 때문에 탈추격형 혁신과 정책이 1등을 추격·추월하는 데 초점을 맞춘 추격체제의 틀에서 전개되고 있다.

이러한 불일치 때문에 한국 혁신체제에는 양극화, 혁신의 정체, 과학기술혁신에 대한 신뢰 저하 등 여러 문제가 발생하고 있다. 이를 극복하기 위해서는 탈추격형 활동을 지속적으로 강화할 수 있는 새로운 제도와 일하는 방식이 필요하다. 추격체제를 넘어서는 시스템혁신(system innovation)이 요구되는 것이다. 이것이 앞으로 넘어야 될 한국 과학기술혁신정책의 주요 과제이다.

제1장

추격체제의 특성과 한계

산업화 과정에서 전개된 한국 과학기술혁신활동은 '추격형 혁신체제(catch-up innovation system)'에 기반하고 있다.[1] 이 체제는 기술을 모방하여 선진국을 추격하는 데 초점을 맞춘 혁신방식과 그것과 관련된 조직·제도·네트워크를 내용으로 한다.[2] 추격형 혁신체제는 제도적 안정성을 누리면서 상당 기간 한국의 과학기술혁신활동과 과학기술정책을 규율해왔으며 현재에도 경로의존성 때문에 강력한 영향력을 행사하고 있다.

이 장에서는 한국 추격형 혁신체제에서 전개된 산업혁신과 과학기술정책의 특성, 그리고 과학기술과 시민사회를 살펴볼 것이다. 추격체제에서 형성된 과학기술과 시장, 과학기술과 국가, 과학기술과 사회의 관계를 논의한다.

이를 위해 우선 선진국에서 전개된 산업혁신 패턴, 과학기술정책의 패러다임 전환, 과학기술과 시민사회의 상호작용 방식의 변화를 다루면서 비교를 위한 준거점을 제시한다. 그것을 바탕으로 한국의 추격체제에서 전개된 활동을 살펴보면서 선진국과 어떤 차이가 있는지, 또 어떤 의미가 있는지를 논의할 것이다. 그리고 변화된 환경에서 추격체제가 직면한 문제들을 다룬다.

1. 추격체제의 산업혁신

1) 추격형 기술혁신의 특성

산업도 생물처럼 생성되고 발전하고 쇠퇴한다는 수명주기 관점은 혁신연구(innovation studies)에서 널리 받아들여지고 있는 논의이다. 동태적 관점에서 다양한 산업의 진화를 탐구한 어터백(James Utterback)과 아버나시(William Abernathy)는 선진국에서 기술혁신과 함께 나타나는 산업 변화의 단계를 유동기, 이행기, 경화기로 구분하면서 산업발전 과정을 살펴보고 있다. 이들은 타자기, 자동차, 반도체, TV, 슈퍼컴퓨터, 판유리 산업에 대한 사례 연구를 통해 산업 진화의 패턴을 도출했다.[3]

이들의 논의에 따르면 신기술이 출현하는 유동기(fluid phase)에는 새로운 궤적을 형성하는 급진적인 제품혁신이 전개된다. 이 시기에는 기술에 기반을 둔 신생 기업의 창업이 활기 있게 이루어지면서 새로운 산업이 형성된다. 이행기(transitional phase)에 이르면 새로운 기술이 안정화되고 지배적 설계(dominant design)가 확립된다. 제품혁신보다는 공정혁신이 매우 활발해진다. 이 시기에는 기술주도형 신생 기업보다 마케팅 및 경영능력이 우수한 대기업이 이점을 갖게 되고 산업을 지배하게 된다. 이 단계가 지나면 제품의 표준화가 상당히 심화되어 제품혁신은 거의 일어나지 않고 공정혁신조차도 점차 감소하는 경화기(specified phase)로 넘어가게 된다. 경화기에는

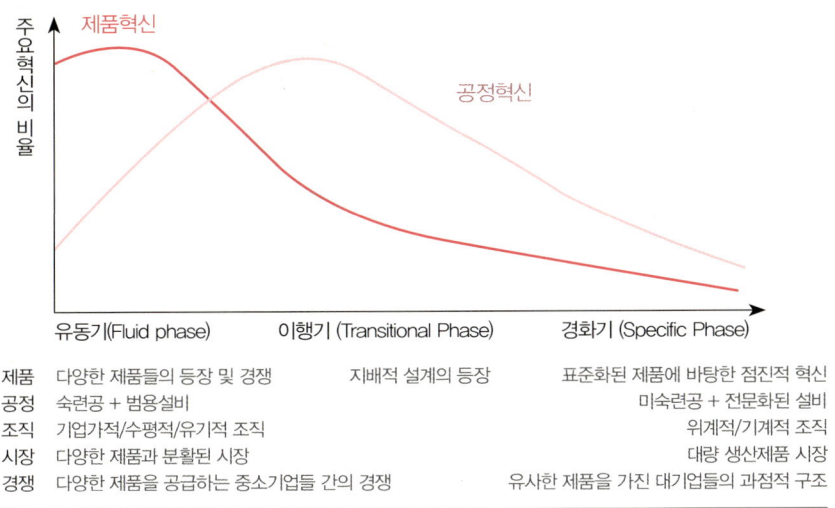

〈그림 2-1〉 기술혁신에 따른 산업 진화의 패턴: 어터백-아버나시의 논의
(출처: 어터백, 『기술변화와 혁신전략』, 경문사, 1997, 128쪽에서 일부 수정)

시장이 성숙해서 이윤을 획득하기도 어려워지고 기술 자체도 선진국에서 진부해진다. 따라서 산업의 생산기지는 선진국을 떠나 제조원가가 저렴한 후발국으로 이전된다.[4]

미국의 자동차산업을 예로 살펴보면 1890년대를 전후해서 마차를 대체하는 자동차 기술이 신생 기업들을 통해 개발되면서 새로운 산업이 형성되기 시작했다. 내연기관, 증기기관, 전기를 동력으로 사용한 다양한 종류의 제품이 개발되고 사용되었다. 이렇게 진화를 시작한 자동차산업은 1910~20년대 포드사의 모델 T와 같은 지배적 설계가 등장하면서 기술이 안정화되고 표준적인 설계 및 대량 생산방식이 확립되었다. 1950년대 이후 산업이 성숙 단계에 도달하고 제품혁신과 공정혁신 활동이 줄어들게 되었다.

한국의 산업발전은 선진국과는 반대의 방향으로 전개되었다. 한국 기업들은 새로운 산업에 진입할 때 새로운 기술을 개발하는 것이 아니라 선진국의 기술을 모방·활용하는 활동에 초점을 맞추었다. 산업화 초기 단계에 혁신 능력이 매우 부족했기 때문에 외국의 기술을 도입해서 활용하는 전략을 취한 것이다. 한국 기업들은 먼저 성숙 단계인 경화기에 도달한 표준화된 제품을 생산할 수 있는 장비와 부품을 도입하여 조립·생산활동을 수행하면서 기술을 익히기 시작했다. 이 과정에서 혁신 능력이 발전하여 기존 기술을 약간 개량한 제품을 개발하게 되었으며 이를 통해 좀 더 높은 수준의 이행기 기술을 이전받아 선진국을 추격하는 전략을 취했다. 이를 통해 어느덧 선진국에 근접하는 제품을 개발할 수 있는 능력을 확보하게 되었다.[5]

현대자동차는 1967년 미국 포드사의 소형자동차를 조립생산하면서 기술을 이전받아 자동차산업에 진출했다. 1975년 고유 모델로 포니 자동차를 개발·생산하게 되었다. 비록 외국 기술들을 활용해서 개발했지만 기술을 소화·개량할 수 있는 능력을 확보하게 된 것이다. 이런 개발능력을 바탕으로 1990년대에 들어와 현대자동차는 독자 엔진을 개발·생산하여 기술자립을 이룰 수 있었다.

삼성전자가 1983년 64KD램을 만들면서 메모리반도체 산업에 뛰어들었을 때 미국 벤처기업인 마이크론테크놀로지(Micron Technology)로부터 D램 디자인 기술, 일본 샤프사로부터는 공정기술을 도입하였다. 이를 소화·흡수하여 256KD램에서는 독자적인 디자인을 채택한 제품을 개발했다. 그리고 국내 기업들이 공동으로 국가연구개발사업에 참여하면서 1988~89년에 4MD램, 16MD램을 선진 기업과 거의 동일한 시기에 개발할 수 있었다. 그리고 마침내 세계 최초로 1994년 256MD램을 출시하게 되었다.

이런 발전 과정은 앞서 살펴본 선진국의 산업 진화 패턴과는 상당히 다른 것이었다. 한국은 선진국의 산업이 성숙기에 도달하면서 후발국으로 이전되는 생산기지와 기술을 토대로 생산을 시작하여 산업을 만들어갔다. 결국에는 선진국의 도움 없이 독자적인 제품개발능력을 확보하고 선진국 기업과 어깨를 겨룰 수 있는 단계로 발전하였다. 제품개발·생산과 관련된 활동이 선진국과 비교할 때 역의 방향으로 발전한 것이다.

이렇게 이미 선진국에 존재하고 있는 기술을 모방하는 기술혁신 과정에서 한국의 산업 진화 과정은 독특한 궤적을 그리게 되었다. 선진국처럼 새롭게 개발된 원천기술을 토대로 기계산업, 철강산업, 화학산업, 전기·전자 산업 등 새로운 산업이 순차적으로 형성된 것이 아니라, 선진국의 성숙 단계에 있는 산업기술을 소화·흡수하여 다수의 산업이 1960~70년대에 동시 다발적으로 형성된 것이다.

또 이런 동시적 산업 형성은 선진국처럼 산업별로 각기 다른 기업군과 생태계가 형성되는 방식으로 진행된 것이 아니다. 삼성, 현대, 금성 등 몇몇 기업들이 특정 분야의 기술학습 과정에서 획득한 능력을 바탕으로 연속적으로, 매우 빠른 속도로 새로운 산업에 진출하는 형태로 이루어졌다. 정부 정책은 이런 산업 형성 과정에 결정적인 기여를 했다. 70년대에 중화학 공업화 정책을 추진하면서 다수의 산업 분야에 자금과 인력을 공급하고 산업을 지원하는 7개 공업육성법을 만들어 동시다발적 산업 형성 과정에서 발생할 수 있는 위험성을 낮추는 역할을 했다. 『기계공업진흥법』(1967), 『조선공업진흥법』(1967), 『전자공업진흥법』(1969), 『섬유공업근대화촉진법』 (1967, 1969), 『석유화학공업육성법』(1970), 『철강공업육성법』(1970), 『비철금속사업법』(1971)이 속속 제정되었다. 이 지원법들은 특정 산업 지원이 아니라 기능별 지원을 지향하는 『공업발전법』(1986)이 제정되면서 폐지되었다. 정부의 지원이 없었다면 다수의 중화학산업이 형성되는 것은 불가능했을 것이다.

이러한 동시적 산업 형성 과정에서 삼성, 현대, 금성과 같은 대기업은 기계, 건설, 조선, 전자, 화학, 자동차 등 성숙 산업 분야에 차례로 진입하면서 1970~80년대에 다각화된 사업 구조를 지닌 대규모 기업 집단인 재벌로 발전했다. 재벌로 성장한 대기업들은 1980~90년대를 거치면서 한국의 혁신활동을 주도하게 되었다. 재벌계 대기업 주도의 혁신은 한국 혁신체제의 핵심적 특징으로서 이후 산업혁신활동과 정책을 규정하는 틀이 되었다.

2) 대기업 중심의 수직적 네트워크

자동차, 전자, 석유화학, 기계 등과 같은 제조업 분야에서 이루어진 모방형 기술학습 활동은 국내 기업을 중심으로 이루어졌다. 다국적기업이 직접 진출하거나 국내 기업과의 합작을 통해 혁신활동을 이끌어간 것이 아니라, 국내 대기업이 혁신활동을 주도한 것이다. 물론 일시적인 합작도 있었고 외국에서 공식적·비공식적 기술도입을 했지만 산업혁신활동의 중심이 된 조직은 삼성, 현대, 금성과 같은 국내 재벌계 대기업이었다. 이는 여러 후발국에서 나타난 다국적기업의 직접투자를 통해 산업이 형성·발전하는 패턴과는 구분되는 독특한 양상이라고 할 수 있다. 또 국내 기업들은 초기에는 수출시장을 대상으로 주문자상표부착(Original Equipment Manufacturing) 방식으로 제품을 생산·판매했지만 기술능력을 향상시켜 자신의 브랜드로 제품을 개발·생산하는 접근을 취했다.

일반적으로 기술을 보유하고 있는 다국적기업이 국내에서 합작생산을 하면서 생산활동을 이끌어가는 경우, 기술과 생산방식을 국내 상황에 맞게 적응시키는 활동은 본국에서 이루어지는 경우가 많다. 구상 활동은 외국 본사에서 이루어지고 단순 실행 활동만이 국내에서 진행되는 것이다. 이런 상황에서 해외 기업에 대한 기술 의존은 주체적인 기술학습 활동을 대체하는 모습을 보이게 된다.

그렇지만 기술을 해외에 의존한다 할지라도 국내 대기업이 현장 적응 활동을 담당하고 그것을 위한 시스템을 구축하면 기술을 소화·흡수하고 개선할 수 있는 능력은 향상될 수 있다. 이렇게 되면 외국에서의 기술도입이 자체 기술혁신활동을 대체하는 것이 아니라 그것을 보완하게 된다. 그리고 기술도입·적응에 참여했던 기술인력들은 그 기술과 기술을 소화·흡수하는 방식을 조직 내·외부에 확산시키면서 혁신 능력을 향상시키게 된다.

이러한 측면은 자동차산업 발전 과정에서 나타난 현대자동차와 대우자동차의 차이에서 잘 나타난다. 현대자동차는 포드자동차의 조립·생산을 통해 기업 활동을 시작했지만 경영권과 기술학습 주도권을 확보하기 위해 수십 개의 해외 기업에서 다양한 기술을 획득하여 이를 통합하는 접근을 했다. 자체 기술개발능력 확보에 주력한 것이다. 반면 대우자동차는 제너럴 모터스의 해외 생산 전략에 따라 기술개발을 해외 기업에 의존할 수밖에 없었고 이로 인해 다양한 개선 활동을 수행할 수 있는 주도적인 기술학습이 어려웠다. 물론 나중에 대우자동차도 경영권을 인수하여 기술학습 활동을 주체적으로 수행하게 되었지만 초기에 형성된 이러한 특성은 기술혁신과 기업 성과에 큰 차이를 가져왔다.[6]

한편 모방형 기술학습을 진행하는 과정에서 국내 재벌계 대기업들은 계열 회사의 인적·물적·지적 자원을 집중하고 매우 고강도의 혁신활동을 수행했다. 기술개발 과정에서 특정 시기까지 제품을 개발·양산한다는 목표를 세워 위기를 조성하고 이를 통해 기술학습 활동을 압박하고 조직 구성원의 능력을 이끌어내는 접근을 취했다. 삼성전자는 이동통신기술 수준이 매우 낮아 외국 제품을 역행 엔지니어링(reverse engineering)하여 제품을 개발하는 상태였지만, 1998년 서울올림픽 때 국내에서 생산된 아날로그 휴대전화로 귀빈들이 통화를 할 수 있도록 하겠다는 개발전략을 구사했다. 경영진에서 일부러 위기를 조성하고 기술개발과 제품생산을 압박하는 이런 전략은 '구성된 위기(constructed crisis)' 활용 전략이다. 이런 접근은 내·외부의 모든 자원을 기술학습에 투입하고 사람들을 초(超)몰입하게 하였다.7 기술개발과 제품생산을 위해 총동원체제를 구축한 것이다. 선진국의 관점에서 본다면 정상적인 휴식과 여유가 없는 몰입이었다. 많은 사람들에게 이 리듬을 따르도록 강제하는 동원체제가 있었기 때문에 가능했다. 위기에 기반한 모방형 기술혁신은 선진국을 따라잡는 데에는 일정한 기여를 했으나 시간 투입과 동원 중심의 일하는 방식을 당연한 것으로 받아들이게 했으며 그로 인해 삶과 노동의 질을 열악하게 만들었다.

이러한 비상시국형 기술개발활동은 의사결정 권한이 총수에게 집중된 재벌구조 때문에 가능했다. 재벌 총수는 전략기획실을 통해 목표치를 결정하고 강력한 권한을 행사하여 그것을 달성하기 위한 활동을 진두지휘했다. 최고책임자가 결정을 내리면 이사회나 경영진, 노조 등 누구의 반대 없이 일사천리로 사업이 진행할 수 있는 군대와 같은 조직 구조는 이런 활동을 수행하는 데 적합했다. 선도 기업을 따라간다는 목표와 그 경로가 보이는 상황에서 이미 있는 제품을 빨리 개발·생산하는 데에는 효율적인 시스템이었다.

한편 재벌계 대기업은 모방을 통한 기술학습 과정에서 원천기술과 핵심부품, 설비를 외국에 의존할 수밖에 없었다. 국내 기업과 대학·연구소 등 혁신주체들의 기술개발능력이 취약했기 때문에 이들이 제품을 개발할 때까지 기다리는 것보다 이미 외국에 존재하고 있는 기술·부품·장비를 구입해 제품을 재빠르게 개발·생산하는 것이 효과적이었다.

그렇지만 기술능력이 조금씩 축적되고 범용 소재와 부품의 국산화가 진행되면서 부품·소재를 공급하는 대기업 하도급 중소기업들이 등장하였다. 대기업과 이들 사이에는 위계적이고 폐쇄적인 혁신네트워크가 형성되었다. 여기에 소속된 기업들은 전속으로 대기업에 제품을 생산·공급해야 했다. 산업화 경험이 적어 부품·소재 관련 산업이 취약했고 기술적 기반이 약했기 때문에 세트제품을 생산하는 대기업 주도로 부품·소재 관련 기업 네트워크가 형성된 것이었다. 이들 사이에는 지배-종속 관계가 강했지만 산업화 과정에서 대기업이 성장하면서 네트워크에 위치한 중소기업들도 같이 발전했다.

그러나 1990년대 후반을 거치면서 이런 연관 관계가 약화되기 시작했다. 후발국 기업이 급속히 성장하고 대기업들의 해외 생산과 글로벌 활동이 진행되면서 부품·소재 제품에 대한 아웃소싱들이 이루어졌기 때문이다. 네트워크에 소속된 기업일지라도 대응 능력이 떨어지고 조달 비용이 높으면 지속적인 관계 유지가 어려워졌다. 대기업이 성장하면 관련 분야 중소기업도 같이 성장하는 양상이 해체되기 시작한 것이다.[8]

3) 정부주도의 자금과 인력 공급

재벌계 대기업 중심의 모방형 기술혁신활동에 필요한 자본과 인력은 독특한 방식으로 공급되었다. 일반적으로 기업의 투자 활동은 자체 자금이나 주식 발행을 통해 조달된 돈을 활용한다. 그러나 한국의 기술혁신 및 설비 투자와 관련된 자본은 주식시장이 아니라 은행을 경유하는 정책금융을 통해 동원되었다. 기업 내부에 기술혁신이나 설비에 투입할 수 있는 자본이 매우 부족하였고 투자 자본을 조달할 자본시장이 발전하지 않았기 때문에 정부가 정책자금을 통해 자본 조달과 투자 리스크를 감당하게 되었다.[9] 또 정부는 기업이 부족한 자본을 확보하기 위해 외국에서 차관을 도입할 때 지급보증을 하여 위험을 담보해주는 역할을 했다.[10] 정부는 다른 곳에 투자될 수 있는 돈의 흐름을 통제하면서 기술혁신과 생산활동을 수행하는 기업에 흘러가도록 했다. 돈이 만성적으로 부족한 시기에 낮은 이자의 자금을 공급했고 차관도 제공해주었기 때문에 자금을 받은 기업들은 상당한 특혜를 받았다.

혁신 관련 투자는 이미 존재하고 있는 기술을 도입하여 구현하는 활동에 투입되었다. 기술적으로 가능하면서도 이미 시장이 형성된 분야에 대한 투자였기 때문에 정부가 특정 분야를 선택하는 과정에 수반되는 기술적·시장적 불확실성은 상대적으로 낮았다. 또 투자 과정에서 정부와 기업 사이에는 산업단체나 협회 등의 채널을 통해 활발한 정보 교류가 이루어졌다.[11] 이는 투자를 직접적으로 통제하던 정부가 산업현장 정보를 파악할 수 있도록 해서 잘못된 의사결정을 피하는 데 도움을 주었다. 정부와 기업이 마치 하나의 조직처럼 밀접하게 정보를 교류하는 준내부조직(quasi-internal organization)과 같은 관계를 형성해서 정부가 잘못된 선택을 할 수 있는 가능성을 낮추었던 것이다.

한편 자금이 시장이 아니라 정부의 판단에 따라 배분되는 경우, 기업들은 생산이나 기술혁신과 같은 활동보다는 의사결정자와 네트워크를 형성해서 로비 활동을 하는 경우가 많다. 기업 활동의 효율성과 성과에 따라 자금이 배분되는 것이 아니라 의사결정자의 결정에 따라 돈이 집행될 가능성이 높기 때문이다. 그렇지만 한국 정부는 수출 성과라는 독특한 기준을 설정하고 그에 따라 자금을 배분함으로써 이런 위험성을 어느 정도 비켜갈 수 있었다. 기업들의 수출 성과를 기준으로 돈을 차등적으로 배분하는 메커니즘을 구축해서 기업들이 자금 획득 경쟁보다는 수출 경쟁을 하도록 규율했다. 로비와 부패로 인한 정부 실패의 가능성을 일부 막을 수 있었다.[12]

그렇지만 정책금융을 통한 자금 배분은 소수의 재벌기업집단에 투자가 몰리는 경제력 집중 문제를 가져왔다. 선택과 집중의 논리를 따라 좋은 기회를 잡고 자원을 획득했던 기업에 자금이 지속적으로 배분되었다. 고지를 선점한 재벌기업들은 계속해서 자원을 지원받으면서 고도의 집중력을 발휘하여 기술학습을 수행하고 급성장할 수 있었다.

과학기술인력은 처음에는 도입된 장비를 활용하여 생산활동을 수행하는 기능공 육성에서 시작해서 공대 기술인력 육성, KAIST와 같은 이공계 대학원 인력 육성으로, 산업 고도화가 진행되면서 그에 부합되는 형태로 인력 양성이 이루어졌다. 이들은 새로운 기술의 창출보다는 도입한 기술의 소화·개량, 문제 해결 활동에 투입되었다.

모방형 기술혁신 과정에서 발생하는 문제 해결에 초점을 두었던 국내 기업들은 새로운 개념 개발이나 문제 정의 능력을 가진 인력보다도 규범과 지침을 정확히 이해하고 주어진 문제를 효과적으로 해결할 수 있는 실용적 인력을 선호했다. 연구개발인력 가운데 개념 개발과 관련된 활동을 수행하는 박사 인력이 대학과 연구소에 주로 포진하고 있었던 것도 이런 상황을 반영한 것이라고 할 수 있다.

한편 기업에서 도입된 기술을 소화하고 생산현장에서 구현하는 활동은 주로 엔지니어들을 중심으로 이루어졌다. 일본의 생산공정을 많이 모방했지만 일본과는 다르게 생산현장의 노동자들이 기술혁신 과정에 참여하지 않았다. 혁신을 위한 구상과 실행 활동이 엄격히 분리되었던 것이다.[13] 이는 우리나라의 노사관계가 대립적인 구조였기 때문에 나타난 현상이었다. 경영진은 생산현장에 대한 통제력을 유지하기 위해서 혁신활동을 엔지니어들이 주도하게 했다. 또 현장 노동자들은 숙련을 향상해서 혁신활동에 참여하는 전략보다는 단기적인 임금인상에 관심을 기울였다. 이로 인해 우리나라의 생산공정 혁신은 일본과는 달리 현장 노동자보다는 엔지니어가 주도하는 공정 효율화 방식으로 진행되었다.[14]

4) 공공연구기관을 통한 기술혁신 지원

고도의 훈련을 받은 연구자가 본격적으로 문제를 탐구하고 대안을 모색하는 연구개발활동은 '실행을 통한 학습(learning-by-doing)' 같은 점진적 개선 활동과는 성격이 다르다. 우리나라의 본격적인 연구개발활동은 정부출연연구소에서 시작했다고 볼 수 있다. 1966년 최초의 정부출연연구소인 KIST(한국과학기술연구소)가 설립되면서 우리나라에서 고급 연구장비를 활용한 조직화된 연구개발활동이 본격적으로 전개되었다. 그 이전에도 대학과 원자력연구소와 같은 국공립연구소에서 연구개발활동이 이루어졌지만 소규모 활동으로서 사회적 영향력이 크지 않았다. 정부출연연구소를 통해 시작된 연구개발활동이 확산되면서 1980년대에는 많은 기업부설연구소가 설립되었다. 현장 엔지니어나 근무자의 실행을 통한 학습이나 기술 모방을 통해 기술혁신을 수행해왔던 기업에 고등교육을 받은 과학기술자들이 수행하는 체계화된 연구개발활동이 자리 잡기 시작했다. 1990년대에 들어와서는 대학에서도 대학원 운영이 활성화되면서 연구개발활동이 본격적으로 진행되었다.

정부출연연구소는 좋은 연구환경과 생활환경을 제공하여 해외에서 활동하고 있는 한국 과학기술자들이 고국에 정착하도록 하는 데 중요한 역할을 했다. 유치 과학기술자들이 편리한 생활을 할 수 있는 환경을 제공하고 연구기반을 구축하여 이들이 외국에서 배운 지식과 일하는 방식이 한국에 자리 잡게 했다. 생산과 구분되는 연구개발활동이 새로운 일하는 방식으로 한국에 뿌리를 내리고 정당성을 확보하게 된 것이다.

이런 점에서 한국의 연구개발활동 제도화 과정은 선진국과는 다른 모습을 보여준다. 선진국의 연구개발활동은 대학의 학문활동에서 시작했다. 그 후 과학기술의 경제·사회적 잠재력이 인식되면서 기업에 연구소가 설립되어 연구개발활동이 자리 잡았다. 학계와 민간부문에 연구개발활동이 뿌리내린 이후에는 국방 및 보건과 같은 공공문제를 해결하기 위해 정부연구소가 설립되었다. 그러나 우리나라는 이와 다르게 초기부터 과학기술의 사회·경제적 잠재력에 주목하여 정부주도로 연구소를 설립하고 연구개발활동을 수행했다. 선진국에서는 연구개발활동이 대학→기업→정부연구소의 순서대로 제도화된 반면 우리나라는 역방향인 정부출연연구소→기업→대학 순으로 진행되었다.[15]

1990년대 후반 이후 연구개발과 기술혁신활동에서 정부출연연구소의 역할은 줄어들었다. 대학이 연구활동의 주체로 등장하기 시작했고 기업이 총 연구개발투자의 70% 이상을 차지하면서 한국의 혁신활동을 주도하게 되었다.

정부출연연구소에서 본격적으로 추진된 연구개발활동은 기업에 직접적으로 도움이 될 수 있는 응용연구에 초점을 맞추었다. 따라서 기초연구를 수행한 연구자보다는 현실 문제를 해결해온 전문가를 유치하였다.

이렇게 응용 지향성을 명확히 했지만 정부출연연구소의 연구개발활동과 기업의 기술혁신활동이 직접적 연계를 맺는 데에는 구조적인 어려움이 있었다. 추격체제에서 혁신활동을 수행한 대기업은 해외 기술을 획득하여 재빠르게 모방하여 상업화하는 데 초점을 맞추었다. 대기업들은 정부출연연구소와 공동연구나 위탁연구를 수행하기보다는 외국 기술을 도입하거나 경험 많은 외국 현장 전문가를 활용해서 문제를 해결했다.[16] 기업은 현장에서 검증되었고 재빨리 생산에 적용할 수 있는 외국의 현존하는 기술과 노하우를 선호했던 것이다. 정부출연연구소의 연구개발활동을 통해 문제를 해결하는 것보다는 해외 기술과 인력을 활용하는 것이 불확실성이 낮았고 제품으로 구현하는 데에도 시간이 적게 걸렸던 것이다.

이런 기업의 기술혁신 방식 때문에 정부출연연구소는 기업이 필요로 하는 기술을 직접 개발·공급하는 것보다는 간접적인 방식으로 민간의 혁신활동을 지원했다. 정부출연연구소는 연구원들이 외국에서 축적한 기본적인 지식과 문제 해결 방식을 활용해서, 기업의 기술도입 과정에서 적절한 기술을 선택하고 관련 기술을 소화·흡수할 수 있는 방법론 학습을 도왔다. 특정 문제 해결을 위한 연구개발활동이 아니라 연구소가 보유하고 있는 일반적인 문제 해결 능력을 통해 기업의 기술도입과 개선 활동을 지원한 것이다. 공동연구개발이나 수요자인 기업의 직접적인 요구를 반영한 연구개발활동은 활성화되지 않았지만, 정부출연연구소가 축적한 지식기반에 기초하여 기업 혁신활동에 대한 간접적 지원이 이루어졌던 것이다.

직접적으로 기업의 문제 해결 활동에 참여하지 못했지만 간접적인 지원활동의 의미는 결코 작지 않았다. 모방형 혁신활동을 기획하고 관리하는 데 필요한 능력을 제공하고 혁신 과정에 대한 지식을 제공함으로써 '혁신능력'을 향상시키는 데 도움을 주었다. 이와 함께 연구개발활동이 생산활동과 다르며 독자적인 역할이 있다는 점을 기업 구성원들에게 주지시키는 데에도 기여했다. 기업의 새로운 기능인 연구개발활동의 의미를 알려주고 그것을 수행하는 방식에 대한 학습 기회를 제공했다.

이런 양상은 대학의 연구개발활동에서도 유사하게 나타났다. 대학과 기업 간에 상호작용이 이루어졌지만 그것의 목적은 대학의 연구능력을 활용하여 기업의 문제를 해결하는 활동이 아니었다. 대학의 유능한 인재를 확보하기 위한 수단으로 대학과 협력이 이루어진 것이다. 이렇게 교육받은 과학기술인력들은 외국 기술의 소화·흡수에 결정적인 역할을 했다.

2. 추격체제의 과학기술정책과 행정체제

1) 경제성장에 초점을 맞춘 선택과 집중 정책

전후 서구 선진국의 과학기술정책은 3세대를 걸쳐 진화해왔다. 제1세대 정책은 연구실에서 과학활동을 통해 새로운 지식이 창출되면 그 지식이 자연스럽게 응용되어 상업적 성과가 나타나 기술혁신이 이루어진다는 선형적 관점[17]을 취했다. 즉 혁신 과정을 기초연구→응용 및 개발연구→혁신 및 확산을 통해 상업화까지 도달하는 선형적 과정으로 파악하기 때문에 혁신의 주요 원천은 연구 또는 과학활동이 된다. 제1세대 혁신정책은 과학기술의 발전 과정에서 중요한 분야를 선정해서 자원을 투입하면 지식의 흐름이 이루어져 혁신이 촉진된다고 보는 정책이었다. 여기서 중요한 것은 과학을 육성하는 것이었으며 산업발전은 핵심적 변수가 아니라 부수적인 결과였다. 따라서 1세대 정책은 유치 산업을 보호하거나 신산업을 육성하는 산업정책과는 관련 없이 별개의 정책으로 추진되었다. 제1세대 정책은 꽤 오랫동안 과학기술계를 지배한 프레임이었다.

그러나 1980년대 중반에 과학기술활동의 경제적 성과에 주목하는 제2세대 정책이 등장했다. 과학에 대한 투자가 자동적으로 혁신과 경제발전을 가져오지 않는다는 점이 확인되었기 때문이다. 과학활동의 수준이 상대적으로 낮았던 일본의 부상은 이를 잘 보여주었다. 이 정책은 기술혁신의 시스템적 특성을 인식하여 '혁신체제'적 접근을 취한다. 혁신은 개별 혁신주체들이 수행하는 혁신활동의 단순한 합이 아니라, 대학, 연구소, 기업, 수요자, 공급자 등 다양한 주체들이 지식과 정보를 교환하고 협력하는 활동, 즉 혁신주체들이 시스템을 형성하여 서로 상호작용하는 과정을 통해 이루어지는 것으로 파악한다. 제2세대 혁신정책은 혁신이 효과적으로 이루어질 수 있는 혁신체제 구축에 정책의 초점이 맞추어져 있다. 이 때문에 지식의 창출과 확산에 적합한 기업 간 상호작용 방식, 산학연 협력시스템, 혁신활동을 효과적으로 수행할 수 있는 금융시스템의 설계 등이 주요 정책 과제로 등장했다. 또한 유망한 기술개발 그 자체보다 해당 기술이 지속적으로 개발·활용될 수 있는 혁신체제를 구축하는 것이 정책의 주요 과제가 되었다.

2000년대에 들어와 지구적 문제에 대한 대응, 사회 통합, 지속가능한 발전 등이 중요 의제가 되면서 제3세대 혁신정책이 등장하게 된다. 이 정책은 제2세대 혁신정책과 마찬가지로 혁신을 시스템적 관점에서 접근한다. 그러나 제3세대 혁신정책에서는 경제성장뿐만 아니라 삶의 질 향상, 지속가능성 등을 포함한 경제·사회발전을 주요 목표로 설정한다. 또 혁신정책의 목표가 다원화되면서 혁신정책의 영역도 혁신과 영향을 주고받는 모든 경제·사회 부문으로 확대된다. 경제적 측면만이 아니라 환경, 에너지, 자원, 보건·의료, 복지 및 공공서비스, 교통, 안전, 국방 등 사회·안보 측면까지도 혁신활동과 연계시켜 파악하는 것이다. 혁신체제에 참여하는 혁신주체들도 확대되고 관련 정책의 영역도 확장된다. 과학기술 관련 혁신주체들이 의사결정을 주도하던 틀을 넘어 사용자와 시민사회가 정책 결정에 참여하게 된다. 과학기술정책은 과학기술의 영역을 뛰어넘어 '통합형 혁신정책(integrated innovation policy)', '총체적 혁신정책(holistic innovation policy)'으로 변화하게 된다.[18]

한국의 과학기술정책은 출발부터 경제성장과 산업 육성에 초점을 맞추었다. 과학기술정책은 추격형 산업화 과정에 필요한 인력과 지식을 공급하기 위해서 시작되었다. 기초연구를 활성화하고 그것이 발전하면 혁신이 이루어질 것이라는 1960년대 당시 서구를 지배하던 1세대 과학기술정책은 한국이 취한 관점이 아니었다. 또한 삶의 질을 향상시키거나 복지 향상을

	제1세대 정책	제2세대 정책	제3세대 정책
혁신에 대한 관점	선형적 관점	시스템적 관점 국가혁신체제론	시스템적 관점 사회·기술시스템(전환)론
정책목표	경제성장	경제성장	경제성장, 삶의 질 향상, 지속가능한 발전
혁신정책의 영역	부문정책	여러 영역과 관련된 정책	여러 영역과 관련된 정책
정책의 주요 관심영역	과학을 위한 정책	• 혁신을 촉진하기 위한 정책 • 혁신친화적 고용정책, 금융 정책	• 정책 문제 해결을 위한 과학기술 정책 • 환경·사회정책과 혁신정책의 통합
정책에 참여하는 주요 주체	과학기술계	과학기술계와 경제계	과학기술계, 경제계, 사용자 및 시민사회

〈표 2-1〉 과학기술정책의 진화
(출처: 송위진·성지은, 『사회문제해결을 위한 과학기술혁신정책』, 한울아카데미, 2013, 16쪽의 내용을 일부 수정)

지향하는 과학기술발전도 과학기술정책의 틀에는 들어와 있지 않았다.

이런 경제성장과 산업발전을 지향하는 정책 때문에 응용·개발연구에 초점을 맞춘 정부출연연구소가 설립되고 KAIST와 같은 산업 문제 해결형 인력을 양성하는 고등교육기관이 육성되었다. 또 연구개발활동도 기초연구에 중점을 두는 대학보다는 정부출연연구소와 기업을 중심으로 전개되었다. 새로운 과학기술지식의 창출보다는 외국 기술의 도입·소화·흡수가 중요했기 때문에 기존 기술을 구현하는 것이 중요한 활동이었다. 기초연구에 대한 관심은 1990년대 와서야 본격화되기 시작했다.

또한 과학기술정책과 산업정책은 밀접한 연계를 형성하면서 전개되었다. 서구의 경우에는 1980년대 들어오면서 이런 관계가 형성되었지만, 한국에서 과학기술정책은 산업정책의 일부분으로 파악되었다. 1967년 과학기술정책을 전담하는 과학기술처가 교육과 기초연구를 담당한 문교부가 아니라 경제정책을 총괄하던 경제기획원의 기술관리국이 독립해서 설립된 것은 이를 잘 보여주고 있다.

이로 인해 과학기술을 통한 산업발전은 한국 과학기술계의 패러다임이 되었고 많은 과학기술자와 공무원의 의식을 지배했다. 이 때문에 산업발전을 위해 특정 산업과 기업의 기술혁신활동에 기여하는 것은 과학기술의 공공적 역할을 수행하는 것으로 받아들여졌다.[19] 공공 과학기술 자원과 인력을 활용해서 특정 기업과 산업이 사익을 얻는 것을 지원해주는 것이었지만 과학기술계는 이것을 국가를 위한 공적인 활동으로 인식했다. 성장과 수출이 최우선 가치가 되었던 추격체제 발전국가의 성장주의 이념과 산업정책에 의해 이런 관점이 정당화될 수 있었다.

산업정책과 연계되었기 때문에 한국의 과학기술정책은 제한된 자원을 가능성이 높은 분야에 집중 투입하는 선택과 집중 정책을 채택했다. 이는 모든 분야를 균형 있게 발전시키는 전략이 아니라 가능성이 있는 분야를 우선 발전시키는 불균형 전략이다. 제조업, 대기업 분야를 집중 발전시키고 그것을 성장축으로 육성하는 전략을 취한 것이다. 기계산업, 석유화학산업, 자동차산업, 조선산업 등 중화학산업과 반도체, 통신과 같은 투자중심형 첨단산업이 중점 육성 분야로 선정되어 과학기술활동이 집중되었다. 또한 중소기업보다는 자원 동원 능력과 기술능력이 있는 대기업을 선정해서 지원하는 정책을 펼쳤다. 창의적 아이디어를 바탕으로 사업을 영위해가는 중소기업보다는 모방한 기술을 안정적으로 구현해서 대량생산을 수행할 수 있는 대기업에 초점이 맞추어졌다.

이렇게 핵심기술, 전략산업, 중요 혁신주체를 선정해 자원을 집중 투입해서 기술을 획득하는 정책은 혁신활동이 지속적으로 창출될 수 있는 시스템 구축을 지향하는 생태계 형성 정책은 아니었다. 가능성이 높은 기술·산업·주체를 선택해서 집중 투자하면 무엇인가 성과를 얻을 수 있다는 가정에 입각한 정책이었다. 외국의 경우처럼 기초연구→응용·개발연구→업적 성과로 연결되는 논의는 아니었지만 좋은 성과를 가져올 수 있는 외국기술 모방→산업적 성과를 얻을 수 있다는 '변형된 선형적 관점'이 지배했던 것이다. 중요한 것은 급속히 성장할 수 있는 기술 분야를 선정하는 것이었다.

　기술·산업 분야가 정해지면 산업혁신 과정에 필요한 네트워크를 구축하는 작업은 대기업을 통해 이루어졌다. 이들은 부품과 소재의 국산화 활동과 대량생산 활동을 수행하면서 지속적으로 혁신을 수행할 수 있는 기업혁신 네트워크를 구축했다. 이 시스템은 재벌계 대기업을 중심으로 형성된 패쇄적이고 위계적인 네트워크였다. 따라서 각 산업별로 대기업-중소기업-연구소-대학 등이 수평적으로 연계되면서 상호 진화하는 산업 수준의 생태계가 아니라 재벌기업집단별로 수직적이고 폐쇄된 하위 생태계가 형성되었다.

　선택과 집중에 비판적인 시스템적 관점이 과학기술정책의 중요 개념으로 등장한 것은 2000년대 들어서이다. 연구개발에 대한 투자가 지속적으로 늘었지만 혁신 성과가 부족하고 대기업과 중소기업의 양극화가 심화되면서 혁신체제 차원의 변화가 필요하다는 인식이 등장했다. 참여정부에서 제시된 국가혁신체계 구축 방안은 그런 인식을 잘 반영하고 있다. 여기서 중요한 것은 전략기술개발이 아니라 그 기술을 효과적으로 개발하고 산업화할 수 있는 혁신주체들의 시스템을 구축하는 것이다.[20]

2) 집중화된 과학기술 행정조직

과학기술 관련 행정활동은 여러 부처와 관련되어 있다. 이런 상황에서 과학기술정책이 집행되는 방식은 과학기술 행정을 전담하는 과학기술 전담부처를 설치하는 집중화 방안, 각 부처에서 관련 활동을 수행하고 그것을 조정하는 조직을 상위에 설치하는 분권화 방안, 양자를 절충하는 방안이 있을 수 있다. 전담부처는 과학기술을 전담하기 때문에 과학기술을 육성하고 제도화하는 데 도움이 될 수 있다. 그러나 수요 부처에서 과학기술을 활용하는 데에는 어려움이 있다. 수요가 정확히 반영되지 않아 기술의 개발·활용 과정에서 현장과 괴리가 있을 수 있다. 분권화된 방식은 과학기술과 각 분야 정책 문제 해결을 연계할 수 있지만 과학기술활동이 충분히 제도화되지 않은 상태에서는 과학기술발전을 제약할 수도 있다. 각 실행부처에서 과학기술은 부차적인 활동이 될 가능성이 높기 때문이다.

추격 과정에서 우리나라의 과학기술정책은 과학기술처와 같은 전담 행정조직이 주도했다. 독립된 과학기술 관련 부처가 과학기술정책 기능을 수행하는 행정체제를 구축한 것이다. 물론 과학기술 관련 정책은 과학기술처만 수행한 것이 아니다. 상공부, 체신부도 산업정책을 수행하면서 과학기술 관련 정책을 실질적으로 수행했고 문교부도 고등교육정책을 통해 과학기술정책과 관련을 맺었다. 그렇지만 과학기술처는 과학기술인력 양성부터 산업 지원까지 포괄적인 영역을 담당하면서 과학기술정책을 주도했다.

이런 집중화 방식은 과학기술과 연구개발활동이 새로운 사회·경제적 활동으로 자리 잡는 데 크게 기여했다. 과학기술활동이 매우 취약한 상태에서 과학기술 전문가를 육성하고 이들을 고용해 과학기술활동을 수행하는 전문 조직을 육성하며, 그런 활동에 정부예산을 배분하는 정부부처의 존재는 과학기술이 사회의 중요한 활동으로서 정당성을 확보하는 데 결정적 역할을 했다. 또한 이런 방식을 통해 정책문제를 해결하는 모델을 제시함으로써 보건·복지, 환경, 건설 관련 실행부처들이 과학기술을 자신들의 정책에서 활용하는 계기를 마련했다. 집중화된 행정체제를 통해 과학기술활동이 경제·사회 영역에 뿌리 내리고 실행부처의 새로운 정책 영역으로 자리 잡을 수 있었다. 각 부처에서 과학기술 관련 활동이 활성화되면서 과학기술 관련 예산도 크게 증가하였다. 이는 짧은 기간에 세계 최고 수준의 정부 과학기술투자가 이루어지는 토대가 되었다.

시간이 지나면서 각 부처별로 연구개발사업이 만들어지고 과학기술활동을 수행하게 되면서 분권화된 과학기술정책이 전개되기 시작했다. 1990년대 후반 과학기술정책의 종합조정을 위한 '국가과학기술위원회'가 만들어졌고 전담부처인 과학기술부와 조정기구가 공존하는 방식이 만들어졌다. 다양한 부처에 과학기술활동이 정책 영역으로 뿌리내리면서 이 정책을 종합적으로 조정하는 시도가 이루어진 것이다. 산업화 초기 산업정책의 하부 정책의 위상을 가지고 있던 과학기술정책이 국정의 핵심으로 부상하였다.

3. 추격체제의 과학기술과 시민사회

1) 과학기술과 시민사회

과학기술과 시민사회의 관계는 다양한 모습을 보이면서 진화해왔다. 시민사회에 대한 과학기술계의 책임과 과학기술활동의 자율성이 상호 교차되면서 그 모습이 변화했다. 서구의 예를 본다면 과학기술과 시민사회의 관계는 크게 과학기술의 대중화→과학기술에 대한 시민사회의 이해→과학기술에의 시민 참여로 진화해왔다.[21]

'대중화'는 전문 지식을 가지고 있는 과학기술계가 대중에게 과학기술지식과 활동을 이해시키는 것을 목표로 한다. 여기서 시민은 과학기술활동을 이해하고 그것에 적극적으로 참여하기에는 여러 능력이 부족하다고 파악한다. 과학기술자가 과학기술지식을 시민이 이해할 수 있는 쉬운 내용

	과학기술 대중화 모델	과학기술 이해 모델	과학기술 시민 참여 모델
정보와 지식의 흐름	과학기술계에서 시민사회로 일방향적 정보 전달	과학기술계와 시민사회에 대한 정보전달과 피드백	과학기술계와 시민사회의 공동협의
시민사회의 역할	시민사회는 과학기술의 수동적 수용자	시민사회는 과학기술에 대한 긍정적·부정적 의견을 제시하는 역할	과학기술발전 방향과 과정에 대한 공동 결정자
주요 수단	과학교육 프로그램, 과학축전, 전시 위주의 과학관	공청회, 청문회, 포럼	기술영향평가, 합의회의, 과학상점, 참여형 기술포사이트, 사회적 혁신

〈표 2-2〉 과학기술과 시민사회 관계의 진화
(출처: 송위진, "과학문화정책의 전환: 과학대중화에서 시민참여로", STEPI Issue and Policy, 2011-03, 2011, 7쪽에서 일부 수정)

으로 바꾸어서 시민의 과학적 소양(scientific literacy)을 높이는 것이 대중화의 중요한 활동이 된다. 지식과 정보의 흐름은 과학기술계에서 시민사회로의 일방향적인 성격을 띤다. 청소년들에 대한 과학기술교육 활동, 전시 중심의 과학관, 과학지식 전달과 흥미 유발을 위한 과학기술축제 등의 계몽활동을 통해 과학기술계와 시민사회가 관계를 맺는다. 또 과학기술의 위험성이나 환경파괴에 대한 시민사회의 비판은 시민들이 과학기술지식에 대한 이해가 부족하기 때문에, 또는 과학기술을 잘못 이해하고 있기 때문에 나타난 현상으로 파악한다.

과학기술에 대한 '시민사회의 이해'는 과학기술계와 시민사회가 상호작용하는 모델이다. 과학기술계는 자신들의 활동에 대해 시민사회로부터 의견을 받아 그것을 신중히 고려한다. 공청회나 청문회, 포럼 등을 개최하여 시민사회의 의견을 수렴하고 그것을 정책이나 과학기술활동에 반영하기 위해 노력한다. 그러나 이 경우도 과학기술활동의 방향을 잡고 주요한 연구주제를 선정하며 문제점을 해결해나가는 활동은 과학기술계가 주도한다. 시민사회의 의견을 과학기술활동에 반영하지만 의제를 설정하고 그것에 대한 대안을 제시하는 권한은 과학기술계에 있다.

1990년대에 등장한 '시민 참여'는 과학기술계와 시민사회가 상호작용하면서 과학기술과 사회가 동시 구성(co-production)되는 것으로 본다.[22] 이 모델의 경우 과학기술계와 시민사회가 공동으로 과학기술활동의 방향과 내용을 탐색하고 관리하는 접근을 취한다. 과학기술 결과물의 직접적 체험자인 시민사회가 과학기술에 대한 문제제기와 의견 제시 능력이 있으며 이들이 삶의 현장에서 축적한 경험과 관점을 존중해야 한다고 본다. 과학기술계와 시민사회가 수직적인 관계가 아니라 수평적인 관계에서 공동으로 숙고하며 발전 방향을 모색하는 것이다.[23]

시민 참여 모델은 과학기술과 시민사회의 공동 작업을 통해 과학기술 관련 문제 해결을 목표로 하기 때문에 강한 정책 지향성을 띤다. 그리고 과학기술의 발전 자체를 넘어 과학기술이 무엇을 위해 존재하며 또는 무엇을 위한 과학기술발전인가를 성찰한다. 전문가 중심의 기술 예측이 아니라 시민사회가 참여하는 기술포사이트, 시민사회가 주요 행위자로 참여하여 기술발전 궤적을 과학기술자와 함께 숙의하는 참여형 기술영향평가와 합의회의, 과학기술의 단순한 전시가 아니라 과학기술에 대한 성찰과 숙의가 이루어지는 제3세대 과학관, 지역사회의 문제를 시민사회와 과학기술계가 공동으로 해결하는 과학상점(Science Shop) 등이 시민 참여 모델의 대표적 사례라고 할 수 있다. 이런 프로그램은 과학기술이 가져올 수 있는 문제점과 위험에 대한 성찰을 통해 과학기술발전 궤적을 좀 더 지속가능한 방향으로 발전하도록 한다.[24]

2) 계몽과 동원

추격 시기 한국의 과학기술과 시민사회의 관계는 국가주도의 대중화 방식으로 전개되었다. 과학기술계가 과학기술지식을 시민사회에 알리고 계몽하는 것을 넘어 국가가 주도하는 과학기술 계몽사업과 시민사회 동원 운동이 진행되었다. 발전국가의 산업화 전략을 실천하기 위해 시민사회는 과학기술지식을 수용하고 일상생활에서 그것을 구현해야 하는 계몽과 동원의 대상이었다. 과학기술은 국가·사회발전의 핵심 요소로서 표상되었기 때문이다.

1970년대에 추진된 '전국민의 과학화 운동'은 이런 특성을 극명하게 보여주고 있다. 합리성을 표상으로 하는 과학기술지식을 수용하여 생활을 과학화하고 산업발전과 국가발전에 기여할 수 있는 근대적 시민으로 변화해야 한다는 것이 그 골자였다. 선진국을 따라잡기 위해 국민들이 과학기술을 배우고 생활에서 활용해야 한다는 것이 추격형 개발국가의 과학기술과 사회의 관계에 대한 인식이었다. 이는 시민사회의 과학기술 이해 정도를 높여 과학기술활동의 사회적 정당성을 높이는 것을 넘어, 과학기술을 통해 시민사회를 규율하는 것까지도 담고 있었다. 전근대적인 행동과 제도, 삶의 방식은 과학기술의 이름으로 새롭게 근대화되어야 했다.[25]

한편 과학기술을 통해 시민사회를 규율하려는 정책은 권위주의 정부 이후 민주주의가 발전하면서 약화될 수밖에 없었다. 그럼에도 불구하고 과학기술에 대한 시민사회의 수용과 지지는 크게 바뀌지 않았다. 추격형 전략을 통해 과학기술발전이 이루어지고 산업화 성과가 나타나면서 시민사회는 과학기술을 우호적으로 바라보았다. 급속도로 산업화가 진행되어 사람들이 자동차나 전자제품을 사용하게 되면서 과학기술이 주는 혜택을 생활에서 누릴 수 있게 되었기 때문이다. 굳이 정부가 과학기술 대중화 사업을 전개하지 않아도 시민사회는 생활 속에서 과학기술의 힘과 편리성을 접하게 되었다. 비록 정책과 과학기술 개발 과정에 큰 영향력을 미칠 수 없었지만 시민에게 과학기술은 믿을 만한 것이었다. 그리고 과학기술 전문가와 정부는 과학기술을 잘 관리한다고 생각했다.

　그렇지만 과학기술계와 시민사회의 관계가 좋은 것만은 아니었다. 생활환경에 직접적인 위해를 미치는 과학기술에 대해서는 시민사회가 시위와 같은 방식으로 강력히 반발하기도 했다. 경제발전에 매진하는 추격형 개발국가에 의해 과학기술이 삶의 공간을 심각하게 위협하는 상황이 시민들의 의지와 상관없이 진행되는 경우가 있었기 때문이다. 위험과 관련된 문제를 사전에 토의하고 협의할 수 있는 통로가 없었기 때문에 시민사회와의 갈등은 극단으로 치달은 경우가 종종 있었다. 굴업도, 안면도 사태와 같이 지역주민과 협의 없이 관료와 전문가 중심으로 진행된 방사성 폐기물 매립지 선정은 지역주민의 극심한 반대를 초래하였다. 강력한 국가에 의해 시민사회 활동이 통제되었음에도 불구하고 지역주민은 격렬히 저항했다. 2000년대 들어서 전라북도 부안에서도 같은 상황이 전개되었다. 과학기술계·국가와 시민사회의 갈등은 조정되지 않고 극심한 사회적 충돌로 폭발했다.

　이렇게 과학기술과 시민사회의 갈등이 종종 나타나면서 시민사회의 과학기술 이해를 증진시키려는 노력들이 이루어졌다. 과학기술에 대한 시민사회의 이해와 지지를 이끌어내기 위해 과학문화사업이라는 새로운 정책이 전개되었다. 과학기술진흥에 초점을 맞추던 한국과학기술진흥재단(1972)을 한국과학문화재단(1996)으로 재편하면서 과학기술문화를 범국민적으로 확산시키는 활동이 진행되었다. 그러나 여기에서도 과학기술과 시민사회의 관계는 일방향적인 과학대중화 모델이 주류를 형성했다. 시민사회의 요구나 의견을 청취하거나 과학기술계와 시민사회가 공동으로 의제를 설정하고 그것을 숙의하기에는 기존의 관행이 너무 강했다.

　2000년대에서 들어와서는 기술영향평가를 통해 시민사회를 과학기술 정책 과정에 참여시키는 시도들이 이루어졌다. 그러나 여전히 과학기술계와 정부는 시민사회에 대해 계몽적인 접근을 취했다. 추격 시대의 과학기술과 사회에 대한 계몽적 틀에 시민사회 이해 향상, 시민 참여의 제도들이 도입되고 있다.

4. 새로운 문제들

산업화를 거치면서 한국의 과학기술은 급속한 발전을 이룩하였다. 혁신활동에 대한 자원 투입은 빠르게 증가했고 과학기술과 기업들의 혁신 능력도 상당한 수준에 도달하였다. 해외에서도 한국은 기술이 강한 나라로 평가되기 시작했다. 1990년대 후반 이후 한국의 혁신활동은 이제 선진국이 제시한 기술을 모방하고 그것을 소화·개량하는 추격 단계를 넘어 새로운 기술 궤적을 탐색하는 모습을 보이기 시작했다.

산업화 과정에서 형성된 한국의 추격형 혁신체제는 대기업 중심의 수직적 네트워크와 이를 지원하는 공공연구부문, 산업 육성에 초점을 맞춘 선택과 집중 정책, 과학기술을 지지하고 쉽게 수용하는 시민사회라는 특성을 지니고 있다. 방향이 정해지면 그것에 모든 요소들을 집중할 수 있는 집중력과 속도가 있는 체제였다. 이는 선진국 기업이 형성한 기술 궤적을 빠른 속도로 따라잡고 개선하는 데 매우 효과적이었다.

추격체제는 성공했다. 그러나 그 성공 때문에 새로운 문제에 봉착하게 되었다. 추격에 성공했기 때문에 이제는 모방할 대상도 많지 않고 또 모방을 통해서는 새로운 기회의 창을 열 수 없게 되었다. 모방을 넘어 새로운 궤적을 형성하는 혁신활동이 요구되기 시작한 것이다. 그러나 이러한 선도형 혁신, 탈추격 혁신은 맥락의 변화 때문에 새로운 접근을 필요로 한다.

우선 탈추격 혁신이 지닌 불확실성에 대한 대응이 요청된다. 새로운 기술의 발전 방향은 여러 요인에 의해 영향을 받아 매우 애매모호하다. 또한 여러 이해관계가 얽혀 있는 경우도 많다. 전문가들의 분석을 통해 발전 방향을 가늠하는 것도 쉽지 않다. 이런 상황을 헤쳐 나가기 위해서는 여러 대안에 대한 다양한 실험을 통해 좀 더 나은 대안을 찾는 진화적 접근이 필요하다. 이는 다양한 혁신주체들의 참여와 학습을 필요로 한다. 그렇지만 추격체제에서 효과적으로 작동했던 대기업의 수직적 의사결정 구조나 소수 전문가 중심의 정책 결정은 이렇게 불확실성이 높은 환경에 대응하는 데에는 한계가 있다. 전략기획, 일사불란, 속도보다는 다양성과 실험을 바탕으로 대안을 탐색해가는 관점이 요구되고 있는 것이다. 대기업, 중소기업, 벤처기업, 그리고 전문가, 공무원, 시민이 같이 참여하여 다양한 실험을 수행하는 거버넌스가 뒷받침되어야 고도의 불확실성에 대응하는 혁신활동이 이루어질 수 있다.

또 탈추격 혁신은 새로운 기술을 사회에 구현하는 것이기 때문에 그것의 사회적 수용을 고려해야 한다. 아무리 좋은 기술이라도 사용자의 가치와 행태에 부합되지 않으면 사회에 뿌리를 내릴 수 없다. 또 신기술의 도입·활용 과정에서 발생할 수 있는 위험도 사전적으로 검증해야 한다. 이를 위해서는 기술적 측면뿐만 아니라 사회적 측면에서의 검토 및 숙의 활동도 필요로 한다. 과학기술계에서 시민사회로 지식과 정보가 일방적으로 전달되는 관계가 아니라 다양한 관점과 사용 환경이 고려되는 상호작용이 필요하다. 추격체제에서는 이런 활동이 주로 선진국의 연구기관과 기업에 의해 이루어지고 국내 혁신주체들은 그것을 참조하거나 모방해서 대응할 수 있었다. 그러나 탈추격 혁신에서는 이런 활동을 스스로의 능력과 자원을 통해 수행해야 한다. 해결해야 하는 문제의 성격과 요구되는 능력이 크게 바뀐 것이다.

한편 추격체제의 불균형 발전 전략 때문에 경제·사회의 양극화가 심화되면서 산업발전과 경제성장에 대해서도 균형적 접근이 탈추격 혁신에 요구하고 있다. 누구를 위한, 또 무엇을 위한 성장과 혁신인가라는 성찰이 이루어지기 시작한 것이다. 추격체제를 성공으로 이끌었던 대기업 중심의 폐쇄형 혁신체제의 문제점을 지적하면서 대기업과 중소기업, 수출기업과 내수기업, 수도권과 지역이 함께하는 혁신이 논의되기 시작했다. 또 산업발전만이 아니라 국민의 삶의 질을 향상시킬 수 있는 혁신활동에 대한 관심도 높아졌다. 산업발전과 혁신 그 자체가 중요한 것이 아니라 격차를 해소할 수 있는 성장이 논의되고, 추격체제에서 주변부에 있던 복지와 삶의 질, 동반성장 문제가 주요 의제로 부각되어 이에 대한 대응이 필요하게 되었다.

이런 환경 변화로 인해 1990년대 후반 이후 산업혁신, 과학기술혁신정책 결정, 시민사회와 과학기술의 관계에서 새로운 시도들이 이루어지기 시작했다. 세계 최초로 개발하고 실험하는 것을 목표로 하는 연구개발사업이 만들어지고 시민사회 참여를 위한 제도적 틀도 도입되었다. 그리고 정책에서도 선도, 창조, 창의 등의 개념들이 쓰이기 시작했다. 혁신활동의 맥락이 바뀌었다는 인식이 형성된 것이다.

제2장

산업의 탈추격 혁신

1990년대 후반에 들어와 한국의 산업혁신활동은 새로운 모습을 보이기 시작했다. 선진국이 제시한 기술을 모방하고 그것을 소화·개량하는 추격 단계를 넘어 스스로 새로운 기술 궤적을 형성하는 탈추격 혁신을 진행하고 있다.

한국의 대기업들은 혁신활동에 대한 자원 투입이나 성과에서 산업의 선두 그룹에 진입하였다. 선진 기업을 뒤따라 모방 활동을 수행하던 이류 기업이 아니라 선도 기업과 서로 어깨를 겨루며 산업 진화 방향에 영향을 미치는 주체로 발전했다. 새로운 산업을 창출하는 능력을 아직 갖추지는 못했지만 산업의 주요 행위자로서 위상을 차지하게 되었다. 산업발전이 시작된 지 불과 40년 만에 그 산업의 선두 그룹이 되었다는 것은 유례가 드문 성공의 스토리다.

그러나 이런 성과에도 불구하고 일하는 방식은 크게 변화하지 않았다. 과거 추격형 혁신활동을 뒷받침했던 제도들이 아직도 힘을 발휘하고 있다. 민간부문과 공공부문에서 여전히 수직적이고 폐쇄적인 의사결정구조가 작동하고 있으며, 기술개발에서 새로운 개념을 창출하는 능력은 아직도 부족하다. 대기업과 중소기업의 양극화, 사회의 양극화도 지속·확대되고 있으며 경제성장이 삶의 질 향상과 지속가능성(sustainability)보다 우선적인 목표가 되고 있다. 추격 시기의 압축성장 프레임이 그대로 작동하고 있는 것이다.

이 장은 1990년대 후반 이후 나타나고 있는 탈추격 혁신활동을 살펴본다.[1] 이 과정에서 탈추격 혁신과 추격체제 유제가 공존하는 독특한 상황에 대한 논의가 이루어질 것이다. 추격체제의 틀에서 탈추격을 지향하는 혁신활동이 어떻게 이루어지고 있는지를 살펴보면서 그것이 초래하는 문제점을 검토할 것이다. 그리고 이런 모순적 상황을 타개하기 위한 정책을 제시하면서 변화 방향을 논의할 것이다.

1. 탈추격 산업혁신활동의 성과

1) 산업혁신활동의 발전

1990년대 후반 이후 민간부문의 혁신 능력은 비약적으로 발전했다. 그동안 축적한 생산기술과 제품개발능력을 토대로 몇몇 대기업들은 글로벌 기업으로 도약했다. 연구개발활동은 이러한 발전의 원동력이 되었다. 이들의 경영자원과 과학기술능력이 고도화되면서 민간주도 혁신체제가 구축되었다. 정부와 정부출연연구소가 주도하여 핵심기술을 개발·이전하는 방식에서 민간부문이 기술개발을 주도하는 시스템으로 전환된 것이다.

기업 연구개발의 산실인 기업부설연구소 수는 1990년대 이후 획기적으로 증가하여 2004년에는 10,000개를 돌파하고 2010년에는 21,000개에 도달하였다. 기업부설연구소 수의 증가는 연구개발투자와 인력의 확대를 수반하였다. 2010년 기준으로 기업은 총연구개발투자의 약 75%인 32.8조 원을 사용하여 연구개발활동을 주도하고 있다. 또 전체 연구원의 67.3%에 해당하는 22만6천 명이 기업연구소에서 활동하고 있다. 한국의 혁신체제는 민간기업에 의해 주도되고 있다.[2]

이러한 기술혁신활동을 통해 몇몇 대기업은 산업을 선도하는 기업으로 성장했다. 삼성전자는 대표적인 기업이라고 할 수 있다. 삼성전자는 불과 40년 사이에 외국 기술을 도입해서 제품을 생산하던 기업에서 반도체, 휴대전화, 디지털 가전 분야에서 산업을 주도하는 기업으로 발전했다. 1990년대 중반 디지털 전환이라는 기술 패러다임 전환기에 열린 기회를 적극적으로 활용한 것이 선도 기업으로의 성장을 가능하게 했다.

그렇지만 이런 적극적인 R&D 활동은 주로 대기업 위주로 이루어졌다. 2011년 기준 민간 연구개발투자의 74.2%를 대기업이, 30.8%는 매출 상위 5위 기업이 차지하고 있다. 국내 기업의 99.9%(323만개)를 차지하는 중소기업의 경우 연구개발활동이 저조하다. 부설연구소를 운영하는 중소기업은 1% 미만(26,381개)이고, 기술혁신형 중소기업(중소기업기술혁신촉진법에 따른 이노비즈 인증 기업)은 0.5%(17,201개) 수준이다.[3]

이러한 대기업 중심의 혁신활동에서 중소기업은 동반성장하지 못했다. 경제활동의 세계화가 심화되고 산업을 선도하는 경쟁이 심화되면서, 대기업들은 최고의 품질과 가격경쟁력을 확보하기 위해 글로벌 차원에서 부품과 소재를 조달하고 생산활동을 전개하였다. 이때 대기업이 같은 가격이면 해외의 더 질 좋은 부품을 구매하고, 같은 성능이면 가격이 저렴한 해외 부품을 사용하게 되면서 국내 대기업과 부품·소재 중소기업의 분업 연관이 약화되고 대기업과 중소기업의 격차가 심화되고 있다.

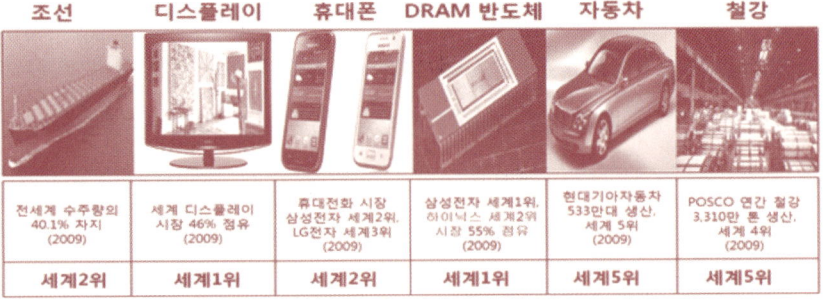

〈그림 2-2〉 한국 주요 산업의 세계적 위상
(출처: 오동훈, "한국 과학기술정책의 어제와 오늘", 2010 발표자료)

2) 산업혁신의 전개 양상

다음에서는 1990년대 후반 이후에 이루어진 산업혁신활동의 내용과 특성을 살펴보고자 한다.[4] 어떤 기술적 성취가 있었는지, 그리고 그것이 갖는 의미는 무엇인지를 논의할 것이다.

■ 자동차 분야의 혁신

1960년대 중반 포드사의 기술을 이전받아 자동차 조립을 시작한 자동차 산업은 1990년대 후반에 핵심기술인 엔진 기술의 자립이 이루어졌다. 현대자동차는 외국 기술의 소화·흡수를 통해 기술능력을 향상시켜 1991년 알파엔진을 개발하여, 독자 엔진을 장착한 국산자동차를 생산했다. 이어서 중형차 부문에서 강화되는 환경 규제에 대응하고 선도 기업과 경쟁하기 위해 연구개발을 수행하여 2004년 세타엔진을 개발하였다. 이 엔진은 다임러크라이슬러 및 미쓰비시와 공동으로 개발했는데, 이들로부터 총 5천7백만 달러의 기술사용료를 받았다. 세타엔진은 이전의 베타엔진과 달리 개발기간 동안 71개 국내 및 해외특허를 출원하는 성과를 올렸다. 현대자동차의 독자적인 엔진 개발 성공에 따라 한국은 세계 5위 자동차 생산국의 지위를 다지게 되었다.

■ 조선 분야의 혁신

우리나라의 조선산업은 2001년을 제외하면 1999년 이후에 2007년까지 계속해서 수주량 기준으로 세계시장 점유율 1위를 차지했다. 조선 분야에서는 2000년대 들어 육상건조공법, 재기화 LNG선, 쇄빙유조선이 개발되었다. 현대중공업이 개발한 육상건조공법은 도크가 아닌 육상에서 선박을 건조하는 혁신을 이루었다. 이 방식은 선체에 손상이 가지 않도록 mm 단위의 정밀도를 유지해야 하는 첨단기술을 요구한다. 재기화 LNG 선박은 액화천연가스를 하역 없이 가스의 형태로 수요지에 바로 공급하는 새로운 형태의 선박이다. 이 선박은 육상의 저장탱크나 기화시설 없이 LNG선에서 액화천연가스를 기화시켜 바로 육지에 공급할 수 있다. 삼성중공업은 영하 45도의 외기 온도에서 1.5미터의 얼음을 깨면서 독자적으로 안전하게 항해할 수 있는 7만 톤급 쇄빙유조선을 세계에서 처음으로 개발·건조하였다.

■ 철강 분야의 혁신

대일청구권 자금으로 일본의 기술 지원을 받아 생산을 시작한 철강산업은 포스코가 발전의 중심이었다. 생산량에서 포스코는 1990~1992년의 세계 3위와 1993~1997년의 세계 2위를 거쳐 1998년, 1999년, 2001년에는 세계 1위를 기록했다. 2002년 이후에는 유럽과 일본의 대규모 철강업체들이 통합됨에 따라 세계 4위~5위의 철강업체가 되었다. 포스코의 성장은 단순히 생산 규모의 확대만이 아니라 기술발전을 동반하면서 이루어졌다. 포스코는 선진국을 추격하는 과정을 거쳐 2000년을 전후해 고유 기술을 확립하였다. 포스코는 외국에서 도입한 용융환원기술인 코렉스 공법을 심화

·발전시켜 2007년 연산 150만 톤 규모의 파이넥스 공장을 세계 최초로 건설하고 상용화에 성공했다. 이 공장은 동일 규모의 용광로와 비교할 때 설비투자비가 80% 수준이며, SOx 및 NOx 등 공해물질 배출량이 용광로 대비 각각 3%와 1% 미만으로 환경친화적이다. 포스코는 용광로를 사용하지 않는 공법을 개발하여 새로운 생산시스템을 구현하였다.

■ 반도체 분야의 혁신

미국의 벤처기업 마이크론테크놀로지로부터 디자인 기술을, 그리고 일본의 샤프사로부터 제조기술을 도입하여 뛰어든 메모리반도체는 기술능력 축적을 통해 선도형 혁신을 이룩한 대표적 사례라 할 수 있다. 1990년대 초부터 메모리 분야에서 두각을 나타내기 시작한 반도체 분야는 1996년 세계 최초로 1G DRAM을 개발하였다. 이를 기점으로 해서 한국은 메모리반도체 산업을 주도하는 국가가 되었다. 2001년에는 삼성전자가 4G DRAM을 개발했으며, 2002년에는 90나노 DRAM 양산기술을 활용하여 업계 최초로 2G NAND 플래시메모리 시범 생산에 성공했다. 이를 통해 반도체 공정의 마의 벽으로 인식되어온 0.1미크론을 뛰어넘어 나노공정 시대를 열었다. NAND 플래시메모리의 경우 메모리 개발 과정에서 축적한 공정기술과 경제성 있는 생산방식을 모바일 영역에 활용하는 전략을 택해 성과를 올릴 수 있었다. 이는 기존에 축적한 능력을 최대한도로 확장시키는 전략을 통해 그 분야를 선도하는 기술혁신을 수행한 것이다.

■ 디스플레이 분야의 혁신

디스플레이 분야에서는 반도체산업에서 축적된 공정기술과 브라운관 생산을 통해 구축된 부품산업을 기반으로 1990년대 초부터 TFT-LCD 개발이 본격적으로 이루어졌다. 초기에는 낮은 수율과 높은 원가 등으로 고전을 면치 못했다. 그러나 기술개발을 꾸준하게 추진하면서 1998년 일시적인 세계적 공급 과잉으로 업계가 불황을 겪을 때 과감한 시설투자를 단행하여 대형 화면 디스플레이에서 주도권을 쥐게 되었다. 우리나라 기업들은 2001년 TFT-LCD 분야에서 세계 최대 생산국으로 부상한 이후, 양산 기술력을 바탕으로 먼저 제5세대 투자를 추진함으로써 국제 경쟁에서 우위를 확보하였다. 이후에도 삼성전자와 LG디스플레이가 계속적으로 제6세대, 제7세대, 제8세대 양산 라인에 투자하여 경쟁국에 대해 우위를 점하고 있다.

■ 이동통신 분야의 혁신

이동통신 분야는 말 그대로 아무것도 없는 상황에서 산업이 시작되었다. 외국의 아날로그 휴대전화를 모방하면서 기술학습을 수행해왔던 한국 기업은 CDMA방식의 디지털 이동통신 기술개발이 성공하여 극적인 도약의 기회를 마련하였다. 한국전자통신연구소(ETRI)와 퀄컴, 국내 업체의 공동연구로 추진된 디지털 이동통신시스템기술개발사업은 여러 난관을 넘으며 기술개발에 성공해 1996년 세계 최초로 상용서비스를 실시하였다. 이 과정에서 축적된 기술을 바탕으로 이동통신 단말기 및 시스템 수출이 1999년부터 시작되었으며 2000년대에 들어서 삼성전자와 LG전자는 휴대전화 생산을 주도하는 기업이 되었다. 이동통신의 불모지에서 이루어진 성공을 통해 한국은 IT 강국으로 발전할 수 있는 기반을 만들었다. 새롭게 등장한 스마트폰 분야에서도 선도 기업인 애플을 추월하면서 명실상부한 스마트폰 강국으로 도약하였다.

3) 성과: 경로실현형 혁신의 구현

앞서 살펴본 1990년대 후반 이후 한국의 대표적 혁신들은 새로운 개념을 창출한 혁신이 아니다. 아직 구체적 제품으로 현실화되지 않은 여러 대안들(주로 선진국이 개발)이 존재하고 있는 상황에서 특정 대안을 선택하여 기술적·경제적 가능성을 실현시킨 '경로실현형(path revealing)' 혁신이다.[5]

1980년대까지 한국이 수행해온 혁신활동은 '경로추종형(path following)' 혁신이었다. 이는 선진기술 추격 과정에서 발생하는 문제를 해결하는 데 초점을 둔다. 경로추종형 혁신은 선진국이 형성한 기술발전 궤적을 따라가는 것이기 때문에 문제가 잘 정의되어 있으며 그것을 해결하기 위한 수단 또한 잘 알려져 있다. 문제 해결을 위한 지식은 외국에서 도입하거나 역엔지니어링을 통해 획득할 수 있다.[6]

1990년대 후반에 들어서면서 경로추종형 혁신활동을 넘어 경로실현형 혁신활동이 이루어지기 시작했다. 경로실현형 혁신은 문제는 이미 정의되어 있지만 대안들이 아직 맹아 상태에 있는 상황에서 이루어지는 혁신이다. 여러 개의 후보 원천기술들이 존재하고 있지만 어느 것이 시장에서 받아들여질 기술인지 알 수 없기 때문에 기술개발의 불확실성이 높다. 따라서 경로실현형 혁신은 기초 단계에 있는 기술들을 치밀하게 탐색하여 특정 대안을 선택해 상업적 성공으로 이끄는 혁신활동을 수행하게 된다.

한국에서 이루어진 경로실현형 혁신은 크게 2가지 유형으로 구분할 수 있다. 첫 번째 유형은 산업의 기술패러다임 전환기에 이루어지는 혁신이고, 두 번째 유형은 기존의 패러다임 내에서 기술 심화 및 차별화 과정을 통해 이루어지는 혁신이다.

첫째 유형은 기술패러다임이 전환되면서 아직 지배적 설계가 등장하지 않아 기술이 유동기 상태에 있을 때, 가능성이 있다고 알려진 대안들 중

	경로추종형 혁신	경로실현형 혁신	경로창출형 혁신
목표	• 이미 정의된 문제를 기존 궤적에서의 문제풀이를 통해 해결	• 이미 정의된 문제를 새로운 궤적을 형성하는 혁신을 통해 해결	• 새로운 문제를 새로운 궤적을 형성하는 혁신을 통해 해결
해결해야 할 문제	확실	확실	불확실
문제 해결 대안	확보 가능	불확실	불확실
원천기술 획득 방식	도입기술	도입 + 자체개발	자체 개발 + 아웃소싱
사례	자동차, 반도체, 철강산업의 초기 혁신	CDMA 기술개발, 파이넥스, 조선 육상건조공법	줄기세포 연구를 통한 맞춤의학, 애플의 아이폰

〈표 2-3〉 후발국의 산업혁신 유형
(출처: 최영락·송위진·황혜란·송성수, 『차세대 기술혁신시스템 구축을 위한 정부의 지원 시책』, 한국공학한림원, 2008, 9쪽의 내용을 수정)

특정 대안을 선택해서 상업적 성공으로 연결시키는 혁신활동이다. 이때 특정 대안은 반드시 기업 내부나 국내에서 개발될 필요는 없다. 혁신주체들의 원천기술 창출 능력이 취약하거나 기술개발 리스크가 크다면 외국 기업이나 연구소에서 획득할 수 있다.

패러다임 전환기에 이루어진 경로실현형 혁신은 외국에서 도입한 원천기술이나 아이디어를 경쟁자보다 빨리 구현하여 상용화하는 방식을 취했다. 선진국 기업들은 기존 기술에 고착되어 있거나 몇 개의 다른 대안들을 선택할 수 있기 때문에 특정 기술을 선택하여 집중적인 개발활동을 추진하는 데 다소 소극적일 수 있다. 그러나 우리나라 기업들은 가능성이 보이는 특정 기술을 선택해서 공격적인 개발·상용화 작업을 수행했다. 그리고 이 과정에서 정부는 국가연구개발사업을 통해 여러 대안을 사전적으로 실험해보거나 기술개발 리스크를 공유하여 기술개발의 불확실성을 낮추는 역할을 했다.

휴대전화와 포스코의 파이넥스 기술개발은 전형적인 사례가 될 수 있다. 휴대전화의 경우 디지털 전환기에 국내 기업들이 벤처기업이었던 퀄

컴의 원천기술을 바탕으로 재빠르게 CDMA방식의 통신시스템과 단말기를 개발하여 세계 최초로 CDMA기술을 상용화했다. 당시 GSM, TDMA 등 여러 방식이 각축을 벌이고 있었는데 외국 기업들이 관심을 갖지 않는 CDMA방식을 선택해서 상업화에 성공했다. 이를 통해 축적된 제품개발능력과 생산관리능력을 바탕으로 휴대전화산업의 '재빠른 이인자(fast second)'로 성장할 수 있었다.[7]

파이넥스의 사례도 유사하다. 용광로 기술을 대체하는 차세대 기술 대안들이 서로 경쟁하고 있는 가운데 포스코는 외국 기업이 개발한 코렉스 기술을 도입·개량하여 파이넥스 기술을 개발하였다. 이를 통해 가능성으로만 존재했던 용융환원법을 세계 최초로 상용화할 수 있었다. 파이넥스 기술은 가공 과정 없이 가루 상태로 있는 철광석과 석탄을 사용해서 바로 쇳물을 생산하기 때문에 환경친화적이면서도 경제성을 갖추고 있다. 일본 기술과 자금을 활용해서 시작한 철강산업은 파이넥스 기술을 기점으로 원천기술을 확보하면서 세계 철강산업을 선도하게 되었다.[8]

한편 CDMA 휴대전화 기술과 파이넥스 기술을 개발하는 과정에서 강도 높은 기술학습이 이루어졌다. 원천기술을 외국에 의존했기 때문에 상용화 과정에서 다른 대안을 택할 수 없었고, 실패를 보완할 수 있는 여력도 부족해 기술개발을 담당한 프로젝트팀은 밤낮없이 고도의 집중력을 발휘하였다. 자유로운 분위기에서 창의적인 아이디어를 구현하는 방식이 아니라 리스크가 큰 기술을 선택한 후 고도의 몰입과 투자가 이루어지는 기술학습활동이 전개된 것이다.

〈보첨 1〉 CDMA기술개발사업

CDMA기술개발사업은 체신부가 1989년부터 1996년까지 추진한 국가연구개발사업으로서 정부와 기업이 출연한 연구개발비가 약 996억 원에 달하고 연인원 1,042명이 투입된 대형 연구개발사업이다.

CDMA기술개발사업의 목표는 디지털 방식의 이동전화 시스템과 단말기를 개발하여 해외로부터 수입하던 이동전화 시스템과 단말기를 대체하고 주파수 사용 효율성을 높인 디지털 방식의 서비스를 제공하여 급격히 늘어나는 이동통신서비스 수요에 대응하는 것이었다.

정부출연연구소인 전자통신연구소(ETRI)를 중심으로 하여 삼성전자, LG정보통신, 현대전자, 맥슨전자가 참여한 이 개발사업은 산·학·연의 공동연구를 통해 미국 퀄컴사의 원천기술과 국내의 교환기술 및 상업화 능력을 결합하여 CDMA방식의 이동전화 시스템과 단말기를 개발하였다. 1996년 1월부터 CDMA시스템과 단말기를 이용한 디지털 이동전화 서비스가 세계 최초로 국내에서 이루어졌다.

CDMA기술개발사업의 성과는 괄목할 만하다. CDMA기술개발사업이 시작되던 1989년만 해도 우리나라에 무선통신 관련 기술은 거의 없었다고 해도 과언이 아니었다. 분단국가라는 특수성 때문에 무선통신과 관련된 기술개발활동이 매우 제한적으로 이루어졌던 것이다. 이동전화 교환기·기지국 등과 같은 이동전화 장비는 전부 외국으로부터 도입하고 있었으며 단말기는 외국 제품을 수입하거나 국내 조립품의 형태로 공급되고 있었다.

그러나 CDMA 기술개발사업이 완료된 1996년 이후 상황은 반전되었다. 이는 단말기 분야에서의 성과에서 극적으로 나타나고 있

〈그림 2-3〉 CDMA 상용 시험 통화
(출처: ETRI Webzine, Vol. 47, 2015.9.25.(http://webzine.etri.re.kr/20150925/sub04.html))

다. CDMA기술개발사업의 성과가 본격적으로 나타나기 전인 1996년까지만 해도 국내 단말기와 장비 시장을 모토롤라가 지배했다. CDMA기술개발사업이 성공적으로 마무리됨으로써 시장의 42%나 차지했던 모토롤라의 점유율은 1997년 6%로 급감하였다. 이런 성과를 토대로 휴대전화는 반도체 산업을 잇는 주력 수출산업으로 발전했다.[9]

그리고 이 과정에서 정부는 기술패러다임 전환기에 나타나는 높은 불확실성을 낮추어주는 정책을 시행했다. 정부는 산학연이 참여하는 대형 국가연구개발사업인 디지털 이동통신기술개발사업(일명 CDMA기술개발사업)을 추진하여 기술적·경제적 불확실성을 민간부문과 공유하는 기반을 마련했고 표준을 CDMA방식으로 결정하여 새롭게 개발된 기술의 시장을 창출했다. 파이넥스의 경우도 철강산업 경쟁력 강화를 위해 신철강기술연구조합을 결성하고 10여 년에 걸쳐 제철계 용융환원제철법 개발프로젝트를 국가연구개발사업으로 추진하였다. 이는 기술개발의 사회·정치적 불확실성을 낮추어주는 데 큰 역할을 했다. 국가연구개발사업은 연구개발자금

을 지원할 뿐만 아니라, 수행되는 과제의 수행 필요성과 정당성을 강화시키기 때문이다. 기술개발 리스크의 분담과 함께 정부가 가지고 있는 공공적인 권위를 통해 해당 프로젝트에 대한 기대를 높이는 효과를 낳았다.

두 번째 유형의 경로실현형 혁신은 기존에 축적된 공정기술, 생산관리기술, 제품기술을 바탕으로 그것을 빠른 속도로 개선해서 기술을 더욱 심화하고 차별화하는 혁신활동이다. 이 유형의 혁신은 기존 기술패러다임 내에 축적된 능력을 최대한 확장시키면서 새로운 시장을 열거나 차별화된 제품을 개발한다. 이 과정에서 다른 분야의 축적된 기술을 효과적으로 활용하여 기존 기술을 한 단계 더 업그레이드시켰다. 메모리반도체 분야, 디스플레이 분야, 자동차 세타엔진 개발, 육상건조공법의 혁신이 이에 해당하는 사례이다.

삼성전자 NAND 플래시메모리는 메모리 개발 과정에서 축적한 공정기술과 생산관리능력을 확장하여 새롭게 성장하는 모바일 분야에 적용하는 전략을 선택해 성과를 올린 사례다.[10] 디스플레이의 경우도 유사하다. 메모리반도체 분야와 가전 분야에서 축적한 능력을 확장하여 대규모 디스플레이 기술혁신을 선도하게 되었다. 현대자동차의 세타엔진도 알파엔진과 베타엔진을 개발하는 과정에서 축적한 능력을 확장함으로써 중형차 분야에서 경쟁력이 있는 엔진을 개발했고 기술을 수출하게 되었다. 현대중공업의 육상건조공법도 해양플랜트 진수 기술을 선박에 응용한 것으로서 이를 통해 육상에서 선박을 건조할 수 있게 되었다.[11]

이렇게 추진된 경로실현형 혁신은 대기업들의 원천기술 선택 능력, 집중적 자원 동원 능력, 개발에서 대량생산까지의 시간을 단축시키는 능력이 뒷받침되었기 때문에 가능했다. 어떤 기술이 가능성 있는 기술로 부상할 것인가를 탐색하다가 어느 정도 기술 선택의 폭이 좁혀지면, 특정 기술을 선택해 이에 대한 집중적인 투자를 해서 새롭게 성장하는 시장을 장악하는 전략이 유효했다.

2. 추격체제의 경로의존성

1) 경로창출형 혁신의 제약

국내 기업들은 여러 가지 가능한 대안들 중 특정 안을 선택해서 신속하게 상업화로 이끄는 경로실현형 혁신활동에 성공했지만 새로운 경로를 창출하는 혁신에는 소극적인 모습을 보여주고 있다.

경로창출형(path creating) 혁신은 새로운 개념을 정립하여 기술혁신 경로를 창출하는 혁신이다. 따라서 경로창출형 혁신이 이루어지는 맥락과 문제가 명확하게 정의되어 있지 않고 그것을 해결하기 위한 대안도 불확실한 상황이다.

새로운 경로를 창출하는 경로창출형 혁신에도 2가지 유형이 있다. 첫 번째 유형은 과학지식을 활용한 경로창출형 혁신이다. 이는 과학적 성과를 토대로 원천기술을 개발하고 그것을 통해 새로운 산업을 개척하는 혁신활동이다. 줄기세포와 관련된 지식을 바탕으로 새로운 맞춤치료 방법을 개발하는 혁신활동이 이에 해당한다고 할 수 있다. 황우석 교수의 스캔들은 바로 이러한 유형의 혁신에 대한 열망과 관련되어 있다.

두 번째 유형의 혁신은 이미 존재하고 있는 여러 요소기술을 새로운 개념에 입각해서 재조합하여 신시장과 수요를 창출하는 혁신이다. 원천기술 개발보다는 기존 요소들을 활용해서 혁신적인 비즈니스 모델과 생태계를 형성하면서 새로운 경로를 형성하는 혁신이다. 크리스텐센(Clayton Christensen)이 강조하는 새로운 소비자와 시장을 대상으로 하는 '파괴적 혁신(disruptive innovation)'이 이것에 해당한다.[12] 애플의 아이폰(iPhone)이 전형적인 사례이다. 애플은 이미 알려진 휴대전화와 관련된 요소기술을 콘텐츠 및 소프트웨어 다운로드 서비스와 통합시키고, 그것을 혁신적인 디자인으로 재구성하여 서비스와 기술이 결합된 새로운 제품을 개발함으로써 신시장을 창출하였다. 애플은 유려한 디자인을 지닌 사용하기 쉬운 제품과 서비스만 개발한 것이 아니라 사용자와 상호작용하면서 콘텐츠와 소프트웨어를 지속적으로 공급하는 혁신기업 생태계를 만들어냈다.

국내 기업들은 아이폰이 등장했을 때 스마트폰 시장에 진입하지 않았다. 기술추격을 통해 스마트폰과 관련된 제품을 개발·생산할 수 있었지만 개발된 제품이 어떤 구조와 의미를 가져야 할지에 대한 전망 능력이 없었기 때문이다.[13] 삼성전자는 이미 2006년 11월 스마트폰과 유사한 MITs (Mobile Intelligent Terminal by Samsung)라는 제품을 개발했다. 이 제품이 나오자 소비자들이 인터넷 카페를 만들고 스스로 사용법을 익히려는 움직임을 보였다. 아이폰 등장 초기와 유사한 모습들이 나타난 것이다. 그러나 삼성전자는 자신들이 무엇을 만들었는지 알지 못했고 신시장을 창출할 수 있는 기회를 놓쳐버렸다. 새로운 개념 창출에 대한 경험과 비전이 없었기 때문에 이런 현상이 나타난 것이다. 기술은 있었지만 그것을 활용할 상상력이 부족했다.

한편 아이폰이 보급되어 기존 휴대전화 시장을 대체할 가능성이 높아지자 삼성전자와 LG전자는 총력을 기울여 자원을 집중 투입하는 '빠른 후발자' 전략을 택했고 성공을 거두었다. 추격 시대의 전략을 구현해서 좋은 결과를 얻은 것이다. 물론 차이가 있다. 추격체제에서는 기술능력과 자원이 부족해서 후발자 전략을 택했지만 스마트폰의 경우에는 기술과 자원이 충분히 있음에도 불구하고 빠른 후발자 전략을 취했다. 이 전략은 성공했지만 앞으로 어려움이 있을 것으로 보인다. 재빠른 후발자 전략을 그대로 모방한 중국 기업에 쫓기는 상황이 전개될 가능성이 높기 때문이다.

경로창출형 혁신활동은 기술개발과 함께 그 기술이 개발·사용되는 사회를 전망하고 구성하는 능력을 필요로 한다. 새로운 개념의 기술개발은 기술만 개발하는 것이 아니라 그것이 개발되고 활용되는 사회시스템을 동시에 개발하는 것이기 때문이다. 전기자동차가 교통시스템을 새롭게 혁신하는 기술로 이야기되지만 이것이 지배적 설계로 자리 잡기 위해서는 자동차산업의 부품 네트워크의 변화, 전기충전시스템, 보험제도의 개선, 기존 부품업체의 구조조정과 실업 문제 대응, 공유경제 등 다양한 사회적 요소에 대한 전망도 동시에 이루어져야 한다.

현재 한국에서 경로창출형 혁신활동을 하는 것은 매우 어렵다. 새로운 개념을 창출하는 것보다는 기존 개념에 입각한 기술을 새로운 방식으로 개발하는 활동에 익숙해져 있기 때문이다. 외국 선도 기업의 기술경로를 추격하는 혁신활동을 뛰어넘어 프론티어 영역에서 기술혁신활동을 수행하고 있지만, 기존 개념의 연장선에서 대안을 찾고 있다. 경로창출형 기술혁신을 본격적으로 추진하기 위해서는 기존의 관점과 시각을 뛰어넘는 새로운 접근이 요구되며 다양한 의견이 제시되고 실험이 이루어질 수 있는 개방형 혁신네트워크가 필요하다.

2) 대기업 중심의 혁신네트워크 강화

1990년대 후반 이후 추진된 경로실현형 기술혁신은 폐쇄형 네트워크와 수직적 위계를 통해 이루어졌다. 특정 기술 궤적을 선택하여 재빠른 제품의 개발과 생산을 통해 그 기술을 구현하기 위해서는, 일정 수준의 능력을 갖추고 일사불란하게 움직일 수 있는 혁신주체들이 필요했다. 한국의 경로실현형 혁신은 새로운 기술을 중심으로 다양한 주체들이 참여하여 자기조직화하면서 발전하는 '개방형 생태계'를 형성하는 혁신이 아니었던 것이다. 대기업을 중심으로 필요한 요소와 기능을 위계적으로 조직한 혁신모델이라고 할 수 있다.

이런 측면에서 보았을 때 경로실현형 혁신의 추진체제는 추격 단계 대기업 중심 혁신체제의 연장선에 서 있다고 할 수 있다.[14] 기술개발의 불확실성과 관련 기업이 축적한 기술능력의 깊이와 폭에서 과거와 차이가 있었지만 핵심 조직이 방향을 정하고 자원을 집중적으로 투입하면서 혁신네트워크를 조직·규율했다는 점에서 유사한 접근을 취한 것이다.[15] 또 세계적 차원에서의 경쟁을 위해 능력이 있는 기업과 그렇지 않은 기업을 차별화하고 부족한 부분은 아웃소싱을 활용하는 이러한 혁신활동은 추격체제에 존재했던 대기업-중소기업, 네트워크 참여 기업-단순 하도급 기업의 간극을 더욱 확대하는 결과를 낳았다.

한편 양극화 문제가 주요 의제로 부상하면서 국가연구개발사업에 중소기업의 참여 비중이 확대되고 있지만 그 과실은 여전히 대기업에 많이 돌아가고 있다. 중소기업이 국가연구개발사업을 통해 기술을 개발하는 경우 그것이 대기업이 필요로 하는 기술인 경우가 많기 때문에 그 연구개발사업은 대기업이 스스로 자원을 투입했어야 할 연구를 정부 지원을 통해 수행한 셈이 된다. 또 대기업과 중소기업의 컨소시엄 형태로 추진되는 국가연구개발사업의 경우도 실질적인 협력보다는 연구개발 하청의 형태로 진행되는 경우가 많다고 보고되고 있다. 대기업-중소기업 공동연구개발사업 형태로 과제를 수주한 후 중소기업이 대부분의 연구를 수행하게 된다는 것이다.[16]

대기업 중심의 폐쇄형 네트워크가 지배적인 혁신모델이 되면서 다른 유형의 혁신네트워크 발전도 지체되고 있다. 구글·애플과 같은 미국식 벤처 기업과 독일·일본식 히든 챔피언 기업 육성이 주요 정책 방향으로 이야기되고 있고 몇 개 기업들이 활동하고 있지만, 이를 통해 대기업 중심의 폐쇄형 네트워크에 필적하는 새로운 하부 혁신체제를 구성하지는 못하고 있다. 하나의 모델에 지배되는 단순화된 혁신체제는 다양성이 부족하여 외부 환경의 급격한 변화에 대응하기 어렵다는 점을 감안한다면 이는 우리나라 혁신체제의 위협요인이 될 수 있다.

3. 탈추격 혁신네트워크의 모색

그동안 추진된 탈추격을 위한 신성장동력산업 육성, 원천기술 개발을 위한 정책은 경로실현형 혁신을 추진하면서 대기업 중심 혁신네트워크의 자산을 활용하는 전략을 취하였다.[17] 이는 대기업 중심의 경로실현형 혁신을 더욱 확장하는 결과를 낳았다.

그러나 경로실현형 혁신이 일정 궤도에 도달한 상황에서 이제 혁신정책은 대기업 중심의 폐쇄적 네트워크를 넘어 새로운 유형의 혁신활동을 수행하는 네트워크 형성을 지원하는 것이 필요하다. 이 혁신네트워크는 경로창출형 혁신을 수행하여 대기업 중심의 네트워크와 경쟁하면서 동시에 협력하는 기능을 수행해야 한다.

혁신적 중소기업이 군집된 네트워크, 사회적 기업과 협동조합의 네트워크는 이런 활동을 수행할 수 있는 하나의 출발점이 될 수 있다. 이들을 중심으로 그동안 대기업 네트워크가 등한시했거나 진입할 수 없었던 새로운 영역과 경로를 발굴하고, 대기업 네트워크와 대등한 관계에서 거래할 수 있는 능력을 함양하는 방안, 관련 기업들과의 협력을 통해 초창기부터 글로벌하게 진출하는 새로운 혁신네트워크를 형성하는 방안을 탐색하는 것이 필요하다.

이와 함께 국가연구개발사업과 공공부문의 연구개발활동도 새로운 혁신네트워크의 형성·발전을 지원하는 방안을 모색하는 것이 필요하다. 중소기업, 사회적 기업의 부족한 혁신 능력을 보완하고 혁신네트워크의 진화를 도모할 수 있는 플랫폼을 구축하는 정책이 요청된다.

또 산업경쟁력 강화 중심의 혁신정책을 넘어 사회문제 해결을 위한 혁신활동을 구현하는 정책을 취하여 새로운 혁신활동의 영역과 시장을 개척하는 것도 필요하다. 이는 추격체제의 경제지상주의를 정정할 수 있는 기회를 제공해준다. 한편 이런 활동을 중소기업과 사회적 기업과 같은 혁신주체들이 중심이 되는 새로운 네트워크 구축 전략과 연계하면, 사회문제 해결이라는 영역 개척과 새로운 혁신네트워크 형성을 동시에 달성할 수 있다.

탈추격을 위한 새로운 혁신생태계의 형성, 사회문제 해결과 같은 새로운 과학기술정책 영역은 기존 전문가 중심의 의사결정 시스템과는 다른 새로운 거버넌스를 요구한다. 전문가에 의해 주도되는 산업혁신 중심, 대기업 혁신 중심의 거버넌스를 넘어 사용자와 사회 영역이 참여하고 중소기업, 사회적 기업의 이해도 반영되는 참여형 거버넌스가 필요한 것이다.

거버넌스의 변화와 함께 과학기술정책의 기획·평가 과정에서도 기술 중심의 틀을 넘어 사회·기술시스템론(socio-technical system)에 입각한 접근이 필요하다.[18] 기술 획득 그 자체에 초점을 맞추는 기획과 평가방식을 넘어 그 기술이 가져오는 사회적 효과와 의의를 사전적으로 파악하고 사후적으로 평가하는 통합적 인식과 프레임이 요청된다. 이는 기술개발 및 사용의 사회·경제적 맥락을 고려하는 관점을 취하기 때문에 시책의 적절성을 높여 과학기술정책의 문제 해결 능력을 향상시키고 연구개발사업의 성과도 향상시킬 수 있다. 탈추격형 혁신은 기술만이 아니라 사회도 동시에 구성하는 활동이기 때문에 이러한 사회·기술시스템적 접근이 도움이 된다.[19]

〈보첨 2〉 **사회·기술시스템론**[20]

사회·기술시스템론(또는 사회·기술시스템전환론)은 우리 사회가 사회와 기술이 결합된 사회·기술시스템으로 존재한다고 파악한다. 특정 기술을 개발하고 사용하는 데 필요한 제도와 규범·문화·행동양식(사회)이 존재하고 이들은 관련 기술의 개선과 확장(기술)을 지원한다. 에너지 다소비형 기술시스템은 그것과 보완성을 지닌 에너지 사용 행태, 에너지 활용 관련 제도와 하부구조, 문화와 결합되어 존

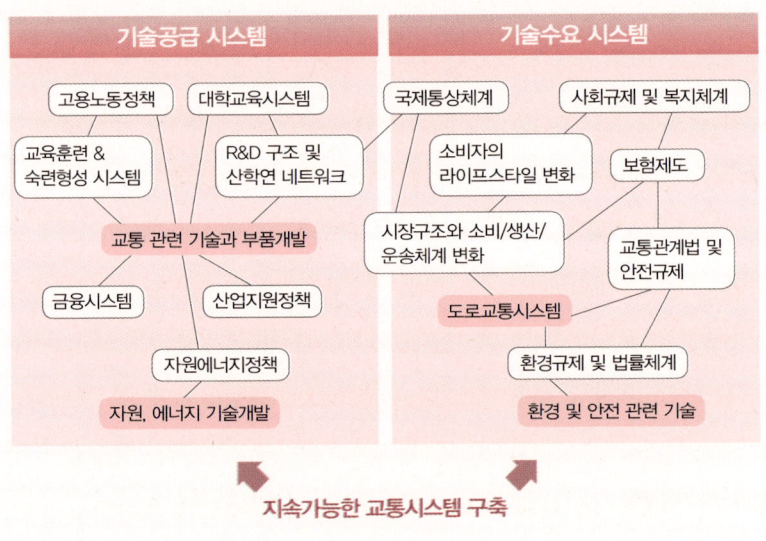

〈그림 2-4〉 사회·기술시스템론의 관점: 교통시스템의 사례
(출처: 송위진·성지은, 『사회문제 해결을 위한 과학기술혁신정책』, 한울아카데미, 2013, 28쪽)
* 음영이 있는 영역은 기술 영역, 음영이 없는 영역은 사회 영역임.

재한다. 기술과 사회는 서로 보완성을 지니며 시스템으로 존재하는 것이다.

또 전기자동차에 기반한 새로운 교통시스템을 구축하기 위해서는 철도·버스와 같은 공공교통시스템-승용차와 같은 사적 교통시스템-에너지 공급 시스템-도로교통 관리시스템-환경 안전성 평가 기술 등과 같은 기술시스템과 보험제도-환경 규제-라이프스타일-교통수단 소유 방식-교통 관련 산업 노사관계-도시 시스템 등과 같은 사회시스템이 동시에 형성되어야 한다.

사회·기술시스템론은 '지속가능한 시스템으로의 전환(sustainability transition)'을 정책의 기본 방향으로 제시하고 있다. 에너지와 자원을 다소비하고 사회의 양극화가 심화된 현재의 사회·기술시스템은 경제적·환경적·사회적으로 지속가능하지 않기 때문에 새로운 사회·기술시스템으로 전환이 필요하다고 본다. 이를 위해 새로운 사회·기술의 니치를 육성·확산시켜 기존 시스템을 점진적으로 바꿔나가는 '전략적 니치 관리(strategic management)'를 전환 전략으로 제시하고 있다.

시스템 전환은 거시환경의 변화 속에서 열리는 새로운 사회·기술시스템에 대한 기회의 창을 활용해서 진행된다. 예를 들어 기후변화와 같은 거시환경의 변화는 기존 사회·기술레짐에 압박을 가하여 온실가스 배출을 최소화하는 새로운 생산방식과 생활방식에 대한 '기회의 창'을 열어준다. 이를 통해 에너지 전환, 교통시스템 전환을 꾀하는 새로운 사회·기술니치의 실험이 진행된다. 이러한 실

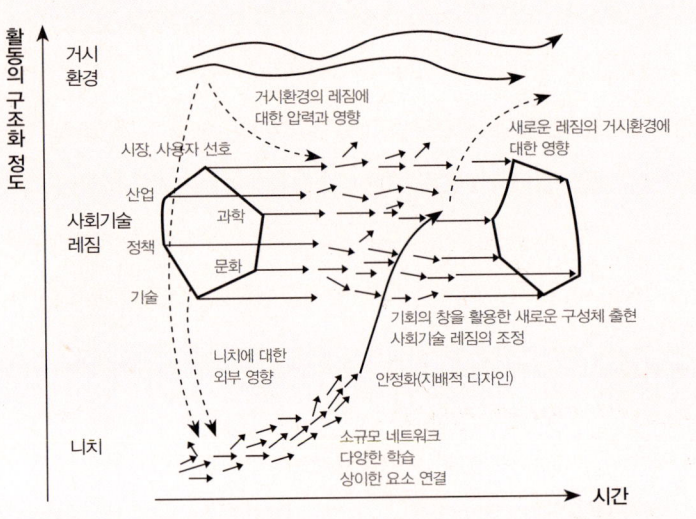

〈그림 2-5〉 사회·기술시스템의 전환 과정
(출처: Frank Geels, "From Sectoral Systems of Innovation to Socio-technical Systems Insights about Dynamics and Change from Sociology and Institutional theory", Research Policy, Vol 33, No. 6-7, 2004, p. 915 일부 수정)

험이 확대되고 연계되면서 기존 과학활동, 기술활동, 생산방식, 문화, 법·제도를 변화시키면서 사회·기술레짐을 재편하게 된다. 이를 통해 새로운 지속가능한 사회·기술레짐이 형성되고 거시환경에 영향을 미치게 된다.

사회·기술시스템론은 기술지식의 공급·활용에 초점을 맞추는 혁신체제론과 달리 기술 수요와 기술 공급을 통합적으로 파악한다. 이런 관점을 취하면 혁신정책의 영역은 대폭 확대된다. 농식품, 주거, 교통, 에너지, 물 관리, 안전관리, 작업장 등 사회의 각 영역이 기술과 결합된 사회·기술시스템으로 파악되면서 혁신정책의 대상이 되기 때문이다.

제3장

탈추격 혁신과 과학기술정책의 변화

1990년대 후반 이후 과학기술정책에서도 새로운 흐름이 형성되기 시작했다. 새로운 영역을 창조하는 혁신활동을 지원하는 정책들이 구체화되기 시작한 것이다. 창조적인 연구를 지향하는 연구개발사업이 만들어지고 과학기술정책을 다른 정책과 연계해서 살펴보는 흐름이 등장하였다.

이러한 탈추격형 정책은 과학기술행정체제의 변화와 함께 과학기술정책의 목표의 변화도 수반했다. 과학기술활동이 여러 부처에서 이루어지면서 이를 조정하기 위한 조직이 만들어졌다. 과학기술정책의 지향점도 경제성장을 넘어 삶의 질과 복지를 고려하는 흐름이 형성되었다. 과학기술과 정책이 포괄하는 영역이 과학기술·산업 분야를 넘어 사회 전체로 확대되고 있다.

그렇지만 일하는 방식과 제도는 쉽게 변화하지 않기 때문에 추격형 정책체제는 여전히 주요 틀로서 작동하고 있다. 따라서 내용과 형식이 서로 부딪히는 상황이 전개되고 있다.

이 장은 1990년대 후반 이후 나타난 과학기술정책의 변화를 살펴본다.[1]

기존 추격체제의 정책과 어떤 내용이 차이가 있는지 검토하고 그 의미를 논의한다. 그리고 이러한 탈추격을 지향하는 정책이 갖는 문제점을 정리하고 정책체제의 발전 방향을 이야기한다.

1. 과학기술정책의 기조 변화

1) 과학기술정책의 위상 강화

추격체제에서 과학기술정책은 경제정책, 산업정책에 비해 중요도가 낮았다. 추격체제에서 기업의 기술혁신은 설비투자에 후행하는 활동으로서 생산활동보다 우선성이 떨어지는 활동이었다.[2] 기술개발전략보다는 투자전략이 더 중요했던 것이다. 정책 수준에서도 과학기술정책은 경제정책의 하위 정책으로서 과학기술계에 한정되는 정책으로 파악되었다.

그러나 1990년대 후반부터 과학기술정책의 위상이 높아지고 범위도 확장되기 시작했다. 경제·사회발전의 원천이 투자 능력에서 혁신 능력으로 전환되면서 과학기술정책이 부문 정책을 넘어 범국가 차원의 주요 정책으로 발돋움하게 되었다. 국민의 정부의 '지식기반경제', 참여정부의 '과학기술중심사회'와 '혁신주도형 경제'라는 구호에는 과학기술정책의 중요성이 반영되어 있다. 기업도 탈추격 혁신을 위해 연구개발투자를 급속도로 늘렸고 기술개발을 생산활동에 선행해야 하는 활동으로 인식하기 시작했다.

국민의 정부에서 이루어진 과학기술처의 과학기술부 승격(1998년 2월)과 '국가과학기술위원회' 설치(1999년 1월), '과학기술기본법' 제정(2001년 1월)은 이런 변화를 보여주는 출발점이었다. 대통령이 위원장인 국가과학기술위원회를 통해 각 부처의 연구개발 사업에 대한 평가와 사전 조정 작업이 시행되고 중요 정책에 대한 심의가 이루어졌다. 그동안 종합과학기술심의회(의장 국무총리), 과학기술장관회의(의장 과학기술부 장관) 등을 통해 조정 활동이 이루어졌으나 이제는 그 활동이 격상되어 대통령 수준에서 관장하게 된 것이다.

⟨그림 2-6⟩ 김대중 대통령이 주재한 국가과학기술위원회(1999. 12. 3.)
(출처: e-영상역사관(www.ehistory.go.kr))

또 '과학기술기본법'은 과학기술 관련법의 모법이 되면서 이 법에 근거하여 과학기술 발전의 중기 비전과 목표, 추진전략 등을 담고 있는 '과학기술기본계획'이 수립되기 시작했다.[3] 과학기술기본법 통과 이전에는 경제개발계획의 일환으로 1962년 제1차 기술진흥5개년계획이 수립된 이후 5년마다 과학기술5개년계획이 수립되었다. 경제개발계획의 하부 계획에서 독자적인 계획으로 격상되면서 과학기술정책의 위상도 높아졌다.[4]

2003년 출범한 참여정부에서는 과학기술정책이 정부의 핵심 정책으로 자리를 잡았다. 참여정부는 '과학기술중심사회 구축'을 주요 국정과제 중 하나로 제시하고, 제2의 과학기술입국, 동북아 R&D 허브 구축 등을 핵심 어젠다로 내세웠다.

이와 함께 2004년 과학기술행정체제 개편도 이루어졌다. 개편의 핵심은 과학기술부총리제의 도입과 과학기술혁신본부의 설치이다. 과학기술정책을 통해 국정과제를 해결해야 한다는 관점이 도입되면서 과학기술혁신을 중심으로 산업, 인력, 지역 관련 정책들을 총괄 기획·조정할 수 있도록 과학기술부총리제가 도입되었다. 국정 분야별 협의 및 조정시스템을 활성화하기 위해 1) 경제, 2) 인적자원 개발, 3) 통일·외교·안보, 4) 사회 4대 분야 부총리급 책임장관 제도가 시행되었는데, 여기에 과학기술 분야가 추

	국민의 정부	참여정부(1차 기본계획)	이명박 정부(2차 기본계획)
비전	세계 10위 과학기술 경쟁력 확보	과학기술 8대 강국	7대 과학기술 강국
주무부처	과학기술처에서 과학기술부로 승격	과학기술부 부총리급으로 격상, 과학기술혁신본부 출범	교육과학기술부로 통합 국가과학기술위원회 상설화
정부R&D 투자	'98년 2.7조 원 '02년 4.9조 원	'08년 11.1조 원	'12년 16.2조 원
투자 효율화	우선순위 설정과 효율적 배분 방식 모색	R&D 사업의 성과분석 및 평가 강화	R&D 기획 및 성과 확산 시스템 선진화
주력 기술	6T(특히 IT에 주력)	신성장동력 (특히 IT, BT에 주력)	융합·기초·원천기술에 주력
인력	창의적 과학기술인력 양성	지식기반사회를 선도할 과학기술인력 양성	세계적 과학기술인재 양성 및 활용
핵심 국가 연구개발사업	21세기 프런티어 연구개발사업, 국가지정연구실 사업 등	세계 100대 수준의 우수 대학 집중 육성 등	한국연구재단 출범 및 기초연구 투자 확대, 국제 과학비즈니스벨트 사업 등
인프라	연구시설과 장비 고도화	장비 고도화 및 시험분석평가 인프라 확충	인프라 및 정보의 전략적 관리, 창조형·개방형 연구지원 제도 확립
과학기술과 사회	과학기술인 사기 진작, 과학기술문화 창달	사회적 수요에 부응하는 과학기술의 역할 증대, 과학기술문화 확산	과학기술의 생활화, 과학기술의 사회적 역할 증대

〈표 2-4〉 국민의 정부, 참여정부, 이명박 정부의 과학기술기본계획
(출처: 홍성주, "과학기술기본계획의 추이 분석과 시사점: 최근 10여 년간 한국과 일본의 과학기술기본계획을 중심으로", STEPI Insight 제89호, 2012. 내용을 일부 수정)

가된 것이다. 과학기술부총리는 국가과학기술위원회의 부위원장을 맡으면서 과학기술정책 전반을 총괄하는 기능을 하게 되었다.

또 과학기술혁신본부가 설치되어 국가과학기술위원회의 사무국 역할을 담당하게 되면서 각 부처가 수행하고 있는 국가연구개발 예산에 대한 종합조정이 체계적으로 이루어지게 되었다. 약 100여 명의 인력으로 구성된 과학기술혁신본부는 주요 보직을 관계 부처 및 민간 전문가에게 개방하여 과학기술정책 기획·조정의 전문성을 강화하였다.[5]

이명박 정부가 출범하면서 또 과학기술행정체제의 개편이 이루어졌다.

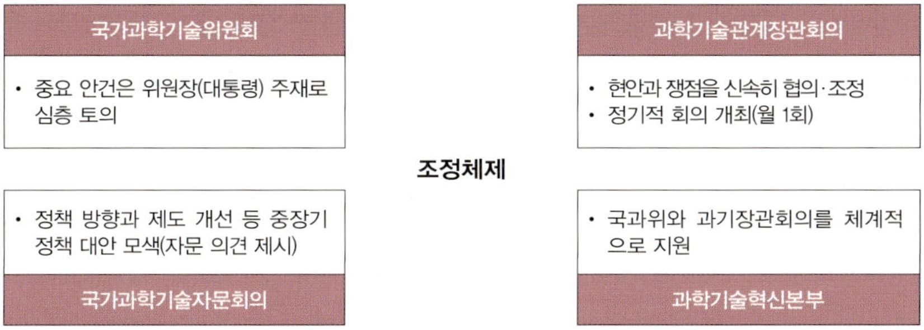

국가과학기술위원회		과학기술관계장관회의
• 중요 안건은 위원장(대통령) 주재로 심층 토의	조정체제	• 현안과 쟁점을 신속히 협의·조정 • 정기적 회의 개최(월 1회)
• 정책 방향과 제도 개선 등 중장기 정책 대안 모색(자문 의견 제시)		• 국과위와 과기장관회의를 체계적으로 지원
국가과학기술자문회의		과학기술혁신본부

〈그림 2-7〉 참여정부의 과학기술정책 조정체제
(출처: 과학기술부, 『과학기술40년사』, 59쪽의 내용을 일부 수정)

이명박 정부는 2008년 교육과학기술부를 출범시켰으며, 산업 육성과 기술혁신 행정을 결합한 지식경제부를 만들어 산업기술혁신을 위한 정책과 행정을 맡겼다. 이 과정에서 참여정부 과학기술행정체제 개편에서 도입한 과학기술부총리와 과학기술혁신본부를 폐지하여 국가과학기술위원회의 기능을 축소시켰다. 그러나 정책 조정 과정에서 여러 문제가 발생하여 2011년에 국가과학기술위원회(위원장 장관급)를 상설위원회로 만들고 사무국을 대폭 강화시키는 개편 작업이 이루어졌다. 과학기술활동이 여러 부처에서 다양한 형태로 추진되고 있기 때문에 이것을 조정하는 작업은 이제 과학기술행정의 중요한 영역이 되었다.

2) 탈추격 혁신을 위한 새로운 유형의 사업과 정책 추진

새로운 기술 궤적을 창출하는 탈추격 혁신은 매우 불확실성이 높은 활동이다. 추격형 기술혁신은 이미 존재하는 기술을 모방하는 활동이기 때문에 이를 추진할 때 미래를 전망하는 기획활동의 필요성이 크지 않았다. 그리고 기술혁신의 목표가 이미 알려져 있기 때문에 일사불란하고 재빠른 집행이 중요했다. 그러나 탈추격형 기술혁신은 스스로 발전 궤적을 선택하고 개발해야 되기 때문에 미래를 전망하는 기획활동이 중요하다. 또한 기술혁신활동에서도 연구자의 자율성과 창의성이 뒷받침되어야 한다. 어디로 갈 것인지 방향성이 명확하지 않은 상태에서는 다원화된 접근이 유효하기 때문이다.

2002년 시행된 국가기술지도(National Technology Roadmap: NTRM) 사업은 창조적 기술혁신을 촉진하기 위해 미래를 전망하는 국가 차원의 기술기획이었다. 그동안 각 부처나 기술에 따라 개별적으로 이루어졌던 기획활동이 이를 통해 국가 수준의 기획활동으로 종합되었다. 이 사업에서는 10

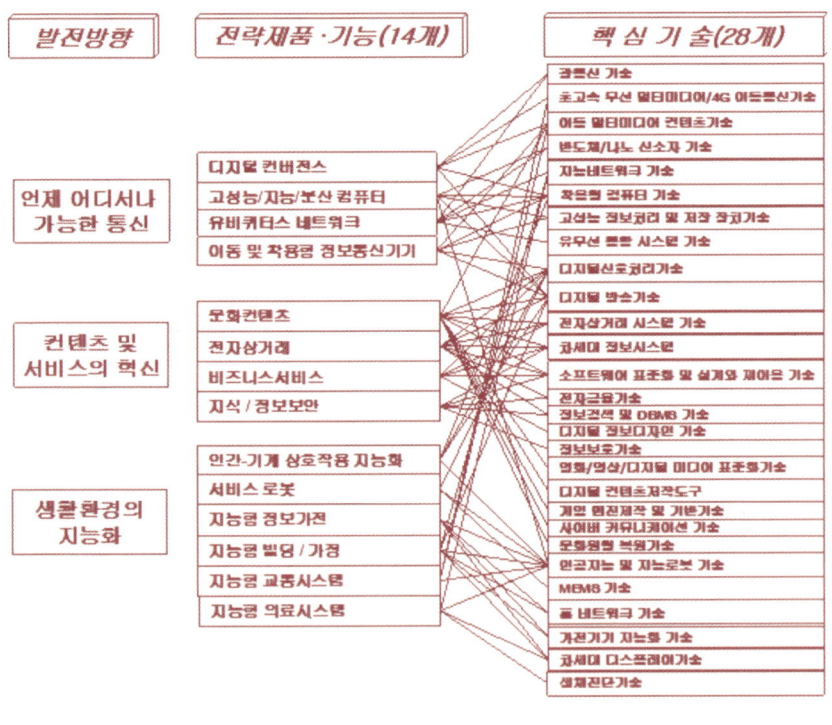

〈그림 2-8〉 정보-지식-지능화사회 구현의 국가기술지도
(출처: 국가과학기술위원회, 『국가기술지도』, 2002.)

년 후인 2012년까지 달성해야 할 목표를 설정하고 이를 위한 핵심기술 도출과 기술지도를 작성했다. 아래 그림은 정보-지식-지능화사회를 위한 정보통신 분야 국가기술지도이다. 여기서는 미래 사회의 발전 방향을 전망하고 그것을 구현하기 위한 전략제품 및 핵심기술을 도출하고 있다. 선진국의 기술개발 동향을 따라 하는 것이 아니라 우리나라 스스로 미래를 전망하고 그에 대응하는 방안을 모색하는 시도가 이루어진 것이다.

이런 작업이 각광을 받으면서 각 부처와 국가과학기술위원회와 같은 종합조정기구에 연구개발사업의 나침판 역할을 하는 기술로드맵 작성이 핵심적인 활동으로 자리 잡게 되었다. 나노기술지도(2008), 기상기술로드맵(2007), IT 전략기술로드맵 2015(2009), NBIC융합기술지도(2010) 등 기술별 로드맵과 함께 산업통산자원부의 '산업기술로드맵', 중소기업청의 '중소기업 기술로드맵'과 같은 부처별 기술로드맵이 작성되었다. 그리고 국가기술지도(2002), 국가R&D사업 토탈로드맵(2007), 국가중점과학기술 전략로드맵(2014)과 같은 범부처 차원의 로드맵이 만들어지면서 기술로드맵은 국가연구개발사업을 기획하는 기본 틀이 되었다.

국가 차원의 종합적 기술기획활동을 강화하는 정책과 더불어 창조적 혁신을 이끌기 위해 새로운 방식의 국가연구개발사업도 등장하기 시작했다. '창의적 연구진흥사업(이하 창의사업)'(1997)과 '21세기 프론티어연구개발사업(이하 프론티어 사업)'(1999)은 그 대표적 사례라고 할 수 있다.

산업혁신과 관련해서는 새로운 성장동력을 확보하기 위한 2003년 '차세대 성장동력사업'(참여정부)이 시행되었다. 차세대 성장동력사업은 성장 가능성이 높은 미래 산업이 요구하는 기술을 확보하고 사전 투자를 해야 지속적인 성장이 가능하다는 탈추격 논리에 따라 시행되었다.

이런 개별 정책들은 '선진국 추격형'에서 '창조형'으로 국가혁신체제의 전환이 이루어져야 한다는 정책패러다임으로 수렴되기 시작했다. 과학기술정책의 기본 방향에서 큰 변화가 이루어진 것이다. 이명박 정부에 들어와서도 새로운 궤적을 형성하는 선도형 혁신의 중요성이 부각되면서 창조성과 창의성이 핵심어로서 등장했다. 신정부는 2008년 12월 '이명박정부의 과학기술기본계획'을 국가과학기술위원회에서 확정하고 국가 총연구개발투자를 GDP 대비 5% 수준까지 높이겠다는 정책을 발표했다. 이명박 정부의 과학기술정책에서는 세계적인 연구를 수행할 수 있는 인재 양성과 기초·원천연구에 대한 집중적인 지원을 강조했다. 교육과 과학기술의 통합을 통해 창의적 인력 양성에 박차를 가하고, 기초·원천연구에 대한 정부투자 비중을 2배 정도 확대하는 정책을 추진했다. 또 2008년 차세대 성장동력사업과 유사한 방식으로 '신성장동력사업' 분야를 선정하여 창조적 혁신을 위한 발전전략을 제시하였다.

구분	1960~70년대	1980년대	1990년대	2000년대
전략	선진기술 도입·개량	선진국 추격형	선진국 추격형	창조형으로 전환
주요 활동	산업현장 애로기술 지원	수출주력산업 기술 개발	첨단산업 기술개발	기초·원천기술개발
주도 주체	출연(연)	출연(연), 기업	출연(연), 기업, 대학	기업, 대학, 출연(연)
중점 지원 산업	석유, 화학, 가전, 철강	조선, 자동차, 철강, 반도체	반도체, 첨단가전, 휴대폰	이동통신, 바이오

〈표 2-5〉 시대별 기술혁신활동에 대한 이명박 정부의 인식
(출처: 국가과학기술위원회, 「국가 R&D 성과분석과 시사점」, 2009의 내용을 일부 수정)

3) 통합형 혁신정책의 등장

과학기술정책을 시스템적 관점에서 접근하는 국가혁신체제 개념은 1980년대 중반 프리만(C. Freeman)을 통해 혁신연구에 도입되기 시작했다. 국가혁신체제론(National Innovation System)은 한 나라의 기술혁신 성과는 기술혁신과 관련된 혁신주체들의 네트워크와 제도들의 배열에 영향을 받는다

는 주장을 통해 과학기술정책에 대한 폭넓은 관점을 제시했다.[6] 정책 영역에서는 핀란드 정부가 1990년대 초 국가혁신체제 개념을 정책 과정에서 사용하기 시작했는데 우리나라에서는 국민의 정부 때부터 논의되기 시작했다. 이 당시 국가혁신체제는 현상을 종합적으로 분석하기 위한 서술적 개념으로 사용되었으며 시스템적 관점에서 과학기술혁신 문제를 해결하는 정책적 틀로는 활용되지 않았다.

그러나 참여정부에 들어와 '국가기술혁신체계(NIS) 구축'이 핵심 정책으로 등장하면서 시스템적 관점이 본격적으로 도입되기 시작했다. 시스템적 관점은 기술혁신을 촉진하기 위해서는 산·학·연과 같은 혁신주체들의 상호작용과 함께 이들을 둘러싼 산업발전, 인력양성제도, 지역기술혁신 등을 종합적으로 고려해야 한다는 입장을 취하고 있다.

참여정부의 '국가기술혁신체계 구축' 방안에서는 그동안 과학기술정책

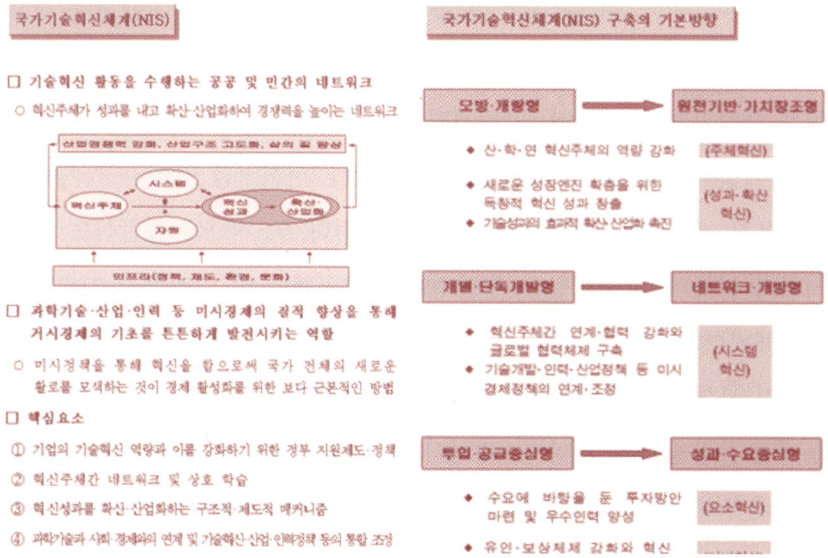

〈그림 2-9〉 참여정부의 국가기술혁신체계의 개념과 구축 방안
(출처: 과학기술중심사회추진기획단·과학기술부, 『국가혁신체계 구축방안』, 2004. 7.)

내에서 각개약진식으로 전개되어왔던 기업혁신역량 강화 정책, 과학기술 인력 양성 정책, 국가연구개발사업, 산학연 협력 정책들의 연계를 고려하여, 과학기술정책을 통합적으로 추진하기 위한 논의들이 다루어졌다. 기술개발→혁신적 신제품 생산 판매→고수익과 높은 연구개발투자→연구개발인력에 대한 수요 증대→고급 연구인력 양성 → 기술혁신 촉진이라는 선순환 연쇄를 구축하기 위한 종합적 접근이 필요하다는 것이 '국가기술혁신체계 구축' 방안의 기본 시각이었다.

이런 관점은 과학기술행정체제의 개편 과정에도 반영되었다. 혁신 과정 전체를 종합적으로 고려하기 위해서는 기존의 과학기술부 체제로는 어렵다는 판단하에 새로운 행정체제를 도입하게 된 것이다. 과학기술과 관련된 산업정책, 인력정책, 지역정책 등을 개별 부처 차원이 아니라 국가전략 차원에서 종합하고 조정하는 기능들이 과학기술부총리와 과학기술혁신본부에 부여되었다.

참여정부 후반기에는 과학기술을 통한 삶의 질 향상을 지향하는 정책이 제시되었다.[7] '기술기반 삶의 질 향상 종합대책'(2007)을 마련하여 삶의 질을 향상시키기 위한 연구개발정책이 본격적으로 추진되기 시작했다. 이는 참여정부 후반기의 '동반성장론'에 입각한 『사회비전 2030』이 국가발전전략으로 제시되었기 때문에 가능한 일이었다. 또 재난에 종합적으로 대처하기 위해 '소방방재청'을 신설(2004)하고 '재난 및 안전관리 기술개발 종합계획'(2007)을 제시하여 사회 안전 및 재난 대응과 관련한 정책도 추진하기 시작했다.[8]

이런 과정을 통해 과학기술정책의 폭은 더욱 확대되었으며, 과학기술계 중심의 부문 정책, 경제성장 중심의 정책을 뛰어넘어 사회정책까지도 고려하는 정책으로 발전하게 되었다. 이는 혁신정책에서 새로운 패러다임으로 등장하고 있는 '통합형 혁신정책'의 관점과 맥을 같이하는 것이다. 이 정책

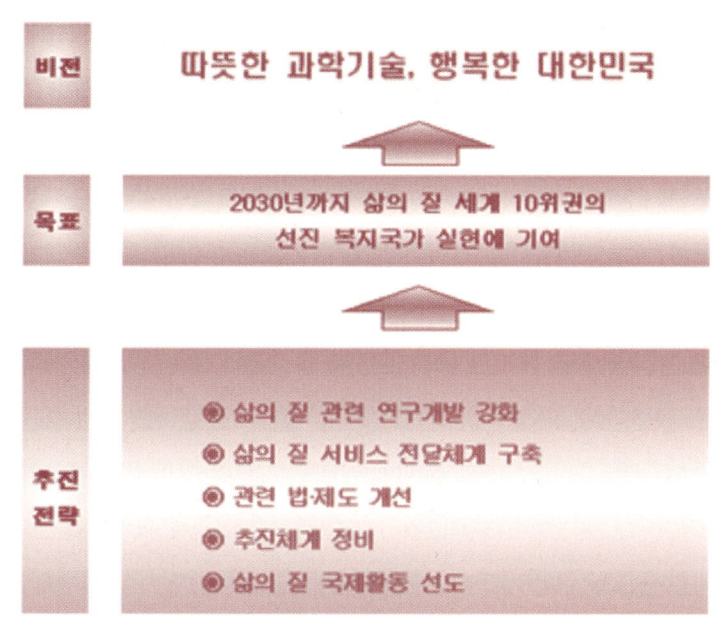

〈그림 2-10〉 '기술기반 삶의 질 향상 종합대책'의 구조
(출처 : 국가과학기술위원회, 『기술기반 삶의 질 향상 종합대책』, 2007.)

은 독립된 부문 정책으로 파악했던 혁신정책을 인력정책, 금융정책, 산업정책, 환경정책, 복지정책 등 다른 부문 정책들과 연계하여 통합적으로 추진해야 한다고 주장한다.[9]

이명박 정부에 들어와서 '저탄소 녹색성장'이 국정의 핵심 의제로 등장하면서 기술혁신과 환경보호·에너지 정책의 통합적 접근이 이루어졌다. 녹색기술혁신을 통해 자원·에너지의 사용을 절감하고, 이산화탄소 배출을 감축하여 삶의 질을 향상시킴과 동시에 세계시장에서 경쟁력을 갖는 녹색산업을 육성하겠다는 것이 '저탄소 녹색성장' 정책의 핵심이다. 2009년 3월 '녹색기술 연구개발 종합대책'이 발표되었는데 이 대책에서는 녹색기술개발을 통해 환경의 질 개선과 녹색산업 육성, 녹색일자리 창출을 동시에 도모하는 것을 골자로 한다. 과학기술정책과 환경정책, 산업정책·고

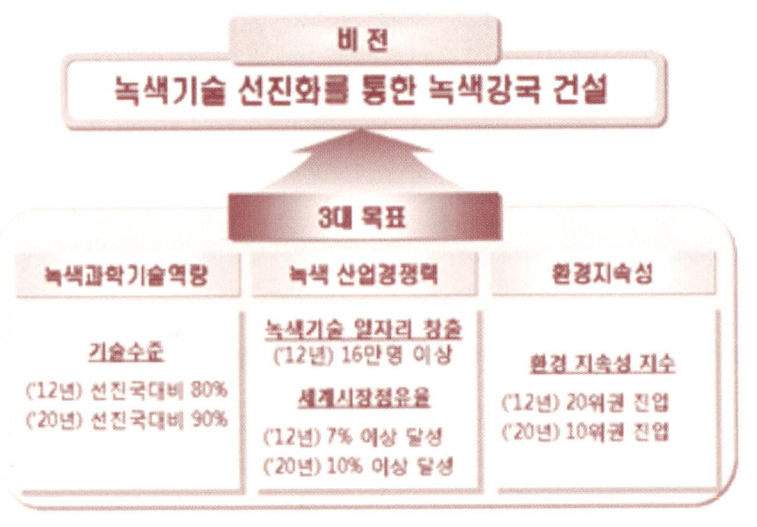

〈그림 2-11〉 '녹색기술 연구개발 종합대책'의 비전과 목표
(출처: 국가과학기술위원회·미래기획위원회, 『녹색기술 연구개발 종합대책』, 2009.)

용 정책의 연계가 시도되었다.

2. 탈추격형 과학기술정책의 전개[10]

1) 기초·원천연구의 심화

기초·원천연구[11]는 새로운 궤적을 형성하는 기술혁신 기반을 구축한다. 탈추격 혁신을 효과적으로 추진하기 위해서는 기초·원천연구가 일정 궤도에 올라야 한다.

산업화 과정에서는 모방형 과학기술활동이 중시되면서 응용과 개발연구에 과학기술혁신활동의 초점이 맞추어져왔다. 1990년대에 들어와 대학연구활동이 활성화되면서 기초·원천연구가 본격적으로 추진되기 시작했다. 우수연구센터사업, 대학원중심대학·연구중심대학사업, 두뇌한국21사업(BK21)이 진행되면서 기초·원천연구를 수행할 수 있는 우수 연구집단과 연구개발인력이 양성되었다.

기초·원천연구 활성화를 위한 정책적 노력은 세계적 수준의 연구성과 창출을 목표로 하는 사업들로 구체화되었다. 우선 1997년 '창의적 연구진흥사업'이 출범하였다. 이 사업은 창조적 과학연구를 통해 기술혁신의 싹을 발아시켜 미래 신산업 창출이 가능한 독자적 핵심원천기술 확보를 목표로 했다. 그리고 1999년부터 '21세기 프론티어연구개발사업'이 시작되었다. 이를 통해 기초·기반연구를 중심으로 대학에 대한 연구비 지원이 확대되고 교수들의 연구 참여도 크게 늘어났다.

이 사업들은 세계시장을 주도할 수 있는 기초·원천기술을 확보하기 위해 새로운 접근을 시도한 대표적 사례로서, 기존과는 다른 조직구조와 운영방식을 택했다. 창의사업과 프론티어사업은 연구비 사용과 연구인력 충원에 대한 연구책임자의 권한을 강화하여 연구자의 자율성을 높이는 연구단 체제를 취했다. 연구단 체제는 소속 대학이나 정부출연연구소 조직관행이나 제도를 따르지 않고 독자적으로 운영되는 방식이다. 이는 기존 모방형 연구관행 및 조직운영과 단절이 필요하다는 인식에서 새롭게 도입된 조직방식이었다.

2000년대에 들어서는 개인 및 소규모 연구팀의 창의적 연구활동과 학제간 연구에 대한 지원이 본격화되었다. 우수연구센터사업의 후속 모델로 기획된 '국가핵심연구센터(NCRC)사업'은 국가 차원에서 전략적 육성이 필요한 미래지향적 과학기술 분야에서 공동연구를 촉진하여 세계 수준의 지식과 경쟁력을 창출하는 것을 지향하고 있다.

2002년에는 '기초의과학연구센터(MRC)사업'과 '선도기초과학연구실

(ABRL)사업'이 새롭게 시작되었다. 기초의과학연구센터사업은 기초의과학 중 장기적 연구가 필요한 분야의 연구거점 구축을 위해 의·치·한의대 기초의학교실에 연구센터를 설립하는 사업이다. 선도기초과학연구실사업은 수학, 물리, 화학 등 순수기초과학 분야 연구개발 촉진을 위해 연구실 단위의 소규모 연구집단의 구성·운영을 지원하는 사업이다. 이와 함께, 2002년부터 나노팹을 구축하는 등 미래 첨단기술 분야 연구 수행에 필수적인 연구 인프라 구축사업도 본격적으로 진행되기 시작했다. 또 핵심기초·원천연구에 대한 투자와 창의적인 개인연구 지원을 확대하기 위해 2005년 8월에는 '기초연구진흥종합계획(2006~2010)'이 수립되었다.[12]

2008년 출범한 이명박 정부는 기초·원천연구에 대한 투자를 획기적으로 제고한다는 정책 목표를 가지고 2012년까지 기초·원천연구 투자 비중을 50%까지 확대한다는 계획을 제시했다. 이를 실천하는 과정에서 기초과학연구원 설립, 대형 연구시설로서 이온가속기 설치, 지식기반 첨단기업 유치 등을 포함하는 과학비즈니스벨트 조성 정책을 추진하였다.

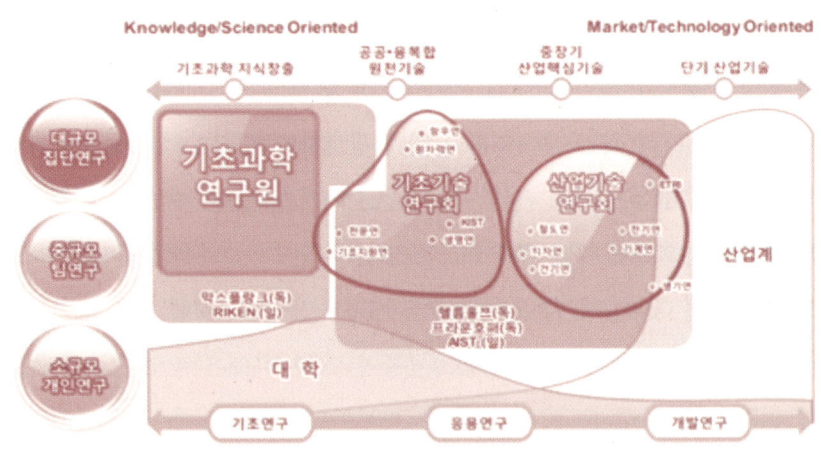

〈그림 2-12〉 기초과학연구원의 차별화된 연구 영역
(출처: 국가과학기술심의회, 『기초과학연구원 5개년 계획('13~'17)』, 2013.)

기초과학연구원은 기초과학을 전문적으로 연구하는 연구기관으로서 대학에서 교육과 함께 수행되는 기초연구와는 다른 방식으로 장기·대형·집단연구를 수행하는 조직이다. 그동안 개별 연구자 중심으로 풀뿌리 식으로 진행되어온 기초연구를 대형화·조직화해서 새로운 연구의 흐름을 형성하는 것을 지향하고 있다.[13]

2) 새로운 성장동력 확보를 위한 신기술 개발

성장동력사업은 탈추격 혁신을 수행하여 신산업 분야를 발전시키는 전략이다. 2000년대에 들어와 한국의 성장을 이끌어온 주력산업이 성숙 단계에 도달하면서 새로운 산업을 선도할 기술 분야에 대한 탐색이 본격적으로 이루어지기 시작했다. 성장 가능성이 높은 미래 산업에 필요한 기술력을 확보하고 사전 투자를 해야만 성장이 가능하다는 관점들이 널리 받아들여지면서 이러한 정책들이 구체화되었다.

2003년 5월부터 국가과학기술위원회의 조정하에 과학기술부, 정보통신부, 산업자원부 등 주요 부처별로 중점 육성해야 할 차세대 성장동력사업을 선정하는 작업이 이루어졌다. 2003년 8월 지능형 로봇을 비롯하여 미래형 자동차, 차세대 반도체, 디지털TV 및 방송, 차세대 이동통신, 디스플레이, 지능형 홈네트워크, 디지털 콘텐츠, SW 솔루션, 차세대 전지, 바이오 신약 및 장기 등을 10대 차세대 성장동력사업으로 확정하였다.

2008년 출범한 이명박 정부는 경제발전전략의 기조로 녹색성장을 선언하고 '저탄소 녹색성장'을 견인할 범부처 차원의 녹색기술 연구개발 종합대책을 발표했다. 녹색기술의 융합화 촉진, 기초·원천연구 확대, 기존 산업 그린화 및 성장동력화, 녹색기술 인프라 구축 등의 전략하에 27개 중점

10대 산업	핵심전략기술, 제품
디지털 TV/방송	방송시스템, DTV, DMB, 셋톱박스, 복합기기
디스플레이	LCD, LED, PDP, 유기EL, 3D, 전자종이, 관련 소재
지능형 로봇	가정용 서비스로봇, IT기반 서비스로봇, 극한작업용 로봇, 의료지원용 로봇, 인공지능 등 원천기술
미래형 자동차	지능형 자동차, 친환경 자동차, 지능형 교통시스템
차세대 반도체	차세대 메모리, SoC, 나노전자소자, 관련 소재
차세대 이동통신	4G단말기 및 시스템, 텔레매틱스, 신호처리 및 해석기술, 전광통신기술
지능형 홈네트워크	홈서버/홈게이트웨어, 홈 네트워킹, 지능형 정보가전, 유비쿼터스 컴퓨팅
디지털콘텐츠/SW솔루션	디지털컨텐츠 제작, 이용, 유통 시스템, 문화컨텐츠, 임베디드 SW, 지능형 종합물류시스템 GIS/GPS기술, 지능형 종합물류시스템
차세대 전지	2차전지, 연료전지, 수소에너지, 관련 소재
바이오 신약/장기	신약, 바이오장기(장기복제, 이식), 바이오칩, 영상진단기기, 실버의료기기, 노질환치료 및 뇌기능활용, 면역기능제어, 지능형약물전달시스템, 유전자치료, 유전자활용 신종자, 유용단백질

〈표 2-6〉 10대 차세대 성장동력사업
(출처: 국가기록원, '10대 차세대 성장동력사업' 항목에서 정리)

육성기술에 대한 전략적 투자 방향을 밝혔다.

이와 함께 녹색기술산업, 첨단융합산업, 고부가서비스산업 등 3대 분야에서 17개의 신성장동력 분야를 도출하고 단기·중기·장기별로 차별화된 발전전략을 제시하였다.

3대 분야	17개 신성장동력
녹색기술산업(6)	신재생에너지, 탄소저감에너지, 고도 물처리, LED 응용, 그린수송시스템, 첨단그린도시
첨단융합산업(6)	방송통신융합산업, IT융합시스템, 로봇 응용, 신소재·나노 융합, 바이오제약(자원)·의료기기, 고부가식품산업
고부가서비스산업(5)	글로벌 헬스케어, 글로벌 교육서비스, 녹색금융, 콘텐츠·소프트웨어, MICE·관광

〈표 2-7〉 이명박 정부의 신성장동력 분야
(출처: 국가과학기술위원회, 『신성장동력 비전 및 발전전략』, 2009.)

3) 기술집약형 중소기업 육성

기술집약형 혹은 혁신형 중소기업은 새로운 아이디어를 구현하여 탈추격 혁신을 추진할 수 있는 혁신주체이다. 또 대기업 중심의 혁신체제를 극복하고 혁신체제의 구성을 다양화하는 데에도 크게 기여할 수 있다. 추격체제에서 중소기업은 보호의 대상으로 인식되었지만 탈추격이 논의되면서 한국 경제의 시스템혁신을 위한 주체로 부상하기 시작했다.

기술집약형 중소·벤처기업의 육성정책은 국민의 정부 시절 '벤처기업 육성에 관한 특별조치법'이 발표되면서 시작되었다. 이 정책을 통해 육성된 벤처기업 수는 초창기 2,000여 기업에서 시작하여 2001년 말에는 1만 천 개까지 증가했지만 벤처 버블이 꺼지면서 급감했다. 그 후 다시 수가 증가하여 2005년에는 9,700여 개에 이르렀다. 벤처기업 수는 2006년에는 다시 1만1천여 개로 증가하였으며, 그동안 정부가 운영하던 벤처기업 인증제도도 민간이 운영하게 되었다.[14]

참여정부에 들어와 중소·벤처기업 육성정책은 혁신형 중소기업 육성전략으로 정책을 전환하였다. 혁신형 중소기업이란 기술 및 경영혁신을 통해 일반 기업보다 높은 부가가치를 창출하는 기업을 의미한다. 그동안 정부의 지원 시책에도 불구하고 전체 기업에서 차지하는 중소기업의 연구개발 투자 비중이 2001년 28.8%에서 2004년 20.9%로 감소하여 새로운 차원의 중소기업 기술혁신 지원정책이 필요했던 것이다. 혁신형 중소기업 육성정책에서는 성장·발전 단계별로 지원 방식을 차별화했다. 초창기 과제 발굴, 개발, 사후관리, 최종 판매 단계로 나누어 각기 다른 방식의 지원이 이루어졌다.

이런 정책은 중소기업의 진화 단계에 맞는 정책개발로 연결되었다. 이명박 정부에 들어서서 중소기업이 성장해서 중견기업으로 발전할 수 있도록 지원하는 중소·중견기업 육성정책이 시행되었다. 2011년 3월 산업발전법 개정을 통해 중견기업의 개념이 최초로 도입되었고 중견기업의 R&D에 대한 비중을 확대하고 해외 진출을 지원하는 시스템을 구축하는 시책이 추진되었다. 그리고 2014년에는 '중견기업 성장촉진 및 경쟁력 강화에 관한 특별법'이 만들어졌다.

또 중소기업과 대기업의 상생을 위한 방안이 제시되었다. 2010년 '동반성장위원회'가 설치되면서 대기업과 중소기업의 동반성장을 위한 상생사업이 추진되었다. 동반성장위원회는 중소기업 적합 업종을 지정하고 대기업 중소기업 협력사업을 진행되고 있다.

4) 지역혁신정책의 발전

지역혁신은 지역의 조건에 맞추어 기술혁신을 수행하여 지역발전과 함께 독특한 성격을 갖는 기술 궤적을 창출하는 기회를 제공한다. 지역혁신은 다양한 내용의 기술혁신 계기를 제공해주기 때문에 탈추격 혁신의 토대가 될 수 있다. 그동안 중앙정부 중심으로 획일적인 방향으로 진화해온 기술에 새로운 변화의 계기를 제공할 수 있다.

1994년 지방자치제가 본격적으로 실시되면서, 지역의 과학기술 잠재력을 개발하고 지역산업의 발전을 촉진하기 위한 지방과학기술진흥 시책이 추진되기 시작했다. 1990년대 후반에는 지방자치단체에도 과학기술 전담 조직이 설치되었다. 그리고 1999년에는 제1차 지방과학기술진흥종합계획이 수립되었다.

2000년대 들어 정부는 지방주도의 기술혁신과 균형발전을 위해 지방의 기술혁신역량 강화를 지원하였다. 이를 위해 중앙정부 연구개발예산 중 지방 지원 비율을 확대하였다. 지방대학을 지역발전의 핵심주체로 육성하고, 지방과학단지와 지역혁신클러스터를 육성하여 산·학·연 간 협력과 연계를 강화하는 정책을 추진하였다.

2004년 '국가균형발전법'이 제정된 후 지역혁신사업이 국가균형발전특별회계를 통해 본격적으로 추진되면서 지역혁신정책이 국가발전정책의 큰 틀 속에서 작동되기 시작했다. 이를 통해 대학의 우수한 인적자원과 기업의 사업화 능력을 결합하는 테크노파크사업과 지역 내 혁신주체들의 협력체제를 구축하는 '지역혁신체제사업'이 전개되었다.

한편 세계적인 혁신클러스터를 육성하기 위해 '연구개발특별구역'을 선정해서 지원하는 혁신클러스터 육성정책도 추진되었다. 연구개발특구는 과학기술지식의 창출, 이전 및 활용이 효율적으로 전개되는 연구개발 견인형 혁신클러스터라고 할 수 있다. 2005년 7월 대덕이 연구개발특구로 지정되었다.

이명박 정부에서는 기존 균형발전에 기초한 지역발전전략 패러다임을 광역경제권 단위로 확대하여 지역경쟁력을 강화하는 정책을 취했다. 대규모의 경제공간을 지역혁신의 단위로 설정해서 효율성과 경쟁력을 갖춰 지역발전을 촉진하는 것을 목표로 하였다. 형평성보다는 선택과 집중이 강조되었던 것이다.

이렇게 지역혁신을 활성화하기 위한 다양한 정책이 추진되었지만 중앙부처 재원에 대한 의존도가 높아 지역의 독립적인 정책 추진이 어려운 상황에 있다. 또한 중앙의 각 부처가 각개약진식으로 지역혁신정책을 추진하여 지역정책의 조정과 상호연계가 어려운 상황은 쉽게 해결되지 않고 있다.

5) 참여적 거버넌스 도입

탈추격 혁신은 다양한 관점과 실험을 필요로 한다. 기술혁신과 연구개발 사업 추진 시 소수 전문가 중심의 의사결정이 아니라 이해관계자와 시민사회의 참여를 통해 다양한 대안들이 숙의되고 검토될 필요가 있다.

추격체제는 고도로 집권화되고 일원화된 정책결정시스템을 구축했다. 때문에 해당 분야의 관료와 소수의 전문가들을 중심으로 정책이 입안되고 집행되었다.

참여정부에 들어와 시민사회의 참여 공간이 확대되기 시작했다. 국가과학기술위원회 위원으로 시민단체 대표 인사를 참여시켰으며, 과학기술혁신본부 인원의 20%를 민간 전문가로 충원하여 민간의 의견이 반영될 수 있는 체제를 구축하려고 했다. 또 R&D 예산의 조정·배분과 사업평가 과정에 각각 민간 전문위원을 참여시켜 기술 분야별로 심층 검토하도록 했다.

2003년 이후에는 '과학기술기본법'에 의거하여 기술이 가져오는 사회적 효과를 검토하는 기술영향평가 사업이 실시되었다. 2006년에는 기술영향평가 과정에 일반 시민들이 참여할 수 있는 '시민공개포럼'이라는 참여적 기술영향평가 방식이 새롭게 도입되었다. 이는 선진국에 근접하고 있는 신기술 분야 기술개발 과정에서 발생할 수 있는 기술위험들을 사전 검토하고 대응하는 활동이라 할 수 있다. 과거 추격 단계에서는 이미 어느 정도 기술위험이 통제된 기술을 선진국으로부터 도입하여 기술혁신을 수행했기 때문에 기술위험을 사전적으로 평가하고 대응하는 활동에 대해 큰 신경을 쓰지 않았다. 그러나 탈추격 단계로 이행하면서 몇몇 분야에서의 신기술개발과 그것이 가져올 수 있는 기술위험 및 부정적 효과를 자체적으로 검토하고 평가해야 하는 상황이 전개되고 있다.

6) 사회문제 해결을 지향하는 연구개발사업의 등장

삶의 질 향상을 지향하는 정책은 산업발전과 경제성장 중심의 추격형 혁신정책과 목표를 달리하는 탈추격형 정책이다. 2007년 제시되었던 '기술기반 삶의 질 제고방안'은 일정 기간 정체를 겪다가 이명박 정부 말기에 구체적인 사업으로 부활했다. 국가과학기술위원회는 '신과학기술 프로그램 추진전략'(2012)을 제시하고 2013년부터 사회문제 해결형 연구개발사업을 추진하게 되었다.

이 사업은 사회문제 해결을 핵심 목표로 하고 있다. 그리고 시민 참여형 사회문제 선정을 지향한다. 개방적 시민 참여 채널과 빅데이터 등을 활용하여 수요자 중심의 상시적인 사전 기획을 수행한다. 또한 기술개발만이 아니라 문제 해결을 위한 토탈 솔루션이 기획된다. 제도 개선, 인력 양성, 서비스 전달체계 구축 등 기술기획뿐만 아니라 제도기획을 함께 추진하는 것이다. 평가·관리에서도 과학기술 전문가뿐 아니라 인문사회, 경제 등 다

구분		AS-IS 기술 획득형	TO-BE 사회문제 해결형 프로그램
목적		• 국가의 경제발전에 초점을 둔 성장 중심	• 경제발전과 함께 삶의 질 향상을 추구하는 인간 중심
		R&D · R&BD → R&SD(Research & Solution Development)	
1차 목표		• 과학·기술경쟁력 확보	• 사회문제 해결
특징		• 기술융합 • 공급자 위주 연구개발	• 문제 해결형 융합* 　* 기술 + 인문사회 + 법·제도 • 수요자 위주 연구개발
단계별특성	기획	• 연구개발부서 중심	• 연구개발부서와 정책부서 협업 중심
	관리	• 연구개발 진도 중심 관리 　(Program Manager)	• 문제 해결 및 변화 관리 　(Solution Consultant)
	평가	• 논문·특허 등 연구 산출물 • 연구성과 실증·확산	• 재화나 서비스의 생산·전달, 인식 변화, 제도 개선 등을 통한 사회문제 해결 정도
중점 추진 단계		• 기술개발	• 사회문제 탐색 및 서비스 전달 시스템화

〈표 2-8〉 사회문제 해결형 연구개발 프로그램의 특성
(출처: 국가과학기술위원회, 『신과학기술 프로그램 추진전략』, 2012.)

양한 영역의 전문가가 평가주체로 참여한 개방형 평가를 지향한다.

기존 기술 획득 중심의 연구개발사업과는 확연히 다른 접근을 취하는 연구개발사업이기 때문에 새로운 추진체제와 일하는 방식을 구현하는 것이 사업 성공에 중요한 관건이 되고 있다.

3. 추격체제의 경로의존성

1) '선택과 집중'형 정책의 지속

1990년대 후반 이후 과학기술정책의 위상은 과거 그 어느 때보다 높아졌다. 그리고 모방에서 창조로의 전환, 삶의 질 향상과 같은 새로운 목표를 설정하여 정책의 고도화를 꾀했으며, 정책의 구성과 정책개발 과정도 체계화했다.

그러나 추격체제의 유산이 남아 있기 때문에 탈추격 혁신을 위한 정책의 경우에도 아직도 정부가 특정 분야를 선택해서 집중적으로 지원하는 '선택과 집중(targeting)' 방식으로 진행되는 경우가 많았다. 민주정부 하에서 정책 결정에서의 참여와 분권화를 지향하는 거버넌스(governance) 개념이 도입되었지만 집중과 통치라는 거번먼트(government)의 틀이 여전히 중요한 힘으로 작동하고 있는 것이다.

2000년대에 들어와 '국가혁신체제(계)'라는 개념이 정책의 키워드로 등장했지만, 여전히 정책은 전략과학기술 분야에 대한 자원 투입에 초점이 맞추어졌다. 과학기술혁신활동과 정책에 대한 시스템적 관점은 정책커뮤니티에 널리 받아들여지지 않았다. 과거 발전국가의 주요 정책수단이었던 전략산업, 전략기술의 선택과 집중이 여전히 중요한 정책으로 자리 잡고 있으며 혁신주체들 간의 관계와 상호작용 방식을 변화시켜 혁신체제를 고도화하는 정책은 상대적으로 낮게 평가되었다. 시스템을 변화시키는 정책은 그 효과가 나타나기까지 상당한 시간이 걸리고, 정책 내용의 가시성이 떨어져 언론과 시민사회의 주목을 받기 어려워 정책의 추진력이 떨어지기 때문이다.[15] 전략산업 육성이라는 이름은 바뀌었지만 새로운 성장동력 발굴이 가장 빛이 나고 많은 과학기술계 관계자들이 관심을 갖는 정책이었다.

이러한 선택과 집중형 정책은 대기업 중심의 혁신네트워크를 강화시키는 효과를 낳았다. 추격체제에서도 그러했지만 특정 산업이나 기술에 대한 선택과 집중을 통해 자원을 집중적으로 배분하는 정책을 추진할 때, 대기업은 그것을 책임지고 성공으로 이끌 수 있는 파트너였다. 단기적으로 성과를 내고 승진해야 하는 공무원의 입장에서는 이미 충분한 기술능력을 가지고 있는 대기업을 정책 파트너로 선정하는 것이 영리한 선택이었다. 중소기업을 협력 파트너로 삼았을 때 실패의 가능성이 높기 때문이다. 기술집약적 중소기업을 육성하기 위해 다양한 형태의 정책과 사업이 추진되었지만 이들이 여전히 혁신생태계의 주요 주체가 되지 못한 것은 이런 현실과도 관계가 있다.

선택과 집중형 정책 과정에서 특정 기술이 전략기술 분야로 선정되면 상당한 자원이 투입된다. 이 때문에 전략기술 선정을 둘러싸고 이해관계자들의 경쟁과 각축이 치열하게 전개되는 현상이 나타났다. 정권이 바뀔 때마다 새롭게 정의되고 등장하는 성장동력사업은 이런 측면을 잘 보여주고 있다. 참여정부의 차세대 성장동력 분야 선정 과정에서 부처들 사이에 격렬한 각축이 이루어졌다. 과학기술부, 정보통신부, 산업자원부 등 세 핵심 부서가 자신들이 추진하는 사업을 성장동력 분야로 넣으려고 했기 때문이다. 청와대가 조정하려고 노력했지만 그것도 쉽지 않았다. 이 과정을 겪으면서 노무현 대통령은 과학기술혁신정책의 조정 필요성을 절감하여 과학기술혁신본부를 만들었다.[16] 성장동력사업은 예산과 부처 위상과 관련되어 있기 때문에 각 부처는 필사적으로 분야 선정에 매달렸다. 그러나 이런 각축을 통해 사업이 성장동력 분야에 선정된다 해도 그것이 사업의 성공을 보장하는 것은 아니었다.

이러한 정치적 성격 때문에 전략기술도 정치적 지형 변화에 따라 부침을 겪게 된다. 이명박 정부에서 녹색기술이 성장동력의 핵심으로 부상했지만 정권이 바뀌면서 주변부 사업으로 축소된 것은 이런 현실을 잘 보여주고 있다. 새로운 궤적을 형성하기 위해서는 여러 실험을 통해 방향을 정하고 시행착오를 넘어서는 장기적 투자가 이루어져야 하는데, 정치 사이클에 따라 실제로는 단기적 지원이 이루어지는 상황이 만들어진 것이다. 선택과 집중 분야를 결정하는 핵심 주체가 바뀌면서 전략기술과 주요 영역이 수시로 바뀌게 되었다. 단기적으로 자원을 투입하여 기술을 모방했던 시기에 유용했던 선택과 집중 전략은 장기적 전망하에서 실험과 학습을 수행해야 하는 탈추격 혁신에서는 유효하지 않음에도 지속되고 있다.

선택과 집중 정책은 신기술을 둘러싼 과장된 담론을 낳기도 했다. 특정 기술에 대한 선택과 집중 정책은 다른 분야에 비해 차별적으로 자원을 배분하는 것이기 때문에 선정된 분야의 정당성을 높이기 위해 많은 상징과 수사가 동원된다. 신기술이 가져오는 경제적·사회적 효과, 그것을 통한 우리 사회의 문제 해결, 국가의 위상 제고 등에 대한 다양한 전망이 이루어진다. 이 과정에서 미래에 대한 이미지는 현재의 자원 획득을 위한 수단이 된다. '미래 전망에 대한 각축(contested futures)'이 이루어지게 된다.[17] 이런 활동이 적절한 토론과 검증을 거치며 논의된다면 사회의 열정과 자원을 동원할 수 있는 수단이 될 수 있다. 그러나 그렇지 않았을 때에는 신기술에 대한 비상식적인 열광 혹은 부정의 계기를 제공할 수 있다.

줄기세포와 관련된 황우석 사건은 왜곡된 전략기술개발의 담론 정치, 상징, 열망(그리고 절망) 등을 극단적으로 보여주는 사건이다.[18] 확립된 인간복제배아 줄기세포가 불치병을 치료하고 맞춤의료를 제공하며, 세계를 이끄는 기술이 될 수 있다는 검증되지 않은 담론 정치는 수많은 의혹에도 불구하고 많은 자원을 끌어당기고 정당성을 형성하는 논의가 되었다. 신기술에 대한 담론을 체계적으로 형성하

〈그림 2-13〉 차세대 성장동력 선정 과정에서 부처 간 갈등을 다룬 기사
(출처: "차세대 성장산업 선정하기도 전에… '골병'", 《서울신문》, 2003. 4. 29.)

고 검증하는 제도와 문화가 약했기 때문에 황우석의 연구와 주장이 중간에 토론·검토되지 못하면서 사태는 파국으로 치닫게 되었다.

2) 산업혁신에 포획된 정책

삶의 질 향상이 과학기술혁신정책의 의제로 부상하면서 참여정부 후반기부터 공공·복지를 지향하는 연구개발사업이 기획·집행되기 시작했다. 담론 수준의 정책을 넘어 새로운 목표를 지향하는 연구개발사업이 진행된 것이다. 그러나 사회정책 부처가 수행하는 환경이나 보건·복지 관련 연구개발사업의 경우도 부처의 임무이자 우선적 목표인 삶의 질 향상보다는

부차적 목표인 산업 육성 및 경쟁력 강화가 강조되는 경우가 많았다.

사회정책 부처들은 연구개발사업의 후발주자였기 때문에 연구개발사업 기획·관리·평가를 과학기술부나 산업부의 틀을 모방했다. 그것이 연구개발사업을 추진하는 모델이었기 때문이다. 연구개발사업은 사회정책 부처의 보건·복지·안전 문제 해결과 관련된 핵심 정책사업을 혁신하고 효과성을 높일 수 있는 수단으로서 고려되지 못했다. 그보다는 경제 부처 사업과 유사한 형태를 지니며 보건·복지·안전 관련 산업을 육성하는 사업으로 추진되는 경우가 많았다. 사회정책 부처의 연구개발사업과 정책사업은 서로 밀접한 관계를 형성하지 못했다.

환경문제 해결이 최우선 목표가 되어야 하는 환경기술개발사업의 사례를 보자. 〈그림 2-14〉에서 보는 바와 같이 제2차 환경기술개발종합계획의 최우선 목표는 세계 최고 수준의 환경기술 확보와 우수 환경기업의 집중 육성이었다. 환경과 관련된 가장 중요한 지속가능성 향상은 3번째 목표로 이야기되고 있지만 주요 전략에는 중요한 항목으로 반영되어 있지 않다. 환경문제를 해결하여 삶의 질을 높이고 지속가능성을 향상시키는 활동보다는 환경기술 고도화와 산업 육성에 초점이 맞추어진 것이다.

이런 상황을 벗어나기 위해서는 산업을 위한 연구개발 추진체제와는 다른 사회·복지문제 해결에 적합한 추진체제를 구축하는 것이 필요하다. 사회문제 해결에 초점을 맞추어 문제의 인식부터 기술개발, 서비스 전달까지 산업혁신과 다른 접근을 취하는 정책모델이 요청되는 것이다. 동시에 이런 혁신활동을 수행하고 정치적으로 지지하는 혁신생태계와 문화도 필요하다.

2013년에 시작된 사회문제 해결형 연구개발사업은 이런 상황을 반영해 새로운 사업 추진 방식을 구현하는 데 초점이 맞추어졌다. 그러나 이것이 현장에서 구체적으로 추진되는 과정에서 연구자나 공무원들은 기존의 방

■ 비전 및 목표

비전

기술이 선도하는 21세기 에코토피아[Eco-Utopia] 구현
- 녹색신경제 강국 도약 및 신 금수강산 회복 -

3대 목표

1. 전략적 기술개발 수행으로 세계 최고 수준의 환경기술 확보
2. 국제 기술경쟁력을 갖춘 우수환경기업 선별적 집중육성
3. 인간과 자연의 공생을 위한 환경 지속가능성 지표 개선

4대 핵심전략

| 1. 환경기술개발 투자 규모의 지속적 확대 | 2. 환경기술 인프라 선진화 | 3. 국제 경쟁 가능 전략적 환경기술개발 선택·집중 투자 | 4. 환경산업 발전 촉진을 위한 정책 강화 |

■ 핵심전략별 중점 과제

4대 핵심전략 추진을 위한 총 15개의 중점과제를 도출

환경기술기발투자 규모의 지속적 확대 — 2개 과제
- I-1 정부 환경기술개발 투자 비중의 선진국 수준 확대
- I-2 민간 부문의 환경기술개발 투자 확대 유도

환경기술 인프라 선진화 — 6개 과제
- II-1 국제 경쟁력을 갖춘 우수 환경전문기업 집중 육성
- II-2 환경산업의 수출전략 산업화 촉진
- II-3 수요지향적 환경기술 인력양성 및 활용
- II-4 환경기술 정보화 기반의 선진화
- II-5 환경기술개발 기반시설 강화
- II-6 환경기술 표준화 개발 확대

국제 경쟁 가능 전략적 환경기술개발 선택·집중 투자 — 4개 과제
- III-1 환경 기초연구 개발
- III-2 산업지원 환경기술개발
- III-3 지구 환경문제 국제규제 대응 환경기술개발
- III-4 공익기여 환경기술개발

환경산업 발전 촉진을 위한 정책 강화 — 3개 과제
- IV-1 투자효과 제고를 위한 기술기획·평가·산업화 제도 개선
- IV-2 산·학·연·관·민 협의강화를 통한 기술·산업·정책 연계체계 확립
- IV-3 조사 기획 및 정책연구 강화

〈그림 2-14〉 제2차 환경기술개발종합계획의 비전·목표·핵심전략·중점과제
(출처: 국가과학기술위원회, 『제2차 환경기술개발종합계획(안)』, 2008.)

식으로 연구개발활동을 추진하는 경우가 많았다. 기존의 관성을 극복하는 것이 쉽지 않기 때문이다.[19]

3) 추격형 정책개발체제의 유지

정책개발 과정에서도 추격 단계의 방식들이 계속해서 활용되었다. 전문가 중심의 단기·집중형 정책개발은 추격체제에서 정책을 개발할 때 효과적으로 활용된 방식이다. 이미 외국에 존재하고 그 효과 또한 알고 있는 정책을 한국의 조건에 맞게 수정하여 재빨리 개발·시행하는 방식들은 성공적인 결과를 낳았다.

탈추격 혁신정책을 기획하는 과정에서도 행정관료와 과학기술자, 연구개발사업 관리기관의 전문가들이 모여 각 주제별 작업반과 총괄위원회를 구성해서 매우 짧은 시간에 정책을 개발하는 방식이 활용되었다. 10년 이상을 전망하는 장기 비전과 기술로드맵, 5년의 기간을 대상으로 하는 과학기술기본계획, 개별 분야의 기술개발계획 등은 6개월 정도의 기획 작업을 통해 신속하게 작성되었다.

이러한 단기·집중형 정책개발 과정에서는 과학기술을 둘러싼 환경의 변화나 현재 한국 혁신체제와 과학기술 현황을 충분히 분석하고 기존의 정책 경험들을 평가하여 정책을 개발하는 과정은 생략되는 경우가 많다. 또 공청회 등을 열고 의견 조사들을 하지만 관련 이해당사자들이나 시민사회와 충분한 협의와 토론이 부족하며 다른 분야 정책과 과학기술정책을 연계하는 데에도 한계가 있다. 사회·기술시스템의 변화에 대한 전체적인 조망이 필요하지만 기술발전 중심의 정책 결정이 이루어진다.

단기·집중형 정책개발 방식은 새로운 이슈에 재빨리 대응할 수 있는 기동력과 속도를 가지고 있었다. 그러나 과학기술과 관련된 다양한 사회·경제적 요소를 고려하여 사회·기술시스템의 진화 방향을 이끌어가는 정책 패러다임을 만들고 그를 위한 세부 정책을 형성하며 혁신주체들 간의 합의를 도출해가는 탈추격형 정책 활동에는 적합하지 않다.

1990년대 후반 이후 과학기술정책 거버넌스에서는 눈여겨볼 만한 변화가 있었다. 다양한 주체들을 정책 과정에 참여시키려는 노력들이 시작된 것이다. 그러나 이것은 밑으로부터의 변화가 아니라 정부가 주도하는 위로부터의 개혁이었다. 민간과 일선 과학기술인이 정책 과정에 참여하는 기회가 제공되었지만 '정책의제 형성(agenda setting)'에는 큰 영향을 미치지 못했다. 여러 정책 문제 중에서 긴급히 다루어야 할 주요 정책의제와 정책의 기본 방향은 정부가 결정하는 경우가 많았다. 민간이나 과학기술 전문가들은 세부 정책을 구체화하거나 정책에 대한 피드백 과정에서 주로 참여했다.

또한 2001년 과학기술기본법이 제정되면서 시민 참여를 활성화할 수 있는 근거가 마련되어 시민 참여가 보장되는 개방형 정책 과정이 도입되었지만 아직은 맹아 단계이다. 참여정부 출범 이후 전문가 그룹이 주도하던 기술영향평가사업을 일반 시민에게 개방하고 기술위험에 대한 사전적 평가들이 이루어졌지만, 형식적인 면에 그치는 경우가 많았다.

이처럼 새로운 시도들이 도입되었지만 과거의 유산으로 인해 실제 과정은 아직도 과거의 틀을 그대로 답습한 경우가 많았다. 제도는 과거의 방식에 고착되는 특성이 있기 때문이다.

4. 성과와 한계

1990년대 후반 이후 현재 한국의 과학기술정책은 정책 영역이 확장되고 위상이 높아지는 등 새로운 모습들을 보여주고 있다. 그리고 이제는 외국 기술의 모방이 아니라 새로운 발전 궤적을 창출하는 탈추격형 전략을 명시적으로 주장하고 있다. 앞서 논의한 탈추격기 과학기술정책의 기본 관점, 특성, 성과, 한계 등을 요약하면 아래와 같다.

주요 요소	과학기술정책의 변화 내용
혁신을 바라보는 관점	• 시스템적 관점 도입, 그러나 선형 관점, 전략분야 선택과 집중(targeting) 논리 병존
정책 목표	• 경제성장, 삶의 질 향상, 녹색성장 등으로 확장
정책의 영역	• 타부처 정책과 연계되면서 과학기술정책의 포괄 영역 확대
정책의 주요 주체	• 행정관료, 소수의 전문가에서 기업계, 시민단체, 민간전문가를 포함하는 다양한 집단으로 확대되는 모습이 나타남. 그러나 여전히 정부가 주도
성과	• 과학기술정책의 위상 향상 • 창조형 혁신체제의 지향 • 삶의 질, 지역개발 등을 포괄하는 통합적 혁신정책의 등장 • 과학기술정책의 거버넌스 변화 시작
한계	• 발전국가의 유산으로 국가혁신체제나 거버넌스 개념들이 정책에 반영되고 제도화되는 것이 지체 • 단기·집중형 태스크포스팀 방식의 정책개발과 지나친 부처간 정책경쟁

〈표 2-9〉 탈추격기 과학기술정책의 특성·성과·한계
(출처: 송위진, "2000년대 한국의 과학기술혁신정책: 창조와 통합의 지향", 『과학기술학연구』 9-2, 2009, 23쪽의 내용을 일부 수정)

현재 한국의 과학기술혁신주체들은 변화의 필요성을 인식하고 새로운 시스템을 구축하기 위해 노력하고 있다. 추격형 전략이 한계에 부딪히게 되면서 과거의 방식으로는 안 된다는 인식이 등장하고 있다. 이에 대응하기 위해 혁신활동을 시스템으로 접근하여 기술보다는 시스템의 개선을 주장하는 혁신체제론의 도입, 경제성장과 삶의 질을 동시에 추구하는 목표의 다양화, 시민 참여의 기회 확대, 과학기술과 사회의 다른 분야를 연계하는 통합형 혁신정책이 도입되고 있다.

  그러나 앞서 살펴보았듯이 과거의 유제들이 아직도 힘을 발휘하여 과거의 요소와 새로운 요소가 갈등하고 경합하는 상황이 전개되고 있다. 여전히 선택과 집중은 핵심적 의사결정 원리가 되고 있으며 정부가 정책의 의제와 방향을 이끌어가고 있다. 그리고 경제성장 중심의 정책이 주를 이루고 있으며 전문가 중심의 정책개발이 이루어지고 있다.

  새로운 단계로 접어들고 있는 과학기술정책이 안착하기 위해서는 일하는 방식의 변화와 새로운 문화가 필요하다. 이것은 한순간에 얻어지는 것이 아니라 명확한 비전하에 다양한 실험과 정책 학습을 통해 확보되는 것이다. 이를 이끌어갈 수 있는 전환적 리더십이 요구되고 있다.

제4장

과학기술과 시민사회의 새로운 만남

산업화를 거치며 한국 사회는 고도 과학기술사회가 됐다. 우리 생활 세계에 과학기술은 곳곳에 녹아 있다. 사회는 인간관계로만 구성된 것이 아니라 기술과 결합된 '사회·기술시스템'으로 존재하고 있다. 시민들의 삶과 연결되어 있기 때문에 과학기술은 정치·경제·사회·문화·복지·환경의 모든 문제와 관계되어 있다. 과학기술은 이제 '사회 속의 과학기술'이 되었다.

1990년대 후반 이후 과학기술과 시민사회의 관계에서도 새로운 모습이 등장하기 시작했다. 과학기술의 발전 방향을 탐색하는 과정에서 시민사회가 참여하여 사회적 효과를 검토하는 기술영향평가제도가 도입되고 생명윤리심의위원회에 시민사회의 참여가 이루어지기 시작했다. 또 방사성 폐기물 저장시설을 둘러싼 부안 사태나 미국산 소고기 수입에 반대하는 광우병 사태와 같이 시민들이 직접적이고 조직적인 방식으로 기술위험에 대해 의견을 표출하는 양상도 나타났다. 기술의 사회적 수용이 중요한 정책 문제로 등장한 것이다. 또 다른 한편으로는 과학기술을 둘러싼 시민사회의 열망과 동원이 황우석 교수 사건에서 1등을 지향하는 애국주의로 나타났다. 추격체제에서는 살펴볼 수 없었던 현상이다. 이 장에서는 이런 새로운 현상이 갖는 의미와 한계를 논의할 것이다.

1. 새로운 과학기술—시민사회 관계의 등장

1) 과학기술 관련 국가위원회에의 시민 참여

추격 시대에 과학기술과 사회의 관계는 계몽주의에 입각해 있었다. 시민사회는 과학기술을 잘 모르기 때문에 계몽의 대상이었으며 근대인이 되어 국가사회발전에 기여하기 위해 과학기술지식을 무장해야 하는 동원의 대상이었다. 과학기술계의 구호로 널리 사용되었던 '전국민의 과학화'라는 표현에서 이런 특성이 잘 나타나 있다. 그러나 민주화가 본격적으로 진행되고 이를 반영해서 1990년대 말부터 과학기술활동에서도 시민사회의 참여가 이루어지기 시작했다.

우선 과학기술 관련 장기 비전을 전망하는 국가과학기술위원회, 국가에너지위원회, 국가생명윤리위원회 등에 시민사회 대표자들의 참여가 제도화되기 시작했다. 그리고 에너지기본법, 생명윤리 및 안전에 관한 법률 등에서는 시민사회 참여의 필요성을 인정하고 시민단체가 주요 이슈나 장기 발전 비전을 검토할 수 있는 공간이 마련되었다.

구분	국가과학기술위원회	국가에너지위원회	국가생명윤리심의위원회
해당 법률	과학기술기본법	에너지기본법	생명윤리 및 안전에 관한 법률
규정	과학기술에 관한 전문 지식 및 경험이 풍부한 자 중 위원장이 위촉하는 자	• 위촉위원은 에너지분야에 관한 학식과 경험이 풍부한자 중에서 대통령이 위촉하는 자 • 위촉위원에는 에너지와 관련된 시민단체에서 추천한 자가 5인 이상 포함되어야 함	• 종교계·철학계·물리학계·사회과학계·법조계·시민단체 또는 여성단체를 대표하는 자 중에서 대통령이 위촉하는 7인 이내의 자
시민 참여 위원	참여연대 (활동기간 2005. 8-2007. 8)	• YMCA전국연맹사무총장 • 소비자문제를 연구하는 시민의 모임 회장 • 환경정의 공동대표 • 녹색소비자연대 상임위원장 • 한신대학교 교수 (활동기간 2006-2008)	• 법무법인 대표 변호사 • 국민대학교 교수 • 여성민우회 사무처장 • 신부 • 한양대학교 교수 • 서울대학교 교수 (활동기간 2005. 4-2008. 4)

〈표 2-10〉 3개 국가위원회의 시민 참여 현황
(출처: 장영배·한재각, 「시민참여적 과학기술정책 형성 발전방안」, 과학기술정책연구원, 2012, 58쪽에서 일부 수정)

이렇게 과학기술 관련 주요 위원회에 시민사회가 참여할 수 있는 기회가 열렸지만 정부와 시민사회는 이를 효과적으로 추진할 수 있는 틀과 갈등 관리능력이 부족했다. 국가과학기술위원회와 국가생명윤리심의위원회의 경우 시민사회의 대표가 참여했지만 그 활동은 소극적이었고 참여의 당위성을 보여주는 데 그쳤다. 시민사회의 관점에서 과학기술의 장기 발전 비전을 제시하고 현안에 대해 의견을 개진하고 반영하는 데에는 어려움이 있었다.

국가에너지위원회의 국가에너지기본계획 작성 과정에서도 시민사회단체가 적극적으로 참여할 수 있었다. 그러나 계획 작업이 진행되는 과정에서 정부와 시민사회의 갈등이 심화되면서 시민단체 위원들이 철수하는 양상도 나타났다. 정부는 절차적인 정당성을 갖기 위해 시민 참여 과정을 형식적으로 활용했고 시민사회는 시민사회의 의견을 종합하는 방법, 시민사회의 대표성 확보 방법 등에서 충분한 경험이 없었기 때문에 소기의 성과를 거둘 수 없었다.[1]

장기 비전을 제시하고 핵심적 현안을 다루는 과학기술 관련 위원회에서 시민사회 참여의 공간이 확대되었지만 절차적 정당성에 초점이 맞추어졌다. 실체적인 참여와 그것을 통한 과학기술계와 시민사회의 공동 작업은 상당히 미흡한 상태다.

2) 시민 참여형 제도와 혁신활동

기술영향평가(Technology Assessment: TA)는 기술이 도입·확산되면서 나타날 수 있는 사회에 대한 긍정적·부정적 영향을 사전에 평가하는 활동이다. 이를 통해 부정적 영향은 최소화하고 긍정적 영향은 극대화하는 것을 지향하는 정책수단이다. 기술영향평가는 크게 두 가지 유형으로 구분된다. 하나는 1970년대 미국에서 발전한 전문가 중심의 기술영향평가로서 관련 분야 전문가들이 모여 기술의 사회적 영향을 평가하는 것이다. 다른 하나는 1990년대 유럽 지역에서 제도화된 것으로서 일반 시민들이 참여하여 기술이 가져오는 효과를 숙의하고 평가하는 것이다. 이 유형은 일반 시민이 전문가와 함께 기술의 영향에 대한 사회적 토론과 학습을 수행하여 합의를 이끌어가는 것을 목표로 하고 있다.[2]

한국의 기술영향평가는 공식적으로 2003년에 시작되었다. 기술영향평가는 과학기술기본법에 그 근거를 두고 있다. 물론 그 이전에도 시민사회 단체 중심으로 비공식적인 기술영향평가가 진행되었다. 이런 활동이 기반이 되어 기술영향평가의 제도화가 이루어졌다. 2006년에는 전문가 중심의 영향평가를 넘어 시민사회가 참여하는 포럼을 개최하여 시민 참여를 위한 돌파구를 열었다. 사회적으로 큰 효과가 있는 기술을 선정하여 그것이 가져올 수 있는 부정적·긍정적 효과를 사전적으로 점검하는 활동을 전문

가만이 아니라 시민사회도 합의회의나 시민배심원제와 같은 형식으로 수행하게 된 것이다.[3]

기술영향평가가 공식적인 제도로 도입된 것은 계몽적 접근이 주를 이루었던 과학기술과 시민사회 관계에서 보았을 때 매우 이례적인 사건이라고 할 수 있다. 그리고 선진국과 비교할 때에도 법적 근거를 가진 제도의 도입이 빠르게 이루어졌다. 어떤 의미에서는 다른 곳에서는 전례를 찾아보기 힘든 탈추격적 현상의 하나라고도 해석할 수 있다.

이렇게 전향적인 제도 도입이 이루었지만 기술영향평가가 가져온 효과는 크지 않았다. 과학기술기본법에 따라 제도가 시행되었지만 그 결과가 다른 부처에서 이루어지는 정책 결정이나 연구개발사업에 반영되는 데에는 한계가 있었다. 각 부처로 기술영향평가 결과가 보고되고 그에 따라 관련 정책의 개선이 요구되었지만 문서 활동에 그쳤다. 그리고 기술영향평가 결과를 바탕으로 다양한 사회적 토론과 시민사회의 학습이 이루어지는 것이 중요한데 이 점에서도 기술영향평가는 소기의 성과를 거두지 못했다. 그것이 사회적 의제로 발전되지 못하고 기술영향평가 사업으로 그친 것이다.[4]

연도	대상기술	주요평가결과	특징
2003	NBIT 융합기술	• NTBT 융합기술로의 연구개발 편중현상과 나노 격차로 인한 사회적 불평등 문제 발생 가능	• 영향평가 최초시행
2005	RFID/ 나노	• RFID: 프라이버시 침해 등의 부작용도 예상되므로 개인정보 보호를 위한 기술개발과 제도 구축 등의 보완책 강구 필요 • 나노: 나노입자의 인체흡입 등 생산 및 연구현장에서의 안전성 문제 우려	• TA 전 과정과 위원회 활동내역 온라인을 통해 공개
2006	줄기세포 치료기술/ 나노소재/ UCT	• 줄기세포: 연구자에 대한 윤리교육과 관련 자료의 국가적 DB구축, 응급임상의 관리강화 등 필요 • 나노소재: 나노소재 규격화 및 인증을 위한 평가기준이 필요하며, 나노기술영향평가센터 설치에 대한 면밀한 검토 필요 • UCT: 개인정보보호법 제정이 시급하며, 사회 전반적으로 적용될 수 있는 보안모델 필요	• 대상기술 선정위원회에 대상기술 선정을 위임 • 시민공개포럼을 개최하여 참여형 TA 수행 (UCT)

2007	기후변화 대응기술	• 신재생에너지기술: 에너지 공급체계가 자원 중심에서 기술 중심으로 바뀜에 따라 산업구조 변화와 신산업 창출 예상 • 기후변화적응기술: 기후변화로 인한 피해는 취약성에 따라 국가 간 파급효과가 다르게 나타나며 현재 예측보다 빠르고 심각할 수 있으므로 지속적 기술 개발 필요	• 정책 제언에 부처별 역할 제시
2008	국가재난 질환 대응기술	• 연구기반 인프라 확충 필요, 백신 및 치료제 비축, 위험인식에 대한 대국민 소통 전략 수립, 토양지하수 오염 및 향후 매몰지 부족 등 환경문제 개선 • 민관협력을 통한 재난질환 대응체계 강화	• 시민단체에 위탁하여 참여형 TA 수행 (시민배심원회의)
2011	뇌로 움직이는 미래 세상: 뇌-기계 인터페이스	• 사회적 공감대 형성을 위한 소통 강화, 개인 뇌 정보 등 프라이버시 보호를 위한 선제적 대책 마련 • 임상시험 가이드라인, 기관윤리위원회 심의 등 기술 개발 과정에서의 윤리성 및 안전성 확보 • BMI 제품, 콘텐츠의 안전성 확보 및 오남용, 독점 등 방지를 위한 국가 차원의 기준 마련	• 미래 불확실성을 고려한 시나리오 기법을 활용하여 평가 • 이슈토론 중심의 '시민포럼' 개최
2012	세상을 보는 새로운 눈: 빅데이터	• 신뢰성 있는 빅데이터 허브를 운영하고, 공공 데이터의 공유·연동 확대 추진 • 빅데이터 관련 핵심기반 기술 국산화와 빅데이터 분석 전문 인력 및 활용 인력 양성 추진 • 빅데이터 환경에 적합한 개인정보보호 법제도와 기술적 기반 마련	• 시민참여 확대를 위한 온라인 의견 창구 운영

〈표 2–11〉 기술영향평가 대상 기술
(출처: 국가과학기술위원회 운영위원회, 『2013년도 기술영향평가 결과』, 2014.)

    기술에 대한 성찰을 넘어 대안적 기술을 개발하는 시민 혁신활동도 등장하였다. 시민발전소 사업은 시민 스스로가 주인이 되어 대안적인 기술 시스템을 형성하는 사업이다. 시민발전소(2000년 설립)는 "시민들의 출자로 태양광 발전기를 설치하고 전기를 팔아 운영하는 발전소"이다. 시민발전소의 목표는 시민들이 자발적으로 재생에너지 생산에 참여하기 위한 것이다.[5] '에너지 전환'과 같은 시민단체가 주도한 이 운동은 시민발전소 구현에 필요한 제도적 장벽을 해소하는 활동도 동시에 수행하면서 새로운 기술시스템의 맹아를 형성하기 위해 노력했다. 이 과정에서 서울과 부산의 경우 지방정부가 시민발전소 운동에 필요한 행정적 지원을 제공하고 부지를 무상으로 제공하는 성과도 있었다. 그러나 시민발전소 운동은 정부의 재생가능에너지에 대한 발전차액제도[6]가 축소·변경되면서 어려움에 봉착하게 되었다. 새로운 대안적 기술개발을 지원하는 제도를 형성·발전시키는 데 시민사회의 정치력은 한계가 있었던 것이다.

3) 기술위험 관련 갈등의 폭발

추격 시대의 과학기술활동에 대한 지원 일변도의 흐름은 2000년대 들어와 변하기 시작했다. 과학기술이 가져오는 이익(good)만이 아니라 위험(bad)에 대한 시민사회의 관심이 높아지기 시작했다. 그동안 과학기술의 좋은 면만 봐왔지만 이제 과학기술이 가져오는 부정적 효과에 시민사회가 주목하기 시작했다. 그리고 위험한 기술을 도입하는 시도에 대해 촛불시위와 같은 방식으로 저항하면서 사회운동의 양상을 보이기 시작했다.

방사성 폐기물 저장시설 선정과 관련해서 지역사회의 강력한 저항이 이루어졌다. 2003년 7월 부안군의 방사성 폐기물 저장시설 유치 신청에 환경단체를 중심으로 한 주민들이 강하게 반발하면서 반정부 시위로 발전했다. 주민들의 시위가 군수 폭행과 등교 거부로 치닫자 정부가 부안을 부지선정 후보지에서 철회하면서 사태가 일단락됐다. 사태가 진정된 후 부안에서는 재생에너지를 중심으로 한 새로운 에너지 시스템을 모색하는 움직임이 나타났다. 원자력 발전에 대한 비판을 넘어 새로운 생활방식과 기술시스템을 모색하는 활동이 시민사회 중심으로 전개되었다.[7]

광우병 사태도 유사한 양상을 보여주었다. 2008년 봄 대한민국을 뜨겁게 달구었던 광우병 사태는 잠재적 위험성이 있는 미국산 소고기 수입에 대한 시민사회의 문제제기에서 시작되었다. 광우병 사태는 특정 제품의 위험성에 대한 전문가나 정부의 인식과 시민사회 인식의 차이, 위험 문제가 있을 때 커뮤니케이션 문제, 정책 결정의 절차적 정당성 등 다양한 이슈를 내포하고 있었다. 그렇지만 추격체제의 방식처럼 정부와 전문가의 일방적인 커뮤니케이션이 전개되면서, 미국 소고기 반대운동은 학생, 주부, 시민 단체 등 다양한 계층이 참여하는 촛불시위로 발전했다. 시민사회와의 갈등이 폭발한 것이다. 결국 광우병 사태는 대통령 사과와 미국과의 재협상이라는 정치적 의사결정을 통해 갈등이 진정되었다.[8]

부안 사태와 광우병 사태는 위험성이 있는 시설과 제품을 도입할 때 이루어지는 위험 커뮤니케이션과 사회적 숙의 과정이 없었기 때문에 발생했다. 전문가나 정부는 새로운 시설과 제품의 위험을 충분히 통제할 수 있기 때문에 안전하다는 주장을 펼쳤다. 외국에서도 안전한 것으로 판명되었다고 주장했다. 그러나 시민사회는 그 위험의 가능성과 정도를 다르게 인식하고 있었다. 이런 괴리가 있음에도 불구하고 전문가와 정부는 일방적으로 기술도입정책을 강행하여 결국에는 시민사회의 강력한 저항에 직면하게 되었다. 많은 경우 기술위험은 과학기술지식을 통해 객관적으로 그렇다, 아니다라고 판단되는 것이 아니라 다양한 집단의 이해와 시각이 상호작용하면서 사회적으로 구성되고 협상되어야 하는 것이다. 기술을 둘러싼 위험 커뮤니케이션은 추격체제에서 그랬던 것처럼 여전히 일방적이었기 때문에 시민사회의 저항은 폭발했다.

〈그림 2-15〉 과학기술과 시민사회의 갈등: 부안군민들의 방사성 폐기물 저장시설 반대운동과 광우병 촛불시위
(자료: 《조선일보》, 2003. 11. 19; 에프엠코리아 http://www.fmkorea.com/176336270)

4) 탈추격의 열망과 애국주의: 황우석 사건

황우석 사건은 탈추격 과학기술활동에서 벌어진 충격적인 사건이다. 과학에서의 부정행위, 과학기술윤리, 대중의 과학기술 인식에 대한 여러 이슈를 민낯으로 드러내면서 한국 과학기술계와 시민사회의 취약점을 적나라하게 보여주었다.

1999년
- 2월 – 황우석, 한국 첫 복제소 '영롱이' 탄생 주장

2004년
- 2월 12일 – 황우석, 『사이언스』에 '인간복제배아줄기세포' 논문 발표

2005년
- 5월 19일 – 황우석, 『사이언스』에 '환자맞춤형 배아줄기세포' 발표
- 8월 3일 – 황우석, 세계 최초 복제개 '스너피' 탄생 발표.
- 11월 12일 – 피츠버그대 제럴드 섀튼 교수, 돌연 황우석과 결별 선언
- 11월 22일 – PD수첩, '황우석 신화와 난자 매매 의혹' 방영
- 11월 24일 – 황우석 교수팀, 난자 사용 시인 대국민 사과 및 공직 사퇴 발표
- 11월 25일 – PD수첩 광고 전면 중단
- 12월 5일 – 생물학연구정보센터(BRIC) 게시판 통해 줄기세포 조작 의혹 확산
- 12월 8일 – 서울대 생명과학 분야 소장파 교수, 진상 조사 촉구
- 12월 9일 – 『사이언스』, 황우석에게 연구결과 재검토 요구. 피츠버그대 조사 착수
- 12월 12일 – 서울대, 조사위원회 구성 착수
- 12월 15일 – 노성일 미즈메디 병원 이사장, "줄기세포 지금은 없다" 폭로 발언. PD수첩, '황우석 신화' 2탄 방송
- 12월 16일 – 서울대 조사위 조사활동 시작
- 12월 23일 – 서울대 조사위 중간조사 결과 발표. 2005년 논문 고의 조작 결론. 황우석 교수직 사퇴 표명

2006년
- 1월 10일 – 서울대 조사위, 최종 조사결과 발표 "체세포 복제줄기세포 없다"고 발표
- 1월 11일 – 검찰, 줄기세포 파문 본격 수사 착수
- 3월 30일 – 서울대, 징계위에서 황우석 파면
- 5월 12일 – 검찰, 사기·업무상 횡령·생명윤리법 위반으로 황우석 등 불구속 기소

〈표 2-12〉 황우석 사건 일지
(출처: 『동아사이언스 뉴스』, 2008. 9. 21에서 일부 수정)

2005년과 2006년 한국을 뒤흔든 황우석 사건은 논문 조작과 관련된 것이었다. 황우석 교수는 세계 최초로 인간복제배아 줄기세포를 확립하고 『사이언스』에 그 결과를 게재했다. 복제와 줄기세포에 대한 일련의 연구로 황우석 교수는 우리나라를 대표하는 과학자가 되었다. 그러나 황우석의

논문은 조작된 것이었다. 황우석 교수는 존재하지 않는 줄기세포가 있다고 실험결과를 조작하는 연구 부정행위를 했다. 후에 내부 고발자와 젊은 연구자들에 의해 논문 위조가 발각되면서 황우석은 최고 과학자의 지위에서 나락으로 떨어졌다.

이 사건은 최첨단연구 수행 과정에서 나타날 수 있는 부정행위를 잘 보여준 사례다. 연구를 검증할 수 있는 전문가가 많지 않은 최첨단연구 분야에서 연구팀 간 경쟁이 심하고 연구성과에 대한 보상이 클 때 연구 부정행위가 나타날 가능성이 높다. 이것을 규율할 수 있는 시스템이 미비했기 때문에, 그리고 황우석 교수를 지지하는 당시 사회적 분위기 때문에 연구 부정행위가 드러나지 않고 상당 기간 지속될 수 있었다.

황우석 사건은 생명윤리의 측면에서도 심각한 문제를 제기했다. 황우석은 줄기세포 연구에 필요한 난자를 돈을 주고 구입하고 연구에 참여한 여성 연구원에게서 난자를 제공하도록 했다. 그러나 황우석 교수와 지지자들에게는 이런 윤리적 문제는 남보다 빨리 세계적 수준의 연구를 위해서는 용납될 수 있는 것이었다. 그리고 우리를 위해서는 개인의 희생이 어느 정도 감수되어야 했다. 세계 최고 수준의 성과를 내는 것이 중요하기 때문이다. 이는 시간을 정해놓고 목표 달성을 위해 과정상의 무리가 있어도 일을 추진해야 하는 추격형 혁신활동의 숨겨진 또 다른 모습이다.[9]

황우석 교수 사건은 과학기술과 시민사회의 관계에서도 독특한 양상을 보여주었다. 세계 최초로 줄기세포를 확립하고 '과학에는 국경이 없지만 과학자에게는 조국이 있다'고 설파하던 황우석 교수는 대한민국을 대표하는 지식인이었다. 과학기술계와 국민들은 그에 열광했다. 황우석 교수는 국가과학자로 추앙되었고 그의 연구에 많은 연구비가 배정되었다. 정치권 인사와 정부 인사들도 황우석 교수를 적극적으로 지원했다. 심지어 그의 줄기세포 배양을 기념하는 우표가 발간되기도 했다.

〈그림 2-16〉 인간 복제배아 줄기세포 배양성공 특별 기념우표: 2005. 2. 12 발행, 2006. 1. 11일 판매 중지
(출처: 우정사업본부, 2005, http://stamp.epost.go.kr 에서 검색)

문제는 황우석 교수의 윤리적 문제점과 논문 조작이 드러났음에도 불구하고 대중들이 그를 맹목적으로 지지하는 현상이 상당 기간 지속되었다는 것이다. 조작이 드러난 초창기는 물론 논문 게재가 철회되고 조작이 밝혀진 이후에도 황우석 교수를 열광적으로 지지하면서 황우석을 음모의 희생자로 보는 '황빠 현상'이 나타났다. 일련의 사건은 황우석 교수가 개발한 우리나라 기술과 특허권을 빼앗기 위한 음모 때문에 나타난 현상이고 국가와 민족을 위해 황우석 비판은 철회되어야 한다는 주장이 광범위하게 유포되었다. 민족주의와 애국주의를 견지한 대중들에게 논문 조작과 윤리 위반은 크게 중요한 일이 아니었다.[10]

시민사회가 과학기술에 대해 적극적인 문제를 제기할 때에는 보통 위험성이 있는 기술과 제품을 반대하는 양상을 보인다. 그러나 황우석 교수 사건의 경우에는 배아줄기세포 복제 기술과 그것을 개발한 황우석에 대해 시민사회의 열광적인 지지가 이루어졌다. 이는 항상 외국을 모방하던 이등국에서 이제는 세계를 선도하는 일등국이 되어야 하고, 될 수 있다는 민족주의적 감성과 추격 완성에 대한 열망에서 유래했다.

여기서도 과학기술은 일방적으로 전문가로부터 대중으로 전해져 민족적 기술의 이미지를 형성했고 대중들은 계몽됨을 넘어 자발적으로 그 기술을 위해 스스로를 동원하는 모습을 보였다. 성찰과 숙의보다는 열정이 폭발하면서 줄기세포와 황우석을 위한 일종의 대중운동이 조직화되었다. 추격 시기에는 과학화를 위해 국민들의 계몽과 동원이 이루어졌다면 탈추격형 과학기술에 대해 시민들 스스로 특정 기술과 과학기술자를 지원하는 동원이 이루어진 것이다. 추격 시대에는 국가를 통해 과학을 수용하

도록 동원되었다면 탈추격 시기에는 매스컴을 통해 증폭된 과학기술의 이미지가 일방적으로 시민사회에 전해졌고 민족주의적 담론에 힘입어 강력한 지지 활동이 나타나게 된 것이다. 동원의 주체는 추격 시대와 달랐지만 과학기술에 대한 성찰적 접근과 숙의가 부족하다는 점은 차이가 없다.

5) 과학기술계의 자기 돌아보기: 이공계 위기론

시민사회와의 관계에서 수동적인 대응을 해왔던 과학기술계가 적극적으로 자기 의견을 개진한 것은 이공계 위기와 관련된 이슈다. 이공계 위기론은 추격형 산업화를 이끌어온 이공계의 사회적 위상이 떨어져 좋은 인력들이 과학기술계에 가지 않기 때문에 과학기술발전과 국가발전이 지체된다는 것을 골자로 한다. 이 위기론을 통해 과학기술계는 과학기술인력에 대한 처우를 향상시키고 이들의 '사기를 진작'할 수 있는 방안을 사회에 요구하게 되었다.

이공계 위기론은 대학에서 이공계 기피 현상이 표면화되면서 시작되었다. 2001년 서울대 공대 및 자연대 입시에서 미등록자가 생기자 서울대 공대 교수들이 이공계 기피 현상에 대한 대책을 요구하면서 이슈화되기 시작했다. 1997년 외환위기를 거치며 그동안 안정된 직장이 보장되었던 과학기술인력이 실직하는 것을 목도한 학생들이 이공계보다는 직업 안정성이 있는 의대로 대거 지원하면서 나타난 현상이다. 이공계 기피 현상에서 시작한 위기 논의는 이공계 인력에 대한 사회적·경제적 보상 문제, 이공계 출신의 낮은 공직 진출 비율, 열악한 연구 및 교육환경 등을 다루면서 이공계 위기 담론으로 발전하였다. 이 위기론의 효과로 과학기술인 사기 진작을 위한 몇 가지 대책이 도입되었다. 병역혜택이나 과학기술인 공제회 등과 같은 대안들이 도입되었고 계속해서 새로운 지원 제도들이 모색되었다.

이공계 위기에 대한 문제 설정과 대책에서 나타난 시각은 과거 지향적이었다. 이공계에 대한 과거와 같은 직업적 안정성, 사회적 지지와 지원이 약화되고 있기 때문에 사기를 진작해야 한다는 논의는 경제성장을 위해 동원되던 추격기 프레임의 연장이었다. 어떤 의미에서 좋았던 추격기로 돌아가자는 논의로도 읽힐 수 있다.

이렇게 이공계 위기론은 추격 프레임에서 벗어나지 못했고 수험생들의 이공계 기피 현상이라는 대학에 한정된 문제에서 출발했다. 그렇지만 이슈가 진화하면서 과학기술계가 이공계라는 개념으로 다른 전문직과 차별화되는 자기 정체성을 검토하는 기회를 만들었다. 이공계의 사회적 역할은 무엇인지, 왜 이공계는 한국 사회의 주요 엘리트 집단이 되지 못하는지를 질문하는 계기가 되었다. 산발적으로 과학기술계 내에서 이야기되던 논의가 정책의제로 발전하게 되고 그를 통해 자신들을 되돌아보게 되었다.

그러나 이공계 위기론은 과학기술계의 정체성을 성찰하고 재정립하는 데에는 실패했다. 우선 이공계라는 범주에는 대학교수, 산업체 연구원, 정부출연연구소 연구원, 대학원생, 기술사 등 서로 이해관계가 엇갈리기도 하는 다양한 집단을 포함하고 있었다. 이 때문에 공통된 시각과 대안을 만드는 데에는 한계가 있었고 처우 개선과 관련된 파편적·대증적 접근이 주로 이루어졌다. 더 나아가 이들 전체를 포괄할 수 있는 과학기술활동이나 과학기술자에 대한 전향적 비전도 제시되지 못했다.[11]

이공계 위기론은 역사상 처음으로 과학기술계는 어떤 존재인가를 과학기술계 차원에서 그리고 더 나아가 사회적 차원에서 검토하는 계기를 만들었다. 추격형 기술개발과 경제발전에 동원되었고 그 과정에서 안정적 일자리를 보장받아온 과학기술계가 실직 사태를 겪으면서 우리는 누구인가

전문가들이 보는 이공계 위기 해법

■ **고영회** 대한기술사회 회장
"장학금 등 이른바 '사탕발림'으론 현재의 위기를 넘길 수 없다.
이공계 출신자의 사회적 지위 확보가 우선돼야 한다."

■ **권대봉** 고려대 교육학과 교수
"기업과 이공계 대학 간 협력을 활성화해야 한다. 이공계 인력을 재교육하는 비용을 선투자 식으로 대학에 투자하는 게 바람직하다."

■ **박윤식** 조지 워싱턴대 교수
(북미주한인대학교 교수협의회장)
"정부 고위직으로 갈수록 이공계 출신이 적다. 산업체 중역들이 개방직 등 정부기관에 진출할 수 있는 기회를 넓혀야 한다."

■ **유현숙** 한국교육개발원 연구위원
"초·중등학교 때부터 기초과학을 강화하는 내용으로 교육과정을 다시 짜야 한다. 수학·과학 과목을 잘 안 해도 대학에 갈 수 있는 현행 입시제도도 뜯어고쳐야 한다."

■ **이구환** 한국마이크로소프트(MS) 이사
"이공계에 대한 국가 차원의 혜택이 많아야 한다. 군대 면제, 등록금 혜택 등을 더 줘야 한다.
1970, 80년대에는 이런 혜택을 많이 줘 이공계가 인기있었다."

■ **이상훈** KT 기간망본부장
"윤종용 삼성전자 부회장, 진대제 정보통신부 장관 같은 대표적인 '이공계 모델'이 많이 나와야 한다. 일반인에게 인기 있는 '이효리'처럼 스타가 나와야 국민의 인식도 바뀐다."

■ **이용훈** 현대자동차 부사장
"공부 잘하면 법대나 의대를 가지 왜 공대를 가느냐는 이야기는 오래전부터 있었다.
힘세고 돈 버는 곳은 법조·의료계이기 때문이다. 옛날부터 내려온 사농공상 사상이 계속 남아 있다. 이제는 국민의 인식이 바뀌어야 한다."

■ **장석민** 한국직업개발원 선임연구원
"우리 사회는 기술인이 제대로 대접받지 못했다. 그렇다 보니 기술인의 자부심도 크지 않다. 국가 차원에서 기술직에 대한 획기적인 우대 정책을 펴야 한다."

〈그림 2-17〉 이공계 위기에 대한 해법
(자료: "[위기의 이공계] 4. 이공계 정책 해법은", 《중앙일보》, 2004. 7. 8.)

를 논의하고 처우 향상을 사회에 요구하기 시작한 것이다. 이공계 위기론은 사회 속의 과학기술자의 위상과 역할을 과학기술자 스스로, 또 시민사회가 성찰하는 계기를 마련했다. 그러나 그것이 과학기술자와 시민사회가 합의하는 새로운 이공계의 상을 정립하는 데까지는 가지 못했다. 그러다 보니 과학기술과 과학기술자에 대한 새로운 비전 제시보다는 과거보다 낮아진 사회적 처우를 보완하는 제도 개발에 초점이 맞추어졌다.

2. 추격체제의 경로의존성

1) 형식화된 시민 참여

앞서 살펴본 바와 같이 1990년대 후반 이후 과학기술정책 과정에 시민사회의 참여를 시도하는 다양한 활동이 이루어졌다. 실제로 과학기술 관련 국가위원회와 기술영향평가제도의 도입은 매우 전향적인 노력이었다고 할 수 있다. 이는 외국과 거의 같은 수준에서 첨단연구개발활동이 수행되는 탈추격형 연구개발에 대한 대응으로 볼 수 있다. 추격체제와 달리 탈추격 혁신에서는 신기술의 사회적 효과와 문제점을 기존 사례를 바탕으로 사전에 검토할 수 없기 때문에 그것을 전망하는 활동이 필요해진 것이다. 한국 사회 스스로 기술발전 전망과 그것의 사회적 효과를 논의해야 하는데 이는 과학기술자만으로는 이루어질 수 없는 일이다.

그러나 시민사회의 참여는 형식화된 측면이 많았다. 과학기술 관련 국가위원회에의 시민 참여와 기술영향평가제도의 시행을 통해 시민 참여의 절차적 정당성을 확보했지만 실제적인 정책 결정에는 큰 영향을 미치지 못했다. 정부와 전문가가 주도하는 정책 결정 과정을 일부 보완하는 수준의 역할만을 한 것이다. 정책 과정에 참여했던 시민사회 대표자들은 종종 불참을 선언하기도 했다. 기존 정책을 정당화하는 방안으로 시민 참여 제도가 활용된 것으로 파악했기 때문이다.

원론적 의미에서 시민 참여는 현장의 상황과 암묵지를 반영하는 과정으로서 기술개발 프로젝트의 현실 적합성을 높이는 역할을 한다. 더 나아가 직접 사용자의 의견을 반영하여 기술의 사회적 대응성을 높이는 기능도 한다. 그러나 2000년대 이루어진 시민 참여 활동은 이런 기능을 하지 못했다. 전문가 중심 의사결정 체제의 관성이 강했고 새로운 활동을 수행하는 데 필요한 지식과 인력, 하부구조가 부족했기 때문이다.

2) 추격 시대의 과학기술자 불러오기

이공계 위기 담론을 통해 나타난 과학기술자의 자기 정체성 확립을 위한 노력도 탈추격과 관련된 현상으로 이해할 수 있다. 1997년 외환위기 이후 과학기술자들의 해고 사태는 모방형 문제풀이 능력은 위기 상황에서 손쉽게 대체될 수 있다는 것을 보여준 사건이었다. 경제위기 상황에 직면하게 되면서 다른 활동과 크게 차별화되거나 핵심적이지 않은 모방형 문제풀이형 과학기술인력이 먼저 해고된 것이다. 이것은 지속적으로 확장되어왔던 추격형 과학기술활동이 한계에 도달했음을 알려주었다. 공무원이나 인문사회계 인력이 시키는 대로 주어진 문제를 푸는 소위 '공돌이'가 되어서는 사회적 대우와 인정을 받을 수 없다는 것을 보여준 것이다. 이에 대한 대응으로 학생들은 부모들의 판단에 따라 자영업의 성격을 띠며 지속적으로 자리가 보장되는 의대나 전문직을 선택하도록 했다. 이공계 기피 현상이 나타난 것이다. 기술기반 벤처가 하나의 돌파구로서 논의되고 여러 실험이 이루어졌지만 벤처도 버블이 꺼지면서 대안이 되지 못했다.

그러나 이런 상황에 대한 대응은 탈추격적이지 못했다. 과학기술자들이 다른 집단과 비교할 때 대체될 수 없는 독특한 능력을 가지고 있다거나 향후 탈추격 혁신에서 핵심적 역할을 할 것이라는 비전을 제시하지 못했다. 나빠진 사회적 인식이나 처우를 다시 원위치로 돌리고 보완적인 제도를 도입하는 쪽으로 초점이 맞추어졌다. 그리고 과학기술계는 여전히 추격 시대를 그리워하며 새로운 시대를 이끌어갈 수 있는 주체로서의 가능성을 보여주지 못했다. 자신의 정체성을 숙의하고 성찰하는 계기를 마련했지만 그것을 통해 발견한 자신은 추격 시대의 과학기술자였다.

3) 계몽주의와 일등주의

추격체제의 유제는 기술위험을 둘러싼 갈등 관리와 기술에 대한 애국주의적 열망에서 그대로 발현되었다.

과학기술과 사회와의 관계에서 일방향적이고 계몽주의적 관점은 기술위험 관련에서도 단선적인 의사소통 방식을 초래했다. 전문가가 판단하기에 안전하니까 새로운 기술과 제품을 수용하라는 주장은 기술위험에 대한 관심이 높아지고 정치·사회 분야에서 참여의 경험을 쌓은 시민사회에게는 받아들여지기 어려운 것이었다. 이로 인해 과학기술과 시민사회의 갈등은 빈번하게 발생했다.

반면 일등주의는 민족주의와 결합해서 과학기술에 대한 과도한 대중적 열정을 폭발시키기도 했다. 연구 부정과 함께 연구윤리를 위배한 황우석에 대한 대중(황빠)의 맹목적 지지는 추격체제의 일등에 대한 열망과 맥이

닿아 있다. 항상 추격하는 입장이었는데 황우석은 첨단기술 분야에서 일등을 한 것이다. 그렇기 때문에 일등을 하는 과정에서 나타나는 조그마한 흠결은 충분히 눈감아주고 받아들일 수 있다는 것이다.

일등에 대한 열망은 탈추격을 지향하는 것처럼 보이지만 실제로는 추격체제가 지향하는 최종 목표이다. 탈추격은 일등이 아니라 다름을 추구한다. 단선적인 발전의 기준이 아니라 다양한 궤적을 염두에 두면서 자기만의 차별화된 궤적을 지향하기 때문이다.

3. 탈추격 혁신과 시민 참여

추격형 혁신활동은 기술 획득에 초점을 맞추어왔다. 이미 다른 사회에서 활용되고 있는 기술을 모방해서 구현하는 전략을 취했기 때문에 기술혁신의 사회적 측면에 대한 깊은 고려 없이도 추격전략은 일정한 성과를 낳았다. 그러나 스스로 문제를 정의하고 새로운 기술 궤적을 형성해야 하는 탈추격 상황이 전개되면서 과거와는 다른 접근이 요청되고 있다. 해결해야 할 문제는 어떤 것인지, 문제 해결에 활용할 수 있는 기술은 무엇인지, 기술의 사회·경제적 효과는 무엇인지, 기술이 구현되는 사회적 맥락은 어떠한지에 대한 깊은 이해 없이 성공적인 기술개발이 불가능하다.

이런 혁신활동의 변화는 시민사회와의 소통을 필요로 한다. 더 나아가 시민사회와 함께 과학기술의 내용을 구성해가는 접근을 필요로 한다. 기술 중심의 접근을 벗어나 혁신의 사회적 맥락과 사용자의 잠재적 니즈를 파악해서 기술과 사회의 내용을 동시에 구성하는 활동이 필요하다. 사용자인 시민사회의 참여가 핵심적인 요소로 부상하고 있는 것이다.

한편 시민사회의 참여는 과학기술활동을 수행하는 과학기술자의 자기인식에도 변화를 가져올 수밖에 없다. 경제발전을 위해 필요한 기술을 획득하는 데 동원되던 집단에서 시민사회와 협의하고 사회발전에 기여할 수 있는 주체로서의 활동이 요구되고 있기 때문이다. 이는 사회 속에서 과학기술의 역할을 다시 생각하게 하고 과학기술자의 정체성에 대해 새롭게 접근할 것을 요청한다.

전통적으로 과학기술자는 그 사회의 비전과 전망을 고민하는 지식인 집단보다는 주어진 문제를 푸는 기능적 집단으로 파악되어왔다. 박성래 교수는 조선시대 과학기술활동을 주로 담당했던 중인들의 기능인적 성향을 '중인(中人) 의식'이라고 지적했다. 중인들은 사회의 주요 문제는 양반들이 고민하고 기술활동은 자신들이 담당하는 것으로 파악하면서 큰 고민 없이 주어진 문제만 풀면 되는 존재로 자신들을 규정했다. 현대에서도 이런 성향은 변화하지 않았다.[12]

그러나 탈추격형 혁신은 이제 기술만이 아니라 사회를 동시에 구성하는 활동을 요구하고 있다. 단순 문제풀이보다는 우리 사회의 미래를 전망하고 그것을 구성하는 임무가 과학기술자에게 부여되고 있다. 기능적 전문인이 아니라 한 사회를 이끌어가는 종합적 지식인으로의 전환이 필요한 것이다.

제5장
탈추격을 위한 과학기술정책

한국의 과학기술은 추격체제를 통해 성공했다. 추격체제는 당연하고 익숙한 일의 방식이고, 그것을 운영하는 하부구조도 잘 구축되어 있으며 혁신을 위한 인력과 자금 확보도 용이하다. 또 추격체제에 따라 일하는 것이 단기적으로 성공의 가능성도 높다. 다양한 정책과 경영담론에서 창조와 선도를 강조해왔지만 추격체제를 넘어야 한다는 위기감은 크지 않고, 필요성을 인지해도 그것을 넘어서기 어렵다. 추격의 경로의존성이 계속 강력한 영향력을 행사하고 있으며 이로 인해 탈추격 혁신이 기존 추격체제에서 전개되는 양상이 나타나고 있다.

그렇지만 추격체제의 성공을 가능하게 했던 국내외적 환경은 급격하게 변화하고 있다. 추격체제의 배경이 되었던 선진국에서의 기술 유입, 치열하지 않았던 외부의 경쟁시스템이 변화했다. 모방할 기술도 마땅치 않고, 기술도 이전받기 어렵다. 또 선택과 집중 전략을 통해 한국을 추격하는 여러 후발국이 약진하고 있다. 또 그동안 발전 과정에서 형성된 대기업-중소기업, 수출기업-내수기업, 기업-가계의 양극화 구조는 사회 통합을 약화시켜

많은 갈등을 유발하고 있다. 추격체제는 더 이상 지속가능하지 않다.

  탈추격 혁신을 효과적으로 수행하기 위해서는 추격체제를 벗어나기 위한 노력이 필요하다. 추격체제의 틀에서 탈추격 혁신을 수행하는 것이 아니라 새로운 시스템에 기반해서 탈추격 혁신을 전개해야 한다. 시스템혁신이 필요한 것이다. 이를 위해 기술혁신을 넘어 시스템혁신에 초점을 맞추고, 공급 중심을 넘어 수요 중심의 관점을 취하며, 폐쇄적인 네트워크에서의 각개약진이 아니라 개방적 네트워크를 바탕으로 통합적 접근을 취하는 정책이 요구된다.

1. 기술의 탈추격에서 시스템의 탈추격으로

1) 기술의 탈추격과 시스템의 탈추격

탈추격 혁신정책은 탈추격의 대상에 따라 '기술의 탈추격' 정책과 '시스템의 탈추격' 정책으로 나누어볼 수 있다. 그동안 한국의 정책은 기술의 탈추격에 초점을 맞추어왔다. 노벨상 수상, 세계 최초 개발, 최고 수준의 성능 구현 등이 정책의 목표나 성과로 이야기되었다.

  기술의 탈추격 정책은 독자적인 새로운 궤적을 형성하는 기술개발을 지원하는 정책이다. 앞서 논의한 바와 같이 이 정책은 정부가 특정 분야 연구를 지원하거나 전략기술을 선정해서 자원을 배분하는 방식으로 진행되었다. '신성장동력', '차세대 성장동력', '녹색성장' 정책에서 나타나는 바와 같이 새로운 영역을 설정하고 전략적으로 자원을 배분하는 정책이다.

  이 정책은 새로운 궤적을 형성하는 기술이 무엇이 될지, 선택된 기술이 사회에 뿌리 내릴지 매우 불확실한 상황에서 추진된다. 이 점에서 추격형 정책의 '선택과 집중 전략'과 차이가 있다. 추격형 정책에서는 선도자가 이미 기술을 구현했기 때문에 그것의 기술적·경제적 실현 가능성을 알고 선택해서 집중할 수 있다. 그러나 탈추격 정책에서는 실제로 구현 가능한지 사전에 알 수 없다. 누구도 해본 적이 없기 때문이다. 이런 상황에서 선택과 집중은 매우 불확실성이 높은 상황에서 특정 대안을 선택하는 활동이 된다. 따라서 실패할 가능성도 높다.

시스템의 탈추격 정책은 기술혁신이 이루어지는 시스템과 맥락을 변화시키는 정책이다. 추격형 혁신활동에 맞게 진화해온 기존 제도와 일하는 방식을 벗어나 새로운 탈추격형 제도와 일하는 방식을 형성하는 것이다. 기술의 탈추격 정책이 새로운 궤적을 형성하는 기술개발에 초점을 맞추었다면, 시스템의 탈추격 정책은 신기술이 개발·활용되는 시스템 구축에 중점을 둔다. 중견·중소기업이 주도하는 개방형 혁신네트워크를 형성하는 정책, 히든 챔피언이나 빠르게 성장하는 중소기업을 육성하는 정책이 이에 해당한다. 더 나아가 산업발전과 경제성장의 틀을 넘어 지속가능성, 사회 통합 등을 혁신체제의 목표로 설정하는 것도 시스템의 탈추격 정책이다.

그동안 과학기술정책에서는 기술의 탈추격이 중요했다. 시스템의 탈추격은 상대적으로 관심이 적었다. 그러나 탈추격 혁신이 보다 근본적으로 그리고 지속적으로 이루어지기 위해서는 기술의 탈추격과 함께 시스템의 탈추격이 이루어져야 한다.

시스템의 탈추격은 기술 변화보다 훨씬 어렵다. 추격형 체제를 구성하는 조직과 제도, 문화 등이 서로 보완성을 지녀 강력한 관성을 갖기 때문이다. 개별 제도의 변화만으로는 시스템혁신이 어렵다. 혁신주체들이 일하는 방식, 상호작용하는 방식, 새로운 주체의 형성 방식, 권력관계와 자원 배분

구조, 사회문화 등이 종합적으로 변화해야 한다. 그동안 탈추격 혁신을 위한 새로운 주체로서 벤처기업과 혁신형 중소기업의 활성화를 위한 수많은 노력이 있었다. 그러나 담보 위주의 금융제도, 대기업에 유리한 거래제도, 고급 인력의 대기업 집중, 첨단기술개발 중심의 대학과 정부출연연구소와 같은 제도 환경이 변화하지 않았기 때문에 성과를 거둘 수 없었다.

2) 지속가능한 시스템으로의 전환과 전환 관리

시스템혁신을 위해서는 혁신의 지향점과 그것으로 전환하기 위한 전략이 필요하다. 혁신은 무엇을 위해 이루어져야 하는지, 혁신은 어떤 방식으로 전개되어야 하는지, 결국 한국의 혁신체제, 더 나아가 사회·기술시스템이 무엇을 지향하고 어디로 갈 것인지에 대한 공동의 비전을 형성하는 작업이 필요하다.[1] 그리고 이 비전을 바탕으로 어떻게 시스템 전환을 할 것인가에 대한 전략을 짜야 한다.[2]

시스템혁신의 비전과 전략은 전문가나 정부가 일방적으로 결정할 수 있는 것이 아니다. 시스템을 구성하는 다양한 주체들이 모여서 숙의 작업을 통해 서로 합의할 수 있는 비전과 전략이 만들어져야 한다. 그렇지 않으면 소수 전문가의 문서 작업으로 그쳐 실행력을 가질 수 없다. 따라서 비전과 전략을 형성하기 위한 새로운 과학기술혁신 거버넌스가 필요하다.

현재 많은 이해당사자들이 합의할 수 있는 상위 수준의 비전은 '지속가능한 시스템으로의 전환(sustainability transition)'이다. 이는 에너지·환경의 위기를 극복하고 사회 통합을 유지하면서 경제적 성과를 얻을 수 있는 환경·사회·경제가 지속가능한 시스템을 구축하는 것이다.[3]

1987년 개최된 세계환경개발위원회(World Commission on Environment and

Development: WCED)에서 '우리 공동의 미래(Our Common Futures)'라는 브룬트란드(Gro Harlem Brundtland) 보고서가 발표된 이후 지속가능성은 국제사회의 주요한 사회·경제발전 목표가 되어왔다. 이 보고서에서 유명한 '미래세대가 그들의 요구를 충족할 수 있는 기반을 저해하지 않는 범위 내에서 현세대의 요구를 충족시키는 발전'이라는 '지속가능한 발전' 개념이 정의되었다. 2015년 9월 유엔 회원국들은 지속가능발전 목표(Sustainable Development Goals: SDGs)를 2016~2030년까지 달성하기로 한 발전 목표로 합의했다. 17개의 목표는 사회발전, 경제성장, 환경보존을 기본 줄기로 하고 있다. 지속가능성은 UN, OECD와 같은 국제기구를 비롯해서 많은 국가들이 지향하는 공존을 위한 시스템으로서 일종의 시대정신이 되고 있다.

추격 이후 저성장체제가 자리 잡고 사회 양극화가 심화되고 있으며 에너지 다소비형 산업구조를 가지고 있는 국내 상황에서도 지속가능성은 많은 사람들이 공감할 수 있는 방향이 될 수 있다. 추격체제와 같은 고성장 시스템이 아니더라도 에너지·환경문제, 사회 통합 문제, 일정 수준의 성장 문제를 조화롭게 풀어갈 수 있기 때문이다.

지속가능 시스템과 같이 혁신의 지향점이 정해지면 새로운 시스템의 맹아가 성장할 수 있는 공간을 강화하고 그것을 확산시키는 노력이 필요하다.[4] 그동안 새로운 정책을 통해 지속가능성을 지향하는 시스템혁신을 위한 기회의 창이 만들어지고 있다. 양극화 극복을 위해 대기업과 중소기업이 공생하면서 진화하는 '산업생태계'[5]에 대한 논의가 이루어지고, 연구개발 목표와 추진체제를 혁신한 사회문제 해결형 연구개발사업이 등장하고 있다. 기존 대기업 중심의 추격생태계, 패쇄적 혁신생태계, 경제성장 중심의 혁신체제를 넘어 탈추격 혁신을 위한 새로운 니치가 형성되고 있는 것이다. 전환은 한 번의 큰 정책을 통해 이루어지지 않기 때문에 니치를 잘 관리해서 새로운 시스템을 확산·확장하는 전략이 요청된다. 전환은 다양한 실험과 성공, 그에 기반한 사회적 정당성 확보를 통해 점차적으로 이루어지기 때문이다.

2. 공급 중심에서 수요 중심으로

1) 수요 중심적 접근의 필요성

추격체제에서는 공급 중심 정책이 중요했다. 기술이 어디로 갈 것인지, 수요의 내용은 무엇인지, 그 규모는 얼마나 되는지 알고 있었기 때문에 투입 증대만으로도 결과를 얻을 수 있었다. 자원을 집중 투입하여 빠르게 추격하고 우리의 조건에 맞게 개선하여 눈부신 성과를 거뒀다. 기술 획득과 공급을 통해 추격의 성공학을 구현할 수 있었다.

공급 중심적 관점은 탈추격기에도 계속되었다. 여기에는 과학기술활동을 제대로 수행할 수 있는 인력과 기반을 갖추면 산업혁신 선도국으로 도약할 수 있다는 믿음이 있었다. 이를 위해 자원이 계속 투입되었으며 한국의 과학기술 관련 투입은 비율상으로 세계 최고 수준에 근접했다. 2000년대 등장했던 기초·원천연구의 강조, 성장동력 정책은 이를 구현한 공급 중심적 정책이다. 탈추격 혁신을 위해 자원과 인력을 집중적으로 투입하여 기술지식의 공급을 확대했다.

그러나 이런 접근의 한계가 나타나고 있다. 산업혁신을 위해 많은 투입이 이루어졌지만 추격 시대와 같은 성과가 나타나지 않는다. 기술의 수준이 높아지고 공급이 확대되고 있지만 수요와 연결되지 않고 있다. 사회적 측면에서도 새로운 접근이 요구되고 있다. 그동안 산업발전을 중시한 정책 때문에 경시되었던 사회 영역에서 과학기술에 대한 요구가 분출되고 있다. 기후변화, 환경·에너지 문제, 보건·복지 문제 등 우리 사회의 도전 과제에 대해 과학기술이 응답하기를 바라고 있다.

이런 환경 변화는 과학기술을 공급이 아니라 수요 측면에서 보는 프레임을 요구한다. 사람들이 무엇을 원하는지, 개발된 기술이 사회 속에 어떤 과정을 통해 안착하는지, 우리 사회의 문제는 무엇이고 과학기술이 그것의 해결에 어떻게 기여할 수 있는지를 고민해야 한다. 수요를 구체화하고 그것을 충족시킬 수 있는 과학기술을 탐색하며 공급과 수요의 연계 고리를 확보할 필요가 있다. 지식과 인력, 자금의 공급을 넘어 사용자의 수요를 파악하고 사용자들의 참여를 이끌어내 공급자와 사용자를 연계하는 정책이 요구된다. 이는 탈추격을 위한 시스템혁신이 될 수 있다.

수요 중심의 접근을 한다고 해서 과학기술 공급을 경시하고 줄이는 것이 아니다. 수요가 제시하는 방향에 따라 산학연 주체가 제공하는 과학기술지식의 공급·활용 방식을 바꾸는 것이다. 수요 중심 접근의 특징은 수요 및 문제 해결과 연계해서 혁신활동을 기획·추진한다는 것이다. 연구개발사업의 경우도 기술 획득이 아니라 문제 해결을 위해 사업을 기획·추진하는 것이 필요하다. 이를 위해서 문제 해결을 중심으로 다양한 학문 분야가 서로 공동 작업을 수행하는 '융합연구(convergence research)', '초학제적 연구(trans-disciplinary research)'를 해야 한다. 융합을 위한 융합이 아니라 문제 해결을 위한 융합연구가 요청되는 것이다.

이런 유형의 융합연구, 초학제적 연구는 과학기술 분야 사이의 융합만이 아니라 인문·사회과학과의 융합을 지향한다. 또 전문가들만이 아니라 현장에서 지식과 정보를 축적한 '시민전문가(lay expert)'와의 융합연구도 요구한다.[6] 우리 사회의 고질적 문제(wicked problem)를 해결하기 위해서는 사회문제가 발생하는 현장에 대한 '종합적 이해'가 필요하기 때문이다. 예를 들어 고준위 방사성 폐기물 처리, 수명이 다한 원자로 폐로 등은 사회적 난제이다. 그렇지만 반드시 풀어야 할 문제이다. 이 문제는 기술만으로 해결될 수 없으며 과학기술·인문사회, 전문가·시민사회 지식과 경험의 융합이 필요하다.

만약 이런 접근을 통해 문제를 성공적으로 해결하면 그 대안은 새로운 기술 궤적을 형성하는 동력이 될 수 있다. 어려운 문제를 푸는 과정에서 수많은 기술과 인문·사회과학지식, 새로운 일하는 방식과 서비스가 개발되기 때문이다. 아직 가본 길은 아니지만 수요 기반 탈추격 혁신의 새로운 궤적을 개척할 수도 있다.

2) 사회문제 해결형 혁신정책의 강화

수요 중심의 접근을 통해 탈추격 혁신을 수행하기 위해서는 사회가 직면한 도전 과제를 해결하는 '사회문제 해결형 정책(Societal challenge-driven Policy)'이 필요하다.[7] 이는 기술혁신을 통해 우리 사회가 직면한 난제인 고령화, 양극화, 기후변화, 에너지·환경문제, 보건·복지 문제 해결을 추진하는 정책이다. 이 정책은 정책 목표와 추진체제가 추격체제의 그것과는 근본적으로 다르기 때문에 시스템혁신의 교두보가 될 수 있다.[8]

사회문제 해결형 혁신정책은 정책의 최우선 목표가 기술 획득·산업 육성이 아니라 사회적 도전 과제 해결이라는 점을 강조한다. 기존 정책이 기술·산업발전을 우선시했기 때문에 사회문제 해결형 정책 또한 관성에 따라 환경산업, 의료산업, 방재산업, 고령친화산업의 경쟁력 강화를 핵심 목표로 설정하는 경우가 많다. 그러나 기술과 산업이 발전한다고 사회문제가 자동적으로 해결되는 것은 아니다. 산업발전과 기술혁신이 보편적 사회서비스로 구현되지 않으면 사회문제 해결에 기여할 수 없다. 미국 보건의료 산업의 경쟁력은 세계 최고지만 그것이 보편적 의료서비스로는 연결되지 못하고 있다. 사회문제 해결을 위한 과학기술정책에서는 사회문제 해결이 최우선 목표며 산업발전은 그것을 달성하기 위한 수단으로서 문제 해결에 기여하는 방식으로 전개되어야 한다.

이 정책은 문제 해결에 초점을 맞춘 새로운 기획과 평가방식을 필요로 한다. 사회문제는 매우 복잡하며 이해관계가 얽혀 있는 경우가 많다. 사회문제에 효과적으로 대응하려면 문제를 정확히 정의하고 관련 사회집단의 관계를 종합적으로 검토하는 것이 필요하다. 이를 위해서는 기획활동이 기술기획을 넘어 사회문제와 기술을 통합적으로 접근하는 사회·기술기획으로 확장되어야 한다. 평가에서도 논문, 특허, 기술료와 같은 지표를 넘어 사회적 효과를 측정할 수 있는 지표를 개발·적용하는 것이 요청된다. 또한 기획·평가 과정에서 과학기술자만이 아니라 수요자의 참여가 필요하다. 실제 현장에서 문제에 접한 당사자나 문제 해결 활동을 수행하는 사회서비스조직, 시민단체, 비영리조직과 같은 주체가 참여하여 현장의 목소리를 과제 선정과 평가에 반영해야 한다.[9]

우리 사회가 직면한 고령화·양극화 문제, 에너지·환경문제, 감염병 대응 등과 관련된 안전 문제 해결을 위해서는 새로운 혁신생태계도 필요하다. 그동안 추격체제는 산업혁신생태계가 지배해왔기 때문에 이러한 사회문제 해결을 위한 사회혁신생태계는 취약한 상태에 있다. 맹아 단계의 사회혁신생태계를 활성화하기 위해서는 사회문제 해결을 수행하는 혁신주체로서 잠재력이 있는 사회적 기업과 협동조합의 혁신 능력을 높이고, 정부출연연구소나 대학에서 사회문제 해결을 목표로 하는 연구 단위를 확대해야 한다. 또 영리기업이 사회적 가치와 경제적 가치를 동시에 추구하는 '공유가치창출(creating shared value: CSV)'형 혁신활동을 적극적으로 수

행할 수 있도록 제도 개선이 필요하다.[10]

3) 수요 기반 신산업 활성화

산업 활성화를 위한 혁신활동도 수요부터 출발하는 접근을 할 필요가 있다. 사회문제 해결을 위한 혁신활동은 새로운 시장·수요에 기반해서 전개되는 탈추격 혁신이 될 수 있다. 기후변화, 에너지·환경, 보건·복지, 안전 등의 문제를 해결하기 위해 수행하는 혁신활동은 문제를 혁신적으로 해결하면서 새로운 산업의 기반을 형성할 수 있다. 새로운 에너지시스템 구축, 자원순환을 위한 시스템 개발, 고령친화 도시 형성, 공유경제에 기반한 지역사회 구축, 안전한 농식품 공급시스템 구축 등은 우리 사회가 직면한 도전을 해결하는 활동이면서 새로운 기술적 실험과 시장을 개척하는 활동이 될 수 있다. 여기에는 공공구매, 표준·인증과 같은 시장 형성 정책도 포함되기 때문에 정부가 기존의 공급정책 관련 수단을 넘어 새로운 수단으로 탈추격 혁신활동을 촉진할 수 있다.[11]

유럽연합에서 활용하고 있는 '선도시장전략(lead market initiative)'은 수요 기반 혁신과 관련된 다양한 정책수단을 통합적으로 활용하여 선도시장을 형성하고 경쟁우위를 확보하는 전략이다.[12] 이 전략은 공공적 성격을 지닌 환경·안전·에너지·복지 분야의 사회적 수요에 대응하기 위해 시장을 형성하기 때문에 사회문제 해결에도 기여하게 된다. 선도시장전략은 특정 기업이나 제품을 지정하는 방식으로 승자를 선택(picking winners)하는 산업정책이 아니다. 경제발전의 잠재력이 있는 시장과 영역을 파악하여 자원과 기술을 공급하는 정책이 아니라 시장 형성을 지원하는 활동이며 혁신적인 제품의 개발 및 실용화를 지원하는 환경 조성에 초점을 맞춘다.[13]

4) 사용자 참여형 혁신

수요에서 시작되는 혁신, 문제 해결형 혁신에서 가장 중요한 것은 사용자 요구와 수요의 맥락에 대한 이해다. 이를 위한 좋은 방법은 사용자를 혁신활동에 참여시키는 것이다. 그동안 사용자는 혁신활동의 객체로 파악되어왔다. 개발된 기술을 사용하는 주체로서 기술을 써보고 의견을 피드백하는 수동적인 존재였다. 그러나 수요 중심의 관점에서 사용자는 현장의 암묵지와 맥락에 대한 이해를 통해 수요를 구체화하는 능력을 가지고 있으며 더 나아가 혁신활동에 참여할 수 있는 적극적 주체가 된다.[14] 과학기술정책 과정과 혁신활동에 참여하여 의견을 개진하면서 혁신을 주도하는 (user-led innovation) 주체인 것이다.

사용자 주도형 혁신을 구현하기 위해서는 사용자를 위한 연구기반이 필요하다. 그동안 추격 과정에서 정부가 추진해온 연구기반사업은 기술공급자를 위한 시설·장비 등 하드웨어 구축에 초점을 맞추어왔다. 그렇지만 이제는 새로운 접근이 필요하다. 사용자의 참여와 그들의 생활 세계가 탈추격 혁신의 핵심 요소가 되고 있기 때문이다. 리빙랩(living lab)과 같은 사용자를 위한 연구기반 구축 활동이 본격적으로 추진되어야 한다.[15]

리빙랩은 도시와 농촌, 아파트, 실버주택과 같은 생활 세계에서 사용자와 산학연이 협력하여 새로운 기술을 공동으로 개발·실증하여 문제를 해결하는 공간이다. 여기서 사용자는 관찰 대상이 아니라 혁신활동에 적극적으로 참여한다. 사용자는 '참여형 설계' 교육을 받기도 한다. 리빙랩에서 실제 생활을 영위하는 사용자는 자신의 경험을 바탕으로 혁신에 대한 의견을 제시한다. 산학연은 그것을 시제품으로 구현하여 사용자에게 피드백한다. 리빙랩은 탈추격 혁신과 사회문제 해결형 혁신을 지원하는 기반임과 동시에 시민사회와 공간적·심리적으로 분리되었던 과학기술을 생활에서 구현하는 과학문화의 공간이 될 수 있다.

5) 기술위험 대응

탈추격 혁신은 또한 기술위험에 대해서도 새로운 접근을 필요로 한다. 추격 단계에서 개발했던 기술은 이미 선진국에서 널리 사용되던 것이었기 때문에, 기술개발 및 활용 과정에서 나타나는 기술위험 문제들이 상당 정도 해결된 상태에 있었다. 또 그 기술을 둘러싼 관련 규범과 표준, 기술위험의 내용, 안전기준과 수칙, 기술위험 대응방안 등도 이미 선진국에 존재하고 있었기 때문에 모방전략을 통해 확보할 수 있었다.

그러나 탈추격 단계에 들어서면서 새로운 문제가 발생하게 된다. 개발하고자 하는 기술의 개념이 명확하지 않으며 기술 사용 과정에서 발생하는 안전성 문제에 대해서도 해결책이 제시되어 있지 않은 경우가 많다. 또 새롭게 개발되는 기술은 사회에 처음 등장하는 것이기 때문에 그것과 관련된 안전기준, 표준, 기술위험의 양상 등도 정의되어 있지 않다. 기술과 함께 그것을 사용하는 데 필요한 사회제도들이 동시에 구성되어야 하는 상황인 것이다. 나노기술을 활용한 화장품과 가전기기들이 개발되고 있지만 그것이 널리 사용되기 위해서는 나노입자에 의한 위험의 양상, 안전기준과 안전성 확보를 위한 기술과 제도에 대한 설계와 사회적 합의가 필요하다.

3. 분화에서 통합으로

1) 통합적 접근의 필요성

탈추격 혁신은 통합적 접근을 필요로 한다. 새로운 문제를 해결하고 새로운 궤적을 개척하는 활동은 사회·기술시스템에 대한 종합적인 이해가 있어야 한다.

이 때문에 '통합형 혁신정책'이 중요한 정책 흐름으로 등장하고 있다. 앞서 이야기했듯이 과학기술정책은 과거와 같이 과학기술 분야에 한정된 부문 정책이 아니라 모든 정책 분야와 관련된 기반형 정책으로 진화하고 있다. 부문 정책에서 우리 사회 발전과 전환을 이끌어가는 경제·사회발전전략으로 부상하고 있다. 국가과학기술위원회와 같은 조정기구도 이런 이유에서 만들어졌다.

이런 노력에도 불구하고 과학기술정책과 과학기술활동에서는 각 주체별로 각개약진하는 모습이 강화되고 있다. 과학기술정책의 위상이 높아지고 정책의 중요성이 커지는 분야로 인식되면서 부처 간 정책개발 경쟁이 심화되고 있기 때문이다.[16] 추격체제에서 형성된 단기·집중형 정책개발 방식은 과학기술혁신 관련 부처들이 자기의 영역과 자원을 확대하기 위한 개념 선점과 정책개발을 뒷받침해준다. 각 부처는 정책개발과 집행을 위한 폐쇄적인 네트워크를 구축해서 정책을 개발·집행하고 있다. 이런 부처 간 경쟁은 과학기술이 적용되는 정책 영역을 넓히고 과학기술활동에 대한 자원 투입을 확대하며 관련 제도를 정비하는 데 기여했다. 그렇지만 이제는 수평적 네트워크를 형성하고 상호연계하는 것이 중요한 과제로 등장하고 있다. 국가과학기술위원회와 같은 조정기구가 이것을 위해 노력했지만 아직도 역부족 상태이다.

2) 연계·통합의 강화

여러 분야를 망라한 종합적 접근을 위해서는 정책 분야나 기술 분야별로 기술과 사회의 발전 전망에 대한 공동의 비전을 형성하고 사회·기술시스템의 변화를 전망하는 활동이 필요하다. 이를 위해 정부부처와 각 이해당사자가 공동의 작업을 할 수 있는 플랫폼을 구축해야 한다.

새롭게 설립된 국가과학기술위원회는 위상이 강화되었다가 해체되거나 축소되는 과정을 반복해왔다. 파편화되고 각개약진하는 과학기술활동을 조정·연계하기 위한 존재의 이유가 있지만 그것을 효과적으로 구현하는 방안이 미비하여 이런 상황이 나타났다고 할 수 있다.

연계·조정이 어렵다고 그것을 피하는 것은 문제 해결의 방법이 아니다. 정부부처 간의 연계와 통합을 강화하는 방안, 사용자와 과학기술계의 연계를 촉진하는 방안 등 탈추격기에 맞는 거버넌스가 요구된다.

여기서 특히 강조되어야 할 점은 과학기술과 그것을 활용해서 문제를 해결하는 분야 간의 연계와 통합이다. 과학기술과 환경문제, 안전 문제, 식품 문제, 교통 문제를 연계하기 위해 과학기술 부처와 사회정책 부처, 사회정책 부처 내부의 과학기술 담당부서와 사회정책 담당부서, 과학기술과 문제 영역에 있는 시민사회의 연계와 통합이 고민되어야 한다.

그동안 위원회 조직을 통해 강조되어온 연계와 통합은 과학기술 공급에 초점이 맞추어졌다. 부처들이 추진하고 있는 과학기술개발의 중복 회피 및 연계가 주요 관심사였다. 그러나 우리 사회의 문제를 해결하고 새로운 영역을 개척하기 위해서는 과학기술 공급과 수요의 연계와 통합이 중요하다. 통합과 연계는 과학기술과 사회의 영역에서도 이루어져야 하고 조정을 위한 정부조직도 이를 효과적으로 구현할 수 있어야 한다.

맺음말

1. 추격의 성공학, 탈추격의 실험학

이 책은 해방 이후 2010년대까지 60여 년에 걸친 현대 한국 과학기술정책의 전개 과정을 다뤘다. 짧다면 짧고 길다면 긴 기간을 거쳐 전개된 한국의 과학기술정책은 상당한 성공을 거두었고 다른 나라와 구분되는 독특한 특성을 지니게 되었다.

성공의 경험 때문에 한국의 과학기술정책은 아시아·아프리카, 남미 지역 후발 개발도상국이 관심을 갖는 중요 정책이 되었다. 우리가 과거 선진국 정책을 모방했던 것처럼 개발도상국도 한국의 과학기술정책을 모방하고 학습하기를 원하고 있다. 또 한국의 과학기술정책은 우리 사회의 고령화·양극화·기후변화·안전 문제 등 새로운 도전 과제에 직면하면서 변화를 모색하고 있다. 경제성장 목표를 달성하기 위해 산학연 주체들을 정부 주도로 조직화하는 방식을 넘어서, 경제·사회·환경적 목표가 통합된 지속가능성을 지향하며 시민사회까지 포함한 혁신주체들이 자발적으로 조직되는 새로운 추진 방식이 요구되고 있다. 이렇게 한국 과학기술정책이 이룩한 성과와 앞으로의 전망과 관련해서 여러 이슈들이 제기될 수 있으며 이 책은 그것에 대한 답변을 시도했다.

이 책의 핵심적 주장을 요약하면 다음과 같다. 한국은 산업화 과정에서 선진국 추격을 위해 정부주도로 적극적인 과학기술정책을 전개했다. 이를 통해 외국 기술의 소화·흡수·개선에 초점을 맞춘 공공연구개발활동과 교육프로그램, 민간의 연구개발활동이 제도화되면서 추격형 혁신체제가 형성되었고 추격 완성이라는 성과를 낳았다. 빠른 추격을 위해 정부가 주도하여 자원의 선택과 집중, 제도의 구축, 혁신주체들의 동원과 몰입, 빠른 학습 속도 등을 구현한 이 시스템은 성공을 거두었다.

그러나 추격이 성공한 1990년대 후반 이후 과거의 장점은 단점이 되고 있다. 하향식 의사결정구조와 동원을 토대로 한 추격체제의 특성은 다양성과 수평적 네트워크를 통해 새로운 궤적을 개척해야 하는 탈추격 혁신을 제약하는 요소가 되고 있다. 도약을 위해서는 추격체제를 넘어서는 시스템혁신이 필요하다. 다양한 형태로 탈추격을 위한 실험을 수행하고 있으나 아직은 추격체제의 유제가 강하게 남아 시스템혁신이 여의치 않다.

이 책에서는 이러한 주장을 전개하기 위해 관점이 다른 두 개의 렌즈로 과학기술정책의 전개 과정을 살펴보았다. 각각은 독립적인 틀과 내용으로 작성되었으며 과학기술정책을 바라보는 관점과 중점적으로 분석한 시기도 다르다. 이러한 서술 방식은 한국의 과학기술정책을 다양한 관점에서 검토하고 필요에 따라 그 내용을 상황에 맞게 활용할 수 있는 이점이 있다. 또 역사적 과정을 일관되게 조망하는 데에는 한계가 있지만 아직 역사가 길지 않은 과학기술정책을 열린 틀에서 보고 해석할 수 있는 장점도 있다.

첫 번째 렌즈는 '추격의 성공학'이다. 제1부에서는 추격 성공의 틀로 과학기술정책의 전개 과정을 조망하면서 해방 후부터 1990년대 전반까지를 주로 다루었다. 과학기술인력과 자본, 장비, 조직과 제도가 거의 없었던 상황에서 어떤 정책과 노력을 통해 선진국 추격에 도달할 수 있었는가를 논의했다. 또 유사한 상황에 있었던 개발도상국이 여럿 있었는데 한국이 이런 독보적 성과를 얻을 수 있었던 노력을 살펴보았다. 특히 추격체제 형성 과정을 이끌어갔던 정부 역할을 중심적으로 다루었다. 정부주도로 위로부터 교육제도, 연구개발체제, 산업이 형성·발전되면서 한국 혁신체제가 진화해왔기 때문이다. 이러한 논의는 과학기술을 통해 산업화를 이룩하고자 하는 후발 개도국에게 중요한 교훈을 준다. 한국의 사례에서 알 수 있는 바와 같이 저발전은 운명이 아니고, 추격은 가능하며, 좋은 과학기술정책이 결정적 역할을 한다는 것을 보여주기 때문이다.

두 번째 렌즈는 '탈추격의 실험학'이다. 제2부에서는 추격체제를 벗어나기 위한 실험의 틀로 과학기술정책의 전개 과정을 살펴보면서 1990년대 후반 이후의 상황을 주로 논의했다. 좋은 성과가 나타난 추격체제의 한계는 무엇인지, 왜 탈추격 노력이 필요한지, 탈추격을 위해 어떤 노력이 이루어졌는지, 그것이 갖는 의미는 무엇인지를 다루었다. 여기서는 과학기술정책의 주체로서 정부뿐만 아니라 민간기업과 시민사회의 역할을 정의하고 이들이 수행하고 있는 다양한 실험들을 검토하였다. 여러 행위자들이 과학기술활동의 주체로 부상했고, 탈추격 혁신을 위해서는 정부가 방향을 정해 이끌어가는 방식을 벗어나 다양한 주체들이 참여하고 연계하는 활동이 필요하기 때문이다. 그리고 이런 변화에도 불구하고 여전히 추격체제의 유제가 탈추격 혁신과 정책의 전개를 제약하고 있음을 논의하였다. 한국 과학기술발전의 성공 요인이 아니라 제약 요인을 다루면서 앞으로 정책 방향을 제시하는 데 초점을 맞추었다. 이는 한국의 과학기술정책 공동체뿐만 아니라 현재 탈추격 상황에 있는 다른 나라에게도 여러 시사점을 제공해줄 것이다.

한국의 과학기술정책은 과거에도 그랬고 현재도 그렇고 항상 어려운 문제를 대면하면서 진화해왔다. 과학기술기반이 거의 없는 상태에서 외국의 과학기술과 정책을 효과적으로 모방하고 개선하는 혁신활동과 정책이 실행 가능하고 성공할 수 있다는 것을 보여주었다. 그때까지 이론적으로는 많이 논의되었지만 어느 나라도 시도하지 않았던 길을 간 것이다. 결국은 성공해서 추격전략의 모범 사례가 되었다.

또 추격을 완성한 후에는 추격과 모방전략을 넘어서는 새로운 탈추격 노력을 하고 있다. 이것이 성공해서 추격을 넘어 추월로 갈지, 아니면 실패하여 추락으로 갈지는 미지수다.[1] 탈추격을 성공적으로 이끄는 것도 난제이다. 만약 이것이 성공한다면 이것도 추격의 함정을 벗어나는 모범 사례가 될 것이다.

이런 측면에서 한국의 과학기술정책은 어려운 문제를 먼저 대면하고 해결해나가는 선구적 모델이 될 수 있다. 동아시아의 한반도에 한정된 특수한 정책이 아니라 국가발전 과정에서 나타나는 어려운 문제를 새롭게 해결하는 모범 사례로서 보편성을 가질 수 있다. 한국형 모델의 틀을 넘어 추격모델, 탈추격모델 일반이 될 수 있다. 이 책에서 다룬 '추격의 성공학', '탈추격의 실험학'에 대한 논의는 그것을 만들기 위한 노력의 시작이라고 할 수 있다.

2. 과제

과학기술정책은 과학기술과 과학기술활동을 수행하는 국가, 기업, 대학, 연구기관을 중심으로 두는 경향이 있다. 과학기술 그 자체를 활성화하기 위한 정책에 집중하는 것이다. 그러나 과학기술은 전통적 지식이든 아니면 최첨단 기술이든 사회와 결합되어 있으며 공진화한다. 따라서 과학기술정책은 과학기술을 통해 나타나는 사회 변화까지도 논의의 대상으로 해야 한다. 과학기술정책은 과학기술발전을 위한 정책일 뿐만 아니라 과학기술을 통해 사회를 변화·발전시키는 정책이기 때문이다.

이런 맥락에서 볼 때 이 책에서는 과학기술과 정책이 가져왔던 사회의 다양한 변화를 충분히 검토하지 못했다. 과학기술과 그것을 활용한 제조업 분야의 혁신활동에 초점을 맞추었기 때문이다. 때문에 과학기술(정책)이 중앙집권적 도시 발전과 주거 방식을 어떻게 변화시켰는지, 우리의 식생활과 복지시스템에 어떤 효과를 미쳤는지, 우리의 의사소통 방식, 이동 방식, 문화에 어떤 영향을 주었는지에 대해서는 다루지 않았다. 즉 과학기술(정책)이 시민이 일하고 생활하는 방식에 미친 영향을 주요 주제로 검토하지 못한 것이다. 그렇지만 서울과 같은 메트로폴리스, 경부고속도로, KTX, 상·하수도시스템, 아파트 중심의 주거 방식, 쌀을 필두로 한 농식품, 보건·의료시스템, 원자력 발전 중심의 에너지시스템 등 우리의 생활 영역과 과학기술의 상호작용에 대한 논의는 과학기술의 사회사 측면만이 아니라 정책사 측면에서도 중요한 주제이다.[2] 이를 논의하기 위해 생활 영역의 변화에 관심을 가지고 있는 사회·기술시스템(전환)론을 활용해서 추격 과정과 탈추격 실험에서 나타나는 과학기술과 사회의 상호작용을 연구할 필요가 있다.

과학기술과 생활 영역의 관계는 추격의 시기와 탈추격 실험의 시기가 다를 것으로 보인다. 생활 세계와 관련된 하부구조들도 과학기술활동과 같이 진화하기 때문이다. 추격의 시대에 나타났던 중앙집권적 의사결정, 위계적 구조, 추격형 혁신 방식이 하부구조 구축 과정에 반영되었을 것이다. 반면 탈추격 실험이 이루어지는 시기에는 기존의 하부구조와는 다른 흐름이 형성된다. 향후 연구에서 이런 내용들을 체계적으로 검토하는 것이 필요하다. 탈추격기의 분권화, 수평적 관계, 다양성의 논리가 과학기술활동만이 아니라 인공 하부구조, 생활 세계에도 영향을 미칠 것이기 때문이다.

분석의 대상으로 삼은 과학기술정책, 산업혁신, 시민사회의 관계도 좀 더 체계적으로 검토할 필요가 있다. 사회를 구성하는 제도와 활동들은 정합성을 갖게 되는 경향이 있다. 이들은 서로 유사한 원칙에 따라 작동하여 각자를 보완하거나 강화시켜 하나의 시스템으로 존재한다. 추격기의 수출 성과에 기반한 정부의 산업정책은 위계적이고 중앙집권적인 대기업 중심의 혁신시스템과 서로 보완적인 성격을 지녔다.[3] 이런 관점에서 추격 과정에서 형성된 과학기술행정체제와 정책, 산업혁신 방식, 시민사회의 참여 방식을 통합적으로 검토하고 마찬가지 방식으로 탈추격 과정에서 나타나는 정책·산업·시민사회의 관계 변화와 새로운 시스템 형성 노력을 살펴보는 것도 흥미로운 주제가 될 것이다.

한편 과학기술과 생활 영역, 정부·산업·시민사회를 규율하는 방식도 추격 시기와 탈추격 실험의 시기가 다를 것이다. 추격의 시기에는 주어진 목표와 궤적이 어느 정도 드러난 상황에서 컨트롤 타워에서 '전략기획(strategic planning)'을 수행하고 집행하는 논리가 정부와 기업 모든 영역에서 작동했다. 반면 탈추격 실험의 시기에는 목표와 궤적이 불확실한 상황에서 '실험을 통한 학습(learning-by-experiment)' 방식의 논리가 요청되고 있다.[4] 이러한 논의는 우리나라에서 전개된 추격의 성공과 탈추격 실험에 대한 다양한 사례와 활동을 몇 개의 원리로 수렴해서 일반화하는 데 도움이 될 수 있다.

추격체제를 넘어서는 것은 2010년대 한국 과학기술정책의 핵심 이슈이다. 추격체제를 벗어난다는 것은 기존 제도들의 시스템을 흔들면서 제도의 변화가 이루어진다는 것을 말한다. 제도의 변화는 외부에 위기 상황이 전개되면서 나타나기도 하고 내부에서 기존 제도들 간의 부정합 때문에 발생하기도 한다. 현재 탈추격 혁신 과정에서 어떤 노력이 이루어지고 있는지, 그것이 추격체제를 흔들고 새로운 시스템을 형성할 수 있는지를 파악하는 것은 정책적으로도 매우 중요하다. 이를 체계적으로 분석하기 위한 논의가 좀 더 다루어질 필요가 있다. 정치학에서 논의되는 후기제도주의 이론이나 앞서 살펴본 사회·기술시스템(전환)론은 이를 위한 좋은 출발점이 될 수 있다.[5]

어떤 체제를 넘어선다는 것은 다른 지향점을 갖는 시스템을 구성하는 것이기도 하다. 탈추격 과정에서 그것이 명확하게 표현되지 않을 수 있지만 암묵적으로 추격체제의 문제점을 극복하는 가치를 설정한다. 추격체제의 성장주의, 중앙집권화, 위계적 구조, 동원체제, 격차 확대, 전문가 주의를 넘어서는 방향을 지향하게 된다. 이는 성장과 사회 통합이 함께하며, 수평적이고, 격차가 축소되는 시스템을 구축하는 것이다. 이런 변화의 지향점에 대한 논의, 즉 무엇을 위한 과학기술(정책)인가는 추격 극복과 탈추격과 관련된 논의에서 지속적으로 다루어야 할 질문이다. 변화의 방향을 잡아나가는 논의이기 때문이다. 이와 관련해서 '사회에 책임지는 연구와 혁신(Responsible Research and Innovation)'에 대한 연구[6]는 깊이 있게 고민해야 할 주제로 보인다. 과학기술을 위한 과학기술, 산업을 위한 과학기술을 넘어, 사회를 위한 과학기술을 지향하는 이런 흐름은 탈추격 혁신과 시스템혁신에 대한 논의에 새로운 시야를 제공할 것이다. 마찬가지로 지속가능한 사회·기술시스템으로의 전환을 주장하는 사회·기술시스템전환론도 의미 있는 출발점이 될 수 있다. 우리 사회가 직면한 도전 과제를 해결하기 위해 새로운 '과학기술과 사회시스템'을 지향하기 때문이다.

〈주석〉

제1부 과학기술의 진흥과 추격의 성공

1. '개발국가'는 종종 '발전국가'라는 용어로도 쓰이는데, 이 책에서는 개발국가로 표기하였다. 개발국가 관점에서 한국의 빠른 경제성장에 대해 주목했던 초기 연구들은 다음과 같다. Alice Amsden, *Asia's Next Giant: South Korea and Late Industrialization* (New York: Oxford University Press, 1989). 한국의 정부주도 성장 방식에 대한 탐구는 이후에도 이어지는데, 그것의 식민지적 기원이나 정부의 탑다운형 지도체계에 대해서는 다음의 저술들을 참고할 수 있다. Jung-en Woo, *Race to the Swift: State and the Finance in Korean Industrialization* (New York: Columbia University Press, 1991); Stephen Haggard and Chung-in Moon, "The State, Politics, and Economic Development in Postwar South Korea", in Hagen Koo ed., *State and Society in Contemporary Korea* (Ithaca: Cornell University Press, 1993), pp. 51-93. 한국의 정부주도형 성장 방식의 선행 사례로서 일본에 대한 연구는 다음의 문헌을 참고할 것. Chalmers Johnson, *MITI and the Japanese Miracle: The Growth of Industrial Policy, 1925-1975* (Stanford: Stanford University Press, 1982).

2. 김인수·이진주, 『기술혁신의 과정과 정책』, 한국개발연구원, 1982; 박우희, 배용호, 『한국의 기술발전』, 경문사, 1996; 김인수, 『모방에서 혁신으로』, 시그마인사이트, 2000.

3. 한국 과학사에서 해방 이후의 시기를 다룬 초창기 연구는 송상용, "한국과학 25년의 반성", 『형성』 3(4), 서울대학교 문리과대학, 1969, 51-64쪽과, 박성래, "'한국전 유학'과 '월남전 과학'", 『한국사에도 과학이 있는가』, 교보문고, 1997, 285-296쪽을 들 수 있다. 역사적 분석과 탐구가 심화된 학술연구로는 김근배, "해방 이후의 과학 기술계", 박성래·신동원·오동훈 지음, 『우리 과학 100년』, 현암사, 2001, 144-159쪽과 "한국과학기술연구소(KIST) 설립과정에 관한 연구: 미국의 원조와 그 영향을 중심으로",

『한국과학사학회지』 12권 1호, 1990, 44-69쪽, 그리고 "과학기술입국의 해부도—1960년대 과학기술 지형", 『역사비평』 85, 2008, 236-261쪽의 논문이 선구적이다. 이후 송성수, "한국과학기술정책의 특성에 관한 시론적 고찰", 『과학기술학연구』 2(1), 2002, 63-83쪽과 문만용, "1960년대 '과학기술 붐': 한국의 현대적 과학기술체제의 형성", 『한국과학사학회지』 29(1), 2007, 69-98쪽 및 『한국의 현대적 연구체제의 형성: KIST의 설립과 변천, 1966-1980』, 선인, 2010, 그리고 신향숙, "제5공화국의 과학 기술 정책과 박정희 시대 유산의 변용", 『한국과학사학회지』 37(3), 2015, 519-553쪽 등 연구들이 활발히 이루어지고 있다.
4. 홍사균 외, 『한국의 경제발전을 선도한 과학기술의 역할과 개도국에의 시사점』, 과학기술정책연구원, 2010; 신태영 외, 『한국 혁신체제의 동태 분석과 발전 전략』, 과학기술정책연구원, 2012.

제1장 저개발 탈출의 동학

1. UN(The United Nations)은 1945년, 국제개발부흥은행(International Bank for Reconstruction and Development, IBRD)은 1944년에 출범하였다.
2. 최영락 박사 인터뷰, 2013년 7월 22~26일(에티오피아 아와사), 에티오피아 과학기술부 공무원 대상 정책 연수 프로그램. 최영락 박사는 전(前) 공공기술연구회 이사장, 에티오피아 과학기술부 장관 자문관 등을 역임했다.

제2장 국가 주도의 과학기술 발전 청사진

* 제2장은 저자의 선행연구에 기반하되, 과학기술 국가주의에 대한 논의를 새롭게 발전시켰음을 밝혀둔다. 이 장에서 인용한 사실 관계 대부분이, 홍성주, "한국 과학기술정책의 형성과 과학기술 행정체계의 등장, 1945-1967", 서울대학교 이학박사학위논문, 2010의 "제1장 해방 초 과학기술정책안의 형성과 실업교육정책의 전개"에서 규명했던 내용들과 중복된다.
1. 안동혁, "3의 3 공업기술 비상대책 수립 부(附) 명일의 학교", 『과학기술의 건설』, 문교부 사범교육과, 1946, 1-16쪽 중 2-4쪽에서 인용.

2. "교육심의회의 결함 시정, 어떻게 조선과학교육 건설할까",《자유신문》, 1946.1.1. 이 기사에서 경성대학 이공학부 교수 도상록은 조선교육심의회 고등교육 분과에 "공과이과 출신"이 포함되지 않았고, 그렇기 때문에 심의회의 과학교육 논의가 부진했다고 비판했다. 또 이광호, "미군정의 교육정책", 515쪽에 따르면, 조선교육심의회가 출범한 1945년 11월에 고등교육 분과 위원으로 임명된 인물은 조병옥, 백남운, 유진오, 크로프트, 김성수, 박종홍, 고든 소위로, 이 조직에 과학기술자 출신이 포함되지 않았음은 분명하다. 이러한 정황으로 미루어보아, 경성대학 이공학부장 이태규가 조선교육심의회에 뒤늦게 합류했고, 그 시기가 1946년 1월 즈음이었다고 추정했다.
3. 조선학술원, "학술원 위원록",『학술』, 1946, 230쪽.
4. 오카모토 마키코, "조선총독부 관료의 민족구성에 관한 기초적 연구", 한일역사공동연구위원회,『제2기 한일역사공동연구보고서 제4권』, 2010, 151-206쪽. 부연하면, 일제강점기에 조선총독부 이외의 지방정부에서도 종종 조선인 출신의 고위 관료가 있었다. 예를 들어 김대우(1900~?)는 1921년 경성공업전문학교를 졸업하고, 구주제국대학 공학부를 마친 뒤 조선총독부에서 근무했다. 조선총독부에서는 학무국 사회교육과장을 지냈고, 이후 지방정부로 발령 나 고위직에 종사했는데, 1943년 전라북도지사, 1945년 경상북도지사를 역임했다. 이에 대한 정보는『한국민족문화대백과사전』(2009, 개정증보판)에 수록된 것으로, 한국학진흥사업단 성과포털(http://waks.aks.ac.kr)에서 공개한 동일 내용을 참고했다.
5. "1:3 과학교육 치중, 법문과 중심은 시정하기로, 교심(教審)서 결정",《조선일보》, 1946.2.9.
6. "이과 전문 18교 증설, 중학은 천오백칠십오교",《조선일보》, 1946.2.9.
7. 안동혁, "공업조선건설",『신세대』 1(2), 1946, 8-10쪽.
8. "제12회 교육심의회 총회, 과학교육진흥책 채택",《조선일보》, 1946.2.9.
9. Edwin. L. Miller, "1948 Budget, Bureau of Higher Schools"(1947.12.4), 정태수 편저,『미군정기 한국교육사자료집(상)-1(1945-1948)』, 647-651쪽에 재록.
10. "문교부내 실업 중등교육위원, 기설 실업학교에 특전 계획",《조선일보》, 1946.6.24; 교육부,『교육50년사, 1948-1998』, 1998, 542-545쪽.
11. "국립서울대학교 설립에 대하야(문교부 발표)",《동아일보》, 1946.7.14.
12. "교육심의회 네 안건을 토의",《조선일보》, 1946.2.22.
13. 1960년대 중후반 한국에서 현대적 과학기술 연구개발체계가 형성되었다는 근거로, 문만용, "1960년대 '과학기술 붐': 한국의 현대적 과학기술체제의 형성",『한국과학사

학회지』 29(1), 2007, 69-98쪽을 참조했다.

제3장 저개발 탈출을 위한 기술정책

* 제3장은 저자의 선행연구로부터 발전된 연구성과라고 볼 수 있다. 선행연구는 홍성주, "한국 과학기술정책의 형성과 과학기술 행정체계의 등장, 1945-1967", 서울대학교 이학박사학위논문, 2010의 "제2장 5·16 직후 과학기술정책 기획의 두 흐름과 그 성격"인데, 필자는 이 선행연구에서 사용한 사실관계 등 주요 내용을 과학기술정책연구원의 글로벌 협력사업과 대개도국 협력사업에서 활용하였다. 그 과정에서 개발도상국가의 공무원 및 대개도국 협력사업 책임자들과의 대화와 토론을 통해 이론적 논의를 발전시켰는데, 이 장의 서술은 그 이론적 논의를 종합한 것이다.

1. 세계은행 빈곤통계 분석 웹페이지 (http://iresearch.worldbank.org/PovcalNet/ 2014.08.15. 접속)
2. 부흥부, "산업개발위원회 설치안", 1958.1.28, 총무처, 『국무회의상정안건철(제2회-9회)』, 1958, 572-582쪽, 대한민국 국가기록원; 송인상, 1994 『淮南 宋仁相 回顧錄, 復興과 成長』, 193-213쪽, 459-462쪽; 박태균, 『원형과 변용: 한국경제개발계획의 기원』, 제4장; 이현진, 『미국의 대한경제원조정책, 1948-1960』, 제4장.
3. "현실보다 이상에 집념했던 5개년계획 수술대 위에", 『경향신문』, 1963.5.16. "경제공약, 그 후 2년 (5) 자립경제", 『경향신문』, 1963.8.2.
4. 재무부·한국산업은행, 『한국외자도입 30년사』(1993), 74쪽.
5. 과학기술처, 『과학기술행정20년사』(1987), 249쪽.
6. "한국과 미국 백년지교를 넘어서 (86) 유솜 〈2〉 거쳐간 처장들", 《동아일보》, 1978.8.21.
7. "개발자금 융자 낙관을 불허", 《동아일보》, 1958.11.11.
8. 총무처, "ICA 기술원조계획으로 내한하는 기술원조 기술들의 입국을 일절 우리정부에서 완전히 파악하고 기성분을 확실하게 알고 있어야 한다(제4회)", 1957.1.11, 대한민국 국가기록원.
9. "국가재건최고회의 상임위원회 회의록 제83호", 1961.12.9, 국회도서관.
10. 경제기획원, "외국기술도입기본방안 및 FY 62 ICA 기술원조계획 한국측 요청안보고의 건", 1961, 192-260쪽 중 246-247쪽, 대한민국 국가기록원.

11. 앞의 자료, 246-247쪽.
12. 건설부, "기술위원회 설치의 건", 1961.7.20, 총무처, 『각의상정안건철(제41회-46회)』, 1961, 662-677쪽, 대한민국 국가기록원.
13. 총무처 의정국 의사과, "제1회 각의상정안", 『각의상정안건철』, 1962, 3-4쪽, 대한민국 국가기록원.
14. 이와 관련하여 전상근의 회고에 따르면, 자신이 "(종합적인) 과학기술 진흥계획을 세워보았으면 좋겠다"는 건의를 했고, 송정범은 "그 계획의 형태는 아무래도 좋으나 반드시 제1차 경제개발5개년계획을 보완하는 것이어야 해요"라고 응답했다. 전상근, 『한국의 과학기술정책: 한 과학기술 정책입안자의 증언』, 정우사, 1982, 13쪽.
15. 전상근, 같은 책, 12-13쪽.
16. 같은 책, 16쪽.
17. "국가재건최고회의 연석회의 회의록", 1962.1.12, 국회도서관.
18. 과학기술부, "이응선 사무관의 회고: 제1차 기술진흥5개년계획 작성의 배경", 『우리나라 과학기술정책 수립과정에 영향을 미친 주요요인들의 조사 분석·정리』, 2005, 112-114쪽.
19. 같은 자료, 19쪽.
20. 경제기획원, "제1차 기술진흥5개년계획 개요: 제1차 경제개발5개년계획 보완", 『각의상정안건철』, 1962, 39-60쪽, 대한민국 국가기록원.
21. "기술진흥5개년계획 각의를 통과", 《조선일보》, 1962.3.28; "각의, 기술진흥계획 통과", 《동아일보》, 1962.3.28.
22. "국가재건최고회의상임위원회 회의록 제38호", 1962.5.21, 국회도서관. 행정절차상 1962년 5월 21일은 제1차 기술진흥5개년계획의 수립이 최종적으로 승인된 시기로 볼 수 있다.
23. 전상근, 같은 책, 42-52쪽.
24. 육성으로 듣는 경제기적 편찬위원회, 『코리안 미라클』, 2013, 501쪽.
25. 『한국 외자도입 30년사』, 107-108쪽, 124쪽, 183쪽.

제4장 경제개발의 신주체로서 과학기술인력

* 제4장의 서술은 전홍택, 박명호 외, 『정책 집행체계의 변화와 경제주체별 역량강화』, KDI, 2015에서 필자가 집필한 제2장 "경제개발 초기 과학기술 및 산업인력 양성을 위한 정부 정책 추진체계의 성립에 대한 연구"를 토대로 작성되었음을 밝혀둔다. 단, 선행연구와 달리 이 장의 서술에서는 이론적 설명을 추가했다.

1. 서울대학교 60년사 편찬위원회, 『서울대학교60년사』, 2006, 198-199쪽.
2. "시설복구비가 6할 점령, 천여만 불 웅크라 교육원조",《조선일보》, 1953.11.23.
3. 서울대학교 60년사 편찬위원회, 같은 책, 581-583쪽.
4. "실업교육 강력추진 문교부에서 10개 방안을 결정",《조선일보》, 1954.9.28.
5. "丙申年, 무엇을 했나? 문교부 편",《조선일보》, 1956.12.23.
6. "정원미달이 4만 3천, 실업교육을 재검토, 문교부서 유지비보조 교육기관통합 등",《조선일보》, 1959.11.12.
7. "문교부직제", 각령 제180호, 1961.10. 2., 법제처 종합법령정보센터.
8. 육성으로 듣는 경제기적 편찬위원회, 같은 책, 512쪽.
9. 전상근, 같은 책, 134-139쪽.
10. 서상선, 『한국직업훈련의 발자취: 제도화 과정에 얽힌 뒷이야기들을 중심으로』, 대한상공회의소, 2002, 47쪽.
11. 서상선, 같은 책, 51쪽.
12. 경제기획원, 『과학기술연감』, 1966, 38쪽.
13. 과학기술처, 『과학기술연감』, 1967, 72쪽.
14. 과학기술처, 『제3차 과학기술개발5개년계획』, 1971, 38쪽.
15. 앞의 책, 40쪽.
16. 과학기술실무계획반, 『제4차 경제개발5개년계획 과학기술부문계획』, 1976, 53쪽.
17. 최형섭, 『불이 꺼지지 않는 연구소』, 조선일보사 출판국, 1995, 58쪽.
18. 과학기술처, 『과학기술행정20년사』, 1987, 143쪽.
19. 과학기술처, 『과학기술행정20년사』, 144쪽.
20. 신태영 외, 『한국 혁신체제의 동태 분석과 발전 전략』, 과학기술정책연구원, 2012, 425쪽.
21. 신태영 외, 같은 책, 435쪽.
22. 서상선, 같은 책, 52-53쪽.

23. 같은 책, 53-54쪽.
24. "한국, 국제기능 올림픽서 영광의 첫 종합 우승",《매일경제신문》, 1977.7.19.
25. 서상선, 같은 책, 203-238쪽.

제5장 과학기술 연구개발체계의 발전

1. 정부 소속 출연연구소 현황은 국가과학기술지식정보서비스를 활용 (http://sts.ntis. go.kr, 2016년 1월 5일 접속)
2. 정부가 운영하는 사업 통계 현황은 국가과학기술지식정보서비스를 활용 (http://sts. ntis.go.kr, 2016년 1월 5일 접속)
3. 이 장의 서술은 추격기 과학기술시스템의 형성에 초점을 두기 때문에 1980~90년대의 단계까지만 다루게 된다. 이 책 1부의 목적인 저개발 탈출의 문제를 다루기 위함으로, 탈추격 단계로의 이행 문제는 2부에서 다양한 내용으로 다루어질 것이다.
4. 추격기 출연연구소별로 제정되었던 법들은 시간이 지나면서 연구소 간 공통 지배규범이 될 「과학기술분야 정부출연연구기관 등의 설립, 운영 및 육성에 관한 법률」(법률 제7219호, 2004년 제정)과 같은 종합적인 법률에 통합되었다.
5. 서울대학교행정대학원 행정조사연구소, 『행정개혁에 관한 전반적 평가(Code No. TF-67-12)』, 과학기술처, 주한미국경제협조처, 1967, 354-363쪽.
6. "과학부 신설을 연구",《조선일보》, 1966.11.22.
7. 과학기술처, 『과학기술연감 1967』, 1968, 3-4쪽.
8. 과학기술처, 『과학기술개발장기종합계획 1967-1986』, 1968, 182-183쪽.
9. 과학기술처, 같은 책, 15-18쪽.
10. 같은 책, 14쪽.
11. 과학기술처, 『과학기술행정 20년사』, 87쪽.
12. 한국과학기술연구소, 『한국과학기술연구소10년사』, 1977, 124쪽에서 인용.
13. 한국과학기술연구소의 초기 기술개발 성과와 기술이전 사례에 대해서는 다음의 자료를 참고했다. 강박광, 『70-80년대 주요 과학기술정책이 과학기술발전과 산업발전에 기여한 성과조사 분석』, 과학기술부, 2007; 문만용, "KIST의 설립과 변천, 1966-1980", 서울대학교 박사학위논문, 2006; 설성수, 『소관연구기관 성과분석 및 경제사회적 기여전략 연구』, 기초기술연구회, 2004; 송성수, "한국 철강산업의 기술능력 발

전과정: 1960-1990년대의 포항제철", 서울대학교 박사학위논문, 2002.
14. 한국과학기술연구소, 『한국과학기술연구소10년사』, 1977, 107-109쪽과 130-131쪽.
15. "최과기처장관 산업기술개발은 민간이 주도해야", 《동아일보》, 1978.8.1.
16. "이해 얽힌 신제품 개발", 《매일경제신문》 1978.1.16.
17. "두 합섬싸움은 일단락", 《경향신문》, 1978.10.6.
18. "KIST연구실적 살리려 과기처 힘과시", 《동아일보》, 1978.10.6.
19. "50개 기업 자체연구소 설립 추진", 《매일경제신문》, 1979.3.2.
20. "기초과학 제외등의 반발 연구과제 선정시비", 《경향신문》, 1979.4.19.
21. 과학기술처, 『과학기술행정20년사』, 1987, 85쪽.
22. "과학자들, 연구실보다 「자리」를 좋아해 두뇌 인력 부족현상" 《경향신문》, 1978.12.4.
23. "장관2 차관6 차관보35명 감축", 《매일경제신문》, 1981.10.15.
24. 과학기술부, 『특정연구개발사업 20년사』, 2003, 6-11쪽.
25. 강박광 외, 『70~90년대 주요 과학기술정책이 과학기술발전과 산업발전에 기여한 성과조사 분석』, 과학기술부, 2007, 221-222쪽.
26. 강박광 외, 같은 책, 208-210쪽.
27. 과학기술부, 『특정연구개발사업 20년사』, 2003, 28-30쪽.
28. 오길록, 『교육용 소형컴퓨터 개발 및 보급에 관한 연구』, 한국전자기술연구소, 1984, 8-10쪽.
29. "구실 못하는 교육용 소형컴퓨터," 《경향신문》, 1984.3.13.
30. 김휘석, 『퍼스널 컴퓨터 산업의 구조와 발전방향』, 산업연구원, 1985, 101쪽.
31. 과학기술부, 『특정연구개발사업 20년사』, 2003, 22-25쪽.
32. "국책연구개발사업 보완 시급", 《매일경제신문》, 1992.8.7.
33. "길에 뿌리고 바다에 잠겨 '혈세 10조' 헛 썼다 경실련 '98예산낭비 백서' 발표", 《경향신문》, 1999.3.3.
34. "특정연구개발사업 운영방식 싸고 논란", 《연합뉴스》, 1990.6.27.
35. "공대교수들, 정부 科技정책 "형편없다"", 《연합뉴스》, 1997.4.28.

제6장 과학기술 진흥과 추격의 성공

1. 국가과학기술지식정보서비스(NTIS, http://sts.ntis.go.kr/, 2017년 1월 10일 접속)

제2부 탈추격체제의 모색

1. 김근배, 『한국 과학기술혁명의 구조』, 들녘, 2016.
2. 탈추격 개념에 대한 좀 더 자세한 논의는 정재용·황혜란·송위진, "탈추격 연구의 이론적 지향성과 과제", 『기술혁신연구』 20-1, 2012, 75-114쪽; 송위진·성지은·정연철·황혜란·정재용, 『탈추격형 기술혁신체제의 모색』, 과학기술정책연구원, 2006을 참조할 것. 여기서는 혁신연구의 관점에서 탈추격론의 이론적 근거를 정리하고, 중소기업과 과학기술 연구팀, 특정 정책에서 이루어진 탈추격 혁신의 구체적인 사례들을 논의했다.
3. 시장, 국가, 시민사회와 과학기술이 맺는 복합적 관계는 과학기술정책의 이념을 결정하는 데 중요한 영향을 미친다. 추격체제에서는 국가주도로 시장과 과학기술이 매우 강한 관계를 형성했다. 시민사회는 주변적이거나 동원되는 영역이었다. 추격체제의 국가주도, 산업주도의 과학기술정책 이념에 대한 비판적 논의는 조현석, "우리나라 과학기술정책의 이념: 국가·기업·시민사회", 『과학기술학연구』 2-1, 2002, 85-105쪽을 참조할 것
4. '경로의존성'의 유명한 사례는 영어 타자기의 QWERTY 자판이다. 더 효율적인 자판이 등장했음에도 불구하고 QWERTY 자판과 그것을 둘러싼 다양한 사회·기술네트워크 때문에 전환 비용이 높아져 그것을 계속해서 쓰는 현상이 나타났다. 이에 대해서는 Arthur, W. Brian, *Increasing Returns and Path Dependence in the Economy* (University of Michigan Press, 1994)를 참조할 것

제1장 추격체제의 특성과 한계

1. 한국 혁신체제의 진화 과정에 대한 통시적 논의는 홍사균 외, 『한국의 경제발전을 선도한 과학기술의 역할과 개도국에의 시사점』, 과학기술정책연구원, 2010을 참조할 것.

2. 이에 대한 전반적인 논의는 송위진·성지은·정연철·황혜란·정재용, 『탈추격형 기술혁신체제의 모색』, 과학기술정책연구원, 2006과 정재용·황혜란 편, 『추격형 혁신체제를 진단한다』, 한울아카데미, 2013을 참조할 것.

3. James Utterback and William Abernathy, "A Dynamic Model of Process and Product Innovation", *Omega*, 3 (1975), pp. 639-656; 어터백, 김인수·김영배·서의호 역, 『기술변화와 혁신전략』(Utterback, *Mastering the Dynamics of Innovation* (1994)), 경문사, 1997

4. 어터백, 『기술변화와 혁신전략』, 경문사, 1997, 제2장 참조

5. 김인수, 『모방에서 혁신으로』, 시그마인사이트, 2000과 송성수, 『한국 기업의 기술혁신』, 생각의 힘, 2013은 이런 관점에서 산업의 기술혁신 과정을 분석하고 있다.

6. 김인수, 『모방에서 혁신으로』, 시그마인사이트, 2000, 제5장 참조.

7. 송위진, "기술혁신에서 위기의 역할과 과정", 『기술혁신연구』 7-1, 1999, 78-97쪽; 김인수, 『모방에서 혁신으로』, 시그마인사이트, 2000, 제5장; 송위진, 『한국의 이동통신: 추격에서 선도의 시대로』, 삼성경제연구소, 2005를 참조할 것.

8. 재벌계 대기업의 기술혁신 특성에 대해서는 곽정수, 『재벌들의 밥 그릇』, 홍익출판사, 2012, 93-97쪽; 이병천, "자유화, 양극화 시대와 무책임 자본주의: 사회통합적 시민경제의 대안", 『아세아연구』 48-3, 2005, 43-71쪽; 유철규, "양극화와 국민경제 해체의 경제구조: 사회적 갈등의 심화와 민주주의의 위기", 『아세아연구』 47-4, 2004, 23-41쪽 참조.

9. 김정렬, "산업구조의 고도화와 정부·기업관계의 제도적 특성 변화", 『한국행정학보』 30-3, 1996, 153-169쪽.

10. 지급보증 활동은 1997년 외환위기를 거치면서 막을 내렸다.

11. 모방형 기술개발 과정은 이미 형성된 시장에서 기술적으로 작동하는 시스템을 모방·개선하는 활동이었기 때문에 기술적·시장적 불확실성이 상대적으로 낮았다. 물론 불확실성은 여전히 존재했다. 과연 그 기술을 국내 기업들이 개발하여 해외시장에 판매할 수 있는가의 여부였다. 이런 내부 능력과 수행 가능성의 문제는 앞서 살펴본 위기 조성과 초몰입형 기술개발체제에 의해 가능했다.

12. 이런 메커니즘에 대해서는 김정렬, "산업구조의 고도화와 정부·기업관계의 제도적 특성 변화", 『한국행정학보』 30-3, 1996, 153-169쪽과 김시윤, "정부, 기업 그리고 경제성장: 한국 정부-기업관계의 재조명", 『한국행정학보』 34-1, 2000, 41-58쪽을 참조할 것.

13. 정승국, "자동차기업 기계가공공정의 숙련공간과 지식노동자", 『동향과 전망』 55,

2002, 208-240쪽; 이영희, "한국의 생산체제는 변화하고 있는가", 『경제와 사회』 40, 1998, 76-101쪽.
14. 홍장표·유장수(1999), "한국과 일본 자동차산업 노동자의 숙련형성시스템에 관한 비교연구", 『산업노동연구』 5-1, 1999, 149-186쪽; 조형제·이병훈, "현대자동차 생산방식의 진화", 『동향과 전망』 73, 2007, 231-264쪽 참조.
15. 송위진·김병윤, "한국 공공부문 과학기술활동의 특성과 변화: 탈추격체제로의 전환을 중심으로", 『기술혁신학회지』 7-3, 2004, 581-606쪽.
16. 김인수, 『모방에서 혁신으로』, 시그마인사이트, 2000, 79-80쪽.
17. 기술혁신의 선형모델은 2차 세계대전 직후인 1945년 미국의 부시(Vannevar Bush)가 루스벨트 대통령에게 보고한 「과학, 끝없는 프런티어(Science, the Endless Frontier)」에서 제시되었다. 이 보고서에는 제2차 세계대전 중 원자폭탄과 레이더 등을 개발한 과학기술활동에 대한 낙관적 시각과 함께 과학활동이 경제·사회발전을 도울 것이라는 믿음이 깔려 있다. 부시는 기초연구와 고급 인력 양성지원프로그램이 필요하다는 것을 강조하면서 과학자사회의 자율성에 입각한 연구 수행을 제시했다. 선형모델은 그 후 혁신체제론이나 과학기술학의 연구를 통해 신랄한 비판을 받았지만 여전히 많은 과학기술자와 정책 결정자들의 사고를 지배하는 틀로 영향력을 행사하고 있다. 특정 분야의 과학기술에 투자하면 사회·경제적 문제를 해결할 수 있다는 단순하고 명쾌한 논리가 정치적으로 상당히 매력적이기 때문이다.
18. 선진국 과학기술혁신정책의 진화 과정에 대한 논의는 송위진·성지은, 『사회문제 해결을 위한 과학기술혁신정책』, 한울아카데미, 2013 제1장에 기반하고 있다. 이에 대한 좀 더 자세한 논의는 Rudd Smits, Stefan Kuhlmann and Philip Shapira, *The Theory and Practice of Innovation Policy: A International Research Handbook* (Edward Elgar, 2010), 18장을 참조할 것.
19. 서구 선진국에서 과학기술과 산업발전을 연계해서 논의하기 시작한 것은 1980년대부터다. 과학기술정책과 산업정책이 결합되기 시작한 것이다. 그 전까지는 과학기술과 산업발전은 관계는 있었지만 서로 다른 영역의 정책으로 파악되었다. 자원과 인력이 부족했던 일본이 반도체, 자동차와 같은 첨단산업 분야에서 선진국을 추월하면서 공공영역에 있던 과학기술을 산업과 연계시키는 논의가 본격적으로 등장하였다. 과학기술과 산업을 연계하는 혁신을 성장의 핵심 요소로 파악하고 그것을 활성화하기 위한 제도들을 논의하는 혁신체제론이 등장한 시기도 이때다. 이런 관점을 잘 보여주는 연구는 Chris Freeman, *Technology Policy and Economic Performance: Lessons*

from Japan (Pinter Publishers, 1987)이다. 우리나라는 산업화가 시작되고 과학기술시스템이 구축되기 시작한 1960년대 후반부터 과학기술을 산업발전의 관점에서 바라보았다.

20. 과학기술중심사회추진기획단·과학기술부, 『국가혁신체계(NIS) 구축방안』, 2004를 참조할 것.

21. 송위진, "과학문화정책의 전환: 과학대중화에서 시민참여로", *STEPI Issue and Policy*, 2011-03, 2011.

22. 합의회의와 시민배심원제도는 과학기술계와 시민사회의 새로운 상호작용 방식을 잘 보여준다. 합의회의는 선별된 10~16명의 보통 시민들이 중심이 되어 사회적으로 논쟁이 되고 있는 과학기술 문제를 평가하는 공개 포럼이다. 선별된 시민들은 자신들의 질문 및 관심사를 전문가들에게 묻고 그들의 답변을 자체적인 토론을 통해 평가한 후, 그 결과를 합의보고서로 만들어 기자회견을 통해 발표하게 된다. 시민배심원제는 중요한 공공의 문제를 무작위로 선별된 시민 패널들이 4~5일간 만나 주의 깊게 심의한다. 시민 패널은 12명에서 24명으로 구성되는데 이들은 해당 전문가들과 증인들의 증언을 듣고 해결책을 토론하고 심의하게 된다. 심의 결과 나온 최종 결론이 정책권고안의 형태로 일반에게 공개된다. 참여연대시민과학센터, 『과학기술·환경·시민참여』, 한울, 2002, 제1장; 이영희, "'기술사회'에서의 참여민주주의의 가능성 연구—과학기술정책 관련 시민참여 모델 평가를 중심으로", 『동향과 전망』 53, 2002, 142-171쪽을 참조할 것.

23. 참여연대시민과학센터, 『과학기술·환경·시민참여』, 한울, 2002에서는 다양한 시민참여 방식과 방법론을 검토하고 있다. 시민 참여에 대한 다양한 관점에 대해서는 현재환·홍성욱, "시민참여를 통한 과학기술 거버넌스: STS의 '참여적' 전환 내의 다양한 입장에 대한 역사적 인식론", 『과학기술학연구』 12-1, 2012, 33-79쪽을 참조할 것

24. 송위진·성지은·장영배, 『사회문제 해결을 위한 과학기술—인문사회 융합방안』, 과학기술정책연구원, 2011, 제6장.

25. 송성수, "전국민과학화운동의 출현과 쇠퇴", 『한국과학사학회지』 30-1, 2008, 170-212쪽.

제2장 산업의 탈추격 혁신

1. 이 장은 송위진, "탈추격 혁신의 전개와 한계: 1990년대 후반 이후 과학기술혁신과 정책", 참여사회연구소·이병천·신진욱(엮음), 『민주정부 10년, 무엇을 남겼나: 1997체제와 한국 사회의 변화』, 후마니타스, 2015, 제5장; 송위진, "2000년대 한국의 과학기술혁신정책: 창조와 통합의 지향", 『과학기술학연구』 9-2, 2009, 1-27쪽을 토대로 내용을 확장했다.
2. 국가과학기술위원회, 『과학기술연감』, 2012, 도표.
3. 국가과학기술심의회, 『민간 R&D투자 활성화 방안』, 2013.
4. 여기서 다룬 산업혁신의 양상은 산업기술진흥협회, 『산업기술30년사』, 2008, 49-56쪽; 최영락·송위진·황혜란·송성수, 『차세대 기술혁신시스템 구축을 위한 정부의 지원 시책』, 한국공학한림원, 2008의 논의를 요약·정리한 것이다. 우리나라 산업혁신의 다양한 양상에 대해서는 이근, 『동아시아 기술추격의 경제학』, 박영사, 2007; 송성수, 『한국 기업의 기술혁신』, 생각의 힘, 2013을 참조할 것
5. 경로실현형 혁신은 새로운 궤적을 창출하는 '경로창출형 혁신'과 기존 경로를 따라가는 '경로추종형 혁신'의 중간에 위치하며 독자적인 특성을 지니고 있다. 무엇을 해결해야 하는지는 알고 있지만 그 대안이 불확실한 상황에서, 새로운 대안의 가능성을 드러내고 실현하는 혁신이다. 송성수·송위진, "코렉스에서 파이넥스로: 포스코의 경로실현형 기술혁신", 『기술혁신학회지』 13-4, 2010에서는 이 개념을 도입해서 포스코의 기술혁신을 분석하고 있다. 경로실현형 혁신은 문제도 잘 알고 대안도 잘 아는 경로추종형 혁신, 문제도 잘 모르고 대안도 잘 모르는 경로창출형 혁신과는 혁신전략에서 차이가 난다.
6. 기술추격 과정에 대한 포괄적인 논의는 UNIDO, *Capability Building for Catching-up: Historical, Empirical and Policy Dimensions*, Industrial Development Report 2005, Vienna: UNIDO, 2005를 참조할 것. 한국의 추격 과정에 대해서는 김인수, 『모방에서 혁신으로』, 시그마인사이트, 2000과, 이근, 『동아시아 기술추격의 경제학』, 박영사, 2007을 살펴볼 것. Keun Lee and Chaisung Lim, "Technological regimes, catching-up and leapfrogging : the findings from Korean industries", *Research Policy*, 30, 2001, pp. 459-483은 기술추격 과정을 경로추종형 추격(path following), 단계생략형 추격(stage-skipping), 경로개척형(path creating) 추격으로 유형 구분하고 있다. 이 글에서 다루는 탈추격 혁신은 이들의 경로개척형 추격과 유사한 개념이다. 다른 나라와 한국의 차이

점에 대해서는 이근 외, 『국가의 추격, 추월, 추락』, 서울대학교 출판문화원, 2013을 참조할 것.

7. 송위진, 『한국의 이동통신: 추격에서 선도의 시대로』, 삼성경제연구소, 2005; 송위진·이근·임채성, "디지털 전환기의 후발국 기술추격 패턴 분석: 디지털 TV 사례", 『기술혁신연구』 12-3, 2004, 205-227쪽.

8. 송성수·송위진, "코렉스에서 파이넥스로: 포스코의 경로실현형 기술혁신", 『기술혁신학회지』 13-4, 2010, 700-716쪽.

9. 송위진, "기술혁신에서 위기의 역할과 과정", 『기술혁신연구』 7-1, 1999, 78-97쪽.

10. 신장섭·장성원, 『삼성반도체 세계 일등 비결의 해부』, 삼성경제연구소, 2006.

11. 최영락·송위진·황혜란·송성수, 『차세대 기술혁신시스템 구축을 위한 정부의 지원시책』, 한국공학한림원, 2008.

12. Clayton Christensen, The Innovator's Dilemma: When New Technologies Cause Great Firms to Fail (Harvard Business School Pres, 1997).

13. 국내 기업의 이러한 모습에 대한 생생한 묘사는 신기주, "한국 기업들 성장 패러다임을 혁신하라", Fortune Korea 2010년 4월호, 2010.

14. 추격 단계의 경로추종형 혁신은 위계적이고 폐쇄적인 혁신네트워크 형성과 함께 진행되었다. 기계·부품·소재산업이 발전되지 않은 상황에서 조립 대기업을 중심으로 추격형 혁신활동이 수행되면서 대기업은 해외로부터 기술을 도입하여 하위 기업을 육성하고 대기업 중심의 폐쇄적인 혁신네트워크를 형성하였다. 또 이 때문에 혁신네트워크에 참여한 기업들은 조립 대기업과 종속적인 관계를 맺게 되었다. 경로실현형 혁신의 경우에는 추격 과정을 통해 관련 산업과 기업이 발전되어 있었기 때문에 추격형 혁신과는 출발 조건이 달랐다. 그러나 기술개발의 불확실성이 높은 상태에서 대규모 투자와 신속한 기술개발을 위해서는 대기업의 지도에 따라 잘 규율되는 네트워크가 필요했다. 추격 단계에서 형성된 잘 훈련된 폐쇄적 네트워크는 경로실현형 혁신에서도 여전히 유용한 틀이었다.

15. "대기업 배만 불리는 연구분야 지원 예산", 『조선일보』, 2010. 8. 5.

16. 장석인·이경숙·박광순·이항구·홍성인·정은미·김종기·김경유, 『주요 산업별 대중소기업 성과 및 거래구조 분석과 정책적 시사점』, 산업연구원 정책자료 2010, 9쪽.

17. 기업 지배구조의 큰 변화가 없다면 대기업 중심의 혁신체제는 폐쇄적 네트워크에 기반한 경로실현형 혁신을 계속해서 추구할 수밖에 없기 때문에 추격체제를 극복하기 어렵다.

18. 사회·기술시스템(전환)론은 사회와 기술은 서로 분리되어 존재할 수 없는 통합된 시스템으로 존재한다고 파악한다. 사회·기술시스템(전환)론은 혁신체제론이 진화한 논의로서 혁신의 사용 측면, 사회적 측면을 중요한 요소로 설정하고 있다. 혁신체제론의 경제 중심적 측면을 보완하면서 사회적 측면까지 분석에 포괄하고 있는 것이다. 이에 대한 논의는 Frank Geels, "From Sectoral Systems of Innovation to Socio-technical Systems Insights about Dynamics and Change from Sociology and Institutional theory", *Research Policy* Vol 33, No. 6-7, 2004, pp. 897-920; Frank Geels, "Understanding System Innovations: a Critical Literature Review and a Conceptual Synthesis", in Boelie Elzen, Frank Geels and Kenneth Green(eds), *System Innovation and the Transition to Sustainability* (Edward Elgar, 2004), pp. 63-89; 송위진 엮음, 『사회·기술시스템전환: 이론과 실천』, 한울아카데미, 2017을 참조할 것

19. 이에 대한 좀 더 자세한 논의는 송위진, "전환연구와 탈추격론의 확장", 『과학기술학연구』 16-1, 2016, 63-89쪽; 송위진, "문제해결형 연구개발사업의 주요 특성과 정책방향", *STEPI Insight* 99호, 2012를 참조할 것

20. 송위진·성지은, 『사회문제 해결을 위한 과학기술혁신정책』, 한울아카데미, 2013, 제2장.

제3장 탈추격 혁신과 과학기술정책의 변화

1. 이 장은 송위진, "2000년대 한국의 과학기술혁신정책: 창조와 통합의 지향", 『과학기술학연구』 9-2, 2009, 1-27쪽; 송위진, "탈추격 혁신의 전개와 한계: 1990년대 후반 이후 과학기술혁신과 정책", 참여사회연구소·이병천·신진욱(엮음), 『민주정부 10년, 무엇을 남겼나: 1997체제와 한국 사회의 변화』, 후마니타스, 2015, 제5장을 토대로 그 내용을 대폭 확장했다.

2. 김영민, "차세대 성장 정책, 기술보다 시장이다", 『LG주간경제』, 2007.6.23.의 분석에 따르면 1990년대 중반까지 기업의 연구개발투자는 설비투자에 후행했다. 모방형 성장 방식 때문에 설비투자가 먼저 이루어진 후 관련 기술을 학습하거나 개선하기 위해 연구개발이 이루어졌다. 그러나 1990년대 후반에 와서 기업들은 먼저 연구개발에 투자해 기술을 확보한 다음 이를 사업화하기 위해 설비투자를 하는 방식을 취하게 되었다. 모방을 넘어서는 혁신을 추진하면서 생산보다 기술개발을 우선시하게 된 것이

다. 기업의 의사결정 방식에 큰 변화가 이루어진 것이다.
3. 제1차 기본계획(2003~2007)은 참여정부의 과학기술기본계획, 제2차 기본계획(2007~2012)은 이명박 정부의 과학기술기본계획으로 명명되었다. 국민의 정부 때 세워진 과학기술기본계획(2002~2006)은 참여정부가 들어서면서 제1차 과학기술계획으로 확대·발전되었다. 이렇게 기본계획의 시간적 범위를 각 정부의 통치기간과 일치시킴으로써 과학기술정책에 대한 관심과 책무성이 고양되는 효과가 나타났다.
4. 문해주 외, 『우리나라 과학기술 중장기 계획의 분석』, 한국과학기술기획평가원, 2010; 송성수, "한국의 과학기술종합계획에 관한 내용분석: 5개년 계획을 중심으로", 『과학기술학연구』 7-1, 2007, 117-150쪽.
5. 과학기술혁신본부 내에서의 정책 조정 과정에 대해서는 송위진, 『창조와 통합을 지향하는 과학기술혁신정책』, 한울아카데미, 2010, 제9장을 참조할 것.
6. 국가혁신체제에 대한 논의는 Chris Freeman, *Technology Policy and Economic Performance: Lessons from Japan* (Pinter Publishers, 1987), Bengt-Åke Lundvall(eds), *National Systems of Innovation: Towards a Theory of Interactive Learning* (Pinter, 1992), 송위진, "국가혁신체제론의 혁신정책", 『행정논총』 47-3, 2009, 79-104쪽을 참조할 것.
7. 2000년대 이후 삶의 질과 사회문제 해결을 지향하는 혁신정책의 등장은 한국만이 아니라 전 세계적으로 나타나는 현상이다. 유럽에서는 이러한 논의들이 '사회에 책임지는 연구와 혁신(Responsible Research and Innovation)'의 개념으로 수렴되었다. 이에 대해서는 박희제·성지은, "더 나은 사회를 위한 과학을 향하여: 사회에 책임지는 연구혁신(RRI)의 현황과 함의", 『과학기술학연구』 15-2, 2015, 99-133쪽을 볼 것. 과학기술과 사회문제 해결에 대한 논의는 송위진·성지은, 『사회문제 해결을 위한 과학기술혁신정책』, 한울아카데미, 2013을 참조할 것.
8. 대한민국 정부, 『참여정부 과학기술정책백서』, 2008, 41쪽.
9. 성지은·송위진, "정책조정의 새로운 접근으로서 정책통합: 과학기술혁신정책을 중심으로", 『기술혁신학회지』 11-3, 2008, 352-375쪽.
10. 여기에서 논의된 정책들은 과학기술부, 『과학기술정책 40년사』, 2008의 1990년대~2000년대 서술에서 주요하게 언급된 것과 이명박 정부의 주요 과학기술정책에 기반하고 있다.
11. 기초연구는 기초과학 또는 기초과학과 공학·의학·농학 등과의 융합을 통해 새로운 이론과 지식 등을 창출하는 연구활동이다. 원천연구는 제품이나 서비스를 개발하는 데 필수불가결한 독창적 기술로서 지속적으로 부가가치를 창출하고 다양한 기

술 분야에 응용이 가능한 기술을 개발하는 연구활동으로서 주로 기초, 응용연구에서 이루어진다. 기초·원천연구는 기초연구와 원천연구를 통합해서 지칭하는 용어이다. 기초연구의 정의에 대해서는 국가과학기술위원회, 『기초연구종합진흥계획 2008-2012』, 2009를, 원천연구의 정의는 국가과학기술위원회 운영위원회, 『원천연구 개념 및 비중 산정』, 2009를 참조할 것.

12. 이 종합계획은 이명박 정부가 들어서면서 전면 수정되어 2008년부터 2012년까지 추진되는 계획으로 확장되었다. 여기서는 특히 창의적 연구인력 양성 및 활용이 강조되었다. 과학기술과 고등교육을 통합시키는 정부조직 개편으로 교육과학기술부가 출범하면서 이런 변화가 나타난 것이다.

13. 기초과학연구원의 설립 과정은 과학비즈니스벨트 구축, 세종시 설립 등 다양한 정치적 이슈와 맞물리면서 매우 복잡한 과정을 통해 진행되었다. 또 기초과학 연구비 배분과 관련된 기존 대학 연구자들의 반발이 이루어지면서 상당한 진통을 겪었다. 기초과학연구원 기관 형성 과정에 대한 논의는 박범순·우태민·신유정, 『사회 속의 기초과학: 기초과학연구원과 새로운 지식생태계』, 한울아카데미, 2016을 참조할 것.

14. 벤처기업 인증제도는 벤처기업 육성을 위한 특별조치법에 의거해서 1998년부터 시행되어 2006년 6월에 개편되었다. 개편 전에는 중소기업청을 통해서만 벤처기업 인증을 받았는데, 법 개편을 통해 민간기관에서도 인증을 받을 수 있게 되었다. 정부로부터 벤처기업 인증을 받은 후 금융 지원을 받는 방식에서, 벤처기업 평가를 바탕으로 벤처캐피탈의 투자, 기술신용보증기금의 보증, 중소기업진흥공단의 융자를 받은 후에 벤처기업으로 인증되는 방식으로 변화된 것이다. 시장에서 인정을 받아야 벤처기업으로 인증받게 된 것이다.

15. 연구개발을 수행하는 과학기술자들도 '선택과 집중' 정책에 익숙해졌다. 자신이 연구하고 있는 분야가 신성장동력 분야나 전략기술에 해당되면 연구비 확보가 쉽기 때문이다. 과학기술자들은 최종 사용자 참여와 리빙랩 운영 등과 같은 시스템혁신을 지향하는 연구개발사업(예: 사회문제 해결형 연구개발사업)이 도입되어도 그것을 또 다른 성장동력사업으로 파악하는 경향이 있다.

16. 차세대 성장동력 선정과 관련된 부처 간의 논쟁에 대해서는 대통령자문 정책기획위원회, 『차세대 성장동력산업 육성: 미래산업 창출을 위한 블루오션 전략』, 2008, 제2장을 참조할 것.

17. Nik Brown, Brian Rappert and Andrew Webster, *Contested Futures: A Sociology of Prospective Techno-Science* (Routledge, 2000)은 기술사회학의 관점에서 이런 측면들을

살펴보고 있다.
18. 황우석 사건에 대해서는 이영희, "황우석 사태는 얼마나 한국적인가?", 『과학기술학연구』 7-2, 2007, 23-46쪽; 김환석, "황우석 사태의 원인과 사회적 의미", 『경제와 사회』 71, 2006, 237-255쪽을 살펴볼 것. 이 사건에 대한 구체적 논의는 다음 장을 참조할 것.
19. 관성을 극복하고 사회문제 해결형 연구개발이 필요로 하는 새로운 추진체제를 널리 알리기 위해 2016년에 '사회문제 R&D사업 운영·관리 가이드라인'이 만들어졌다. 이 가이드라인은 사회문제 해결형 연구개발을 수행하는 공무원, 관리기관, 연구자들에게 기존 사업과 다른 추진체제의 내용들을 구체적으로 제시해주고 있다. 미래창조과학부·한국과학기술기획평가원, 『사회문제 해결형 R&D사업 운영·관리 가이드라인』, 2016을 참조할 것.

제4장 과학기술과 시민사회의 새로운 만남

1. 장영배·한재각, 『시민참여적 과학기술정책 형성 발전방안』, 과학기술정책연구원, 2012, 제4장, 제1절.
2. 기술영향평가에 대한 일반적인 논의는 이영희, "기술의 사회적 통제와 수용: 기술영향평가의 정치", 『경제와 사회』, 제73호, 2007, 246-268쪽과 김병윤, "기술영향평가 개념에 대한 탐색: 역사적 접근", 『한국기술혁신학회지』, 제6권, 제3호, 2003, 306-327쪽을 참조할 것.
3. 유지연·한민규·임현·안병민·황기하, "한국의 기술영향평가, 현황과 과제", 『기술혁신학회지』, 제13권, 제4호, 2010, 617-637쪽.
4. 그동안 추진된 기술영향평가에 대한 평가는 권성훈, 『기술영향평가제도의 현황과 개선과제』, 국회입법조사처, 2014, 37-49쪽을 참조할 것.
5. 장영배·한재각, 『시민참여적 과학기술정책 형성 발전방안』, 과학기술정책연구원, 2012, 제4장 제4절.
6. 재생에너지의 부족한 경제성을 보완하고 이를 이용한 전력의 보급을 촉진하기 위한 보급 정책이다. 2002년 5월부터 시작된 이 제도는 재생에너지원으로 생산한 전력 가격과 기존 에너지원으로 생산한 전력 생산단가 차액을 정부가 보상해주는 제도이다. 이 제도는 시민사회조직이 운영하는 소규모 재생에너지 발전소의 수익을 보장해 시

민발전소의 확산에 기여했다. 그러나 이 제도는 2011년까지 시행되었으며 의무할당제(Renewable Portfolio Standard: RPS)로 대체되었다. 의무할당제는 재생에너지의 비율을 높이기 위해 발전사업자들의 발전용량 일정 부분을 재생에너지로 발전하도록 의무화하는 제도다. 의무할당제는 에너지 공기업과 대기업들의 재생에너지 시장 참여에 우호적인 제도이다. 이로 인해 지역에 기반한 중소규모 시민발전소는 축소될 가능성이 높다고 비판받아왔다.

7. 부안 사태에 대한 자세한 분석은 김철규·조성익, "핵 폐기장 갈등의 구조와 동학: 부안 사례를 중심으로", 『경제와 사회』 63, 2004, 12-39쪽을 참조할 것. 방사성 폐기물 처리시설 선정을 바라보는 관점들에 대해서는 이영희, "핵폐기물 관리 체제의 국제비교: 기술관료적 패러다임 대 과학기술사회론적 패러다임", 『경제와 사회』 85, 2010, 67-92쪽을 참조할 것.

8. 박희제, "미국산 쇠고기 파동과 대중의 위험인식의 합리성 : 대중의 과학이해(PUS) 관점", 『현상과 인식』 33-4, 2009, 91-116쪽.

9. 황우석 사건에 대한 논의는 김병수, 『한국생명공학논쟁』, 알렙, 2014; 김근배, 『황우석 신화와 대한민국 과학』, 역사비평사, 2007을 참조할 것.

10. 황우석 사태의 특성에 대해서는 이영희, "황우석 사태는 얼마나 한국적인가?", 『과학기술학연구』 7-2, 2007, 23-46쪽; 김환석, "황우석 사태의 원인과 사회적 의미", 『경제와 사회』 71, 2006, 237-255쪽을 참조할 것. 김환석은 황우석 사건의 배경에는 박정희 패러다임과 신자유적 성장동맹이 자리 잡고 있다고 보고 있다. 맹목적으로 황우석을 지지하는 소위 '황빠' 현상이 등장한 배경에 대해서는 김종영, "'황빠' 현상 이해하기: 음모의 문화, 책임 전가의 정치", 『한국사회학』 41-5, 2007, 75-111쪽을 참조할 것.

11. 이공계 위기의 의의와 한계에 대한 논의는 이은경, "이공계 기피 논의를 통해 본 한국 과학기술자 사회의 특성", 『과학기술학연구』 6-2, 2006, 77-102쪽과 한경희, "이공계위기의 재해석과 엔지니어의 자기성찰" 『한국사회학』, 38-4, 2004, 73-99쪽을 참조할 것. 한국 과학자사회의 일반적 특성에 대한 연구는 김환석·김동광·조혜선·박진희·박희제, 『한국의 과학자사회: 역사, 구조, 사회화』, 궁리, 2010을 참조할 것.

12. 이에 대한 논의는 박성래·신동원·오동훈, 『우리 과학 100년』, 현암사, 2001, 340-347쪽을 참조할 것. 박성래는 "뿌리 깊은 중인 의식, 과학자여 걷어차라", 『주간동아』, (2004. 11. 4.)라는 글을 발표하여 서울에서 열린 군축을 위한 과학기술자들의 모임인 '퍼그워시(Pugwash) 회의'에 무관심한 현대 한국 과학기술자 사회의 중인의식을

비판한 바가 있다.

제5장 탈추격을 위한 과학기술정책

1. 탈추격과 지속가능한 시스템 전환을 연결하는 논의에 대해서는 송위진, "전환연구와 탈추격론의 확장", 『과학기술학연구』 16-1, 2016을 참조할 것.
2. 시스템 전환의 과정과 방법에 대한 구체적인 논의는 사회혁신팀 편역, 『지속가능한 사회·기술시스템으로의 전환: 이론과 실천』(Lydia Sterrenberg, Jose Andringa, Derk Loorbach, Rob Raven and Anna Wieczorek, *Low-carbon transition through system innovation: Theoretical notions and application,* Pioneers into Practice Mentoring Programme 2013), 2014를 참조할 것. 이는 시스템 전환을 지향하는 실천가들을 위한 전환 전략 매뉴얼이다.
3. 지속가능한 전환에 대해서는 송위진 엮음, 『사회·기술시스템전환: 이론과 실천』, 한울아카데미, 2017; John Grin, Jan Rotmans, and Johan Schot, *Transition to Sustainable Development: New Directions in the Study of Long Term Transformative Change*(Routledge, 2010)을 참조할 것.
4. 송위진·성지은, 『사회문제 해결을 위한 과학기술혁신정책』, 한울아카데미, 2013, 제2장.
5. 지식경제부의 '공생발전 산업생태계 육성'(2012년 업무보고)부터 시작해서 산업생태계 형성은 2010년대 산업기술정책의 핵심어가 되고 있다.
6. 이영희, "전문성의 정치와 사회운동", 『경제와 사회』 93, 2012, 13-41쪽.
7. 송위진, "문제해결형 연구개발사업의 주요 특성과 정책방향", *STEPI Insight*, 99호, 2012. 문제해결형 혁신은 과학기술혁신이 기술개발에 그치는 것이 아니라 사회·경제적 난제 해결까지 연결되어 실질적인 효과(impact)를 구현하도록 하는 정책이다.
8. 송위진, "사회문제 해결형 혁신정책과 혁신정책의 재해석", 『과학기술학연구』 15-2, 2015는 사회문제 해결형 혁신정책을 정책을 바라보는 새로운 관점으로 확장하면서 기존 정책들을 이 프레임에서 재해석하고 있다.
9. 이에 대한 자세한 논의는 미래창조과학부·한국과학기술기획평가원, 『사회문제 해결형 R&D사업 운영·관리 가이드라인』, 2016을 참조할 것.
10. 공유가치 창출은 기업의 경쟁전략론을 정초한 포터(Michael Porter)와 크레머(Mark

Kramer)가 발표한 논문 Michael Porter and Mark Kramer, "Creating Shared Value", *Harvard Business Review* Vol. 89, Issue 1/2, pp. 62-77에서 처음 제시한 개념이다. 공유가치 창출은 기업이 사회문제 해결 과정 자체에서 수익을 올리고 성장의 원천을 찾는 것이다. 기업의 사회적 책임론(Corporate Social Responsibility)과 같이 수익의 일부를 사회에 환원하는 방식을 넘어 사회문제 해결을 비즈니스의 출발점으로 삼는다. 공유가치 창출은 사회문제를 일으키는 기업, 사회문제에 무관심한 기업, 원활한 사업을 위해 사회에 수익을 일부 기부하는 기업과 같은 전통적인 관점을 넘어 사회문제를 해결하고 그것을 통해 비즈니스를 하는 기업이라는 새로운 개념을 제시하고 있다.

11. 송위진·성지은, 『사회문제 해결을 위한 과학기술혁신정책』, 한울아카데미, 2013, 제4장.
12. 선도시장전략은 신성장동력사업과 다르다. 선도시장전략은 연구개발투자, 인력 양성과 같은 공급형 정책수단과 기술 수요와 관련된 표준, 규제, 지적재산권, 정부 구매 등과 같은 정책수단들을 종합하고 통합하는 성격을 지니고 있다. 따라서 정책수단을 연계·조정하고, 통합성을 높일 수 있는 정책 능력을 필요로 한다. 이에 대해서는 성지은, "수요기반 혁신정책: 개념과 사례" *STEPI Issue and Policy* 제49호, 2011과 European Commission, DG Enterprise, "How to Strengthen the Demand for Innovation Europe?", *Lead Market Initiative for Europe* 2010을 참조할 것.
13. 김왕동·성지은·송위진·김종선·장영배·박미영, 『과학기술을 통한 창조복지국가 실현 방안』, 과학기술정책연구원, 2012, 142-143쪽.
14. 사용자 주도형 혁신에 대해서는 폰 히펠(von Hippel), 『소셜이노베이션(Democratizing Innovation)』, 배성주 옮김, 디플Biz, 2012를 참조할 것.
15. 리빙랩(living lab)을 혁신 과정에서 사용자 참여를 촉진하는 하부구조, 더 나아가서 새로운 혁신모델로 주목할 필요가 있다. 덴마크의 장애인 학교에서 운영 중인 리빙랩은 장애인을 위한 보조 기술을 개발·실증하고 있다. 노틀담 등 몇몇 유럽 도시에서는 지속가능한 에너지시스템 구축을 위한 도시 수준의 리빙랩 사업을 진행하고 있다. 2016년 현재 유럽의 리빙랩 네트워크(European Network of Living Labs: ENoLL)에는 400여 개의 랩이 참여하고 있다. 이에 대한 좀 더 자세한 논의는 송위진·성지은, 『사회문제 해결을 위한 과학기술혁신정책』, 한울아카데미, 2013, 제5장을 참조할 것.
16. 우리나라가 채택하고 있는 5년 단임 대통령제는 이것을 가속화하고 있다. 현재 제도 하에서는 임기 초에는 높은 지지도를 바탕으로 강력한 정책 추진이 가능하기 때문

에 각 부처별로 핵심 어젠더(과학기술중심사회, 녹색성장 등)를 중심으로 다수의 정책들이 양산된다. 이때 정책의 가시성에 초점이 맞추어진 패션화된 정책개발이 이루어지는 경우가 많다. 또한 단임제의 특성으로 인해 레임덕 현상이 일찍 나타나기 때문에 정권 말이나 차기 정권까지 정책이 일관성 있게 지속되기 어렵다. 이 때문에 시행된 정책의 효과를 파악하고 정책을 진화시켜나가는 정책 학습 메커니즘이 상당히 취약하다. 이에 대한 논의는 성지은·송위진, "정책조정의 새로운 접근으로서 정책통합: 과학기술혁신정책을 중심으로", 『기술혁신학회지』 11-3, 2008, 352-375를 참조하라. 많은 자원이 투입되어 진행된 사업들이 정권이 바뀌면 소리 없이 사라지거나 축소된다. 그리고 그것의 성공·실패에 대한 평가는 이루어지지 않는다.

맺음말

1. 이근 외, 『국가의 추격, 추월, 추락』, 서울대학교 출판문화원, 2013.
2. 과학기술정책이 '통합형 혁신정책'으로 발전하고 있는 상황에서 이런 연구들은 그것을 효과적으로 추진하기 위한 기초연구가 된다.
3. 각국 혁신체제는 각 구성요소의 서로 다른 방식과 논리에 따라 정합성을 형성하고 있다. 그리고 이 때문에 나타나는 국가별 혁신체제의 차이가 나타난다. 이에 대한 논의는 Bruno Amable, *The Diversity of Modern Capitalism* (Oxford University Press, 2009)를 참조할 것.
4. 이와 관련해서 시사점을 주는 논의는 Henry Mintzberg, *The Rise and Fall of Strategic Planning* (Simon and Schuster, 1994); Stefan Thomke, *Experimentation Matters* (Harvard Business School Press, 2003)가 있다.
5. 이종찬, "제도변화에 대한 이론적 고찰: 후기 제도주의의 쟁점과 한계", 『한국정치학회보』 48-1, 2014; Kathleen, Thelen, *How Institutions Evolve: The Political Economy of Skills in Germany, Britain, The United States, and Japan* (Cambridge University Press, 2004); 송위진 엮음, 『사회·기술시스템전환: 이론과 실천』, 한울아카데미, 2017.
6. 이에 대한 리뷰는 박희제·성지은, "더 나은 사회를 위한 과학을 향하여: 사회에 책임지는 연구혁신(RRI)의 현황과 함의", 『과학기술학연구』 15-2, 2015를 참조할 것. 관련 주제들은 전문 저널인 *Journal of Responsible Innovation*에서 다루어지고 있다.

〈표 및 도판 일람〉

표 일람

〈표 1-1〉 1945~46년 과학기술정책 담론 주도자들의 명단과 주요 이력
〈표 1-2〉 해방 전과 후의 과학기술자 현황과 소요 인원
〈표 1-3〉 1946년 이태규의 과학기술부 설치안
〈표 1-4〉 1956년~1961년 ICA 기술원조 내역
〈표 1-5〉 "한미합동경제위원회 기술위원회"(CEBEC) 한국 측 위원단
〈표 1-6〉 제1차 경제개발5개년계획의 산업별 성장률 목표치
〈표 1-7〉 1962년 ICA 기술원조 요청 내역
〈표 1-8〉 1961년 10월 "외국기술도입 기본방안" 중 외국 기술자의 장단점 비교
〈표 1-9〉 제1차 경제개발계획 추진 시기의 기술도입 건수
〈표 1-10〉 1961년 7월 건설부의 기술위원회 설치안
〈표 1-11〉 1961년 기술계 인적자원 현황
〈표 1-12〉 1954년 고등학교 개설 현황
〈표 1-13〉 1950년대 초 국공립대학교 설치 현황
〈표 1-14〉 1954년 12월 말 현재 전국 고등교육기관 재학생 수 통계
〈표 1-15〉 1956~1961년의 실업고등학교 졸업자의 진로
〈표 1-16〉 제1차 기술진흥5개년계획의 과학기술계 인력 구분
〈표 1-17〉 1960년대 초 산업 분야별 기술인력 분포
〈표 1-18〉 제1차 기술진흥5개년계획의 기술인력 예측
〈표 1-19〉 제1차 기술진흥5개년계획의 실행 사업 개요
〈표 1-20〉 제2차 과학기술진흥5개년계획의 과학기술인력 정의
〈표 1-21〉 과학기술계 인력 수급 계획(1965~1971)
〈표 1-22〉 해외 한인과학기술자 유치 실적(1968~1980) (단위: 명)

〈표 1-23〉 제2차 경제개발계획 기간 중의 직업훈련 실적

〈표 1-24〉 경제개발 초기 형태별 직업훈련 실적

〈표 1-25〉 국제기능올림픽대회 참가 실적(1967~1985)

〈표 1-26〉 경제개발 단계별 산업·기술 및 인력개발정책 개요

〈표 1-27〉 한국 과학기술 연구개발 행정 및 제도의 주요 변천(1959~1979)

〈표 1-28〉 경제개발 초기 산업정책의 핵심 목표(1962~1981)

〈표 1-29〉 1968년 한국의 장기 기술 발전 전망

〈표 1-30〉 추격기 과학기술 관련 연구기관의 확대와 주요 기능

〈표 1-31〉 한국 과학기술 연구개발 행정 및 제도의 주요 변천(1980~1999)

〈표 1-32〉 1980~90년대 산업정책의 핵심 목표

〈표 1-33〉 특정연구개발사업의 변천

〈표 1-34〉 한국의 연구개발비 추이(1970~2014)

〈표 1-35〉 한국의 연구개발인력 추이(1963~2014)

〈표 2-1〉 과학기술정책의 진화

〈표 2-2〉 과학기술과 시민사회 관계의 진화

〈표 2-3〉 후발국의 산업혁신 유형

〈표 2-4〉 국민의 정부, 참여정부, 이명박 정부의 과학기술기본계획

〈표 2-5〉 시대별 기술혁신활동에 대한 이명박 정부의 인식

〈표 2-6〉 10대 차세대 성장동력사업

〈표 2-7〉 이명박 정부의 신성장동력 분야

〈표 2-8〉 사회문제 해결형 연구개발 프로그램의 특성

〈표 2-9〉 탈추격기 과학기술정책의 특성·성과·한계

〈표 2-10〉 3개 국가위원회의 시민 참여 현황

〈표 2-11〉 기술영향평가 대상 기술

〈표 2-12〉 황우석 사건 일지

도판 일람

〈그림 1-1〉 빈곤과 원조의 문제해결 고리

〈그림 1-2〉 1960년대 한국의 저개발 탈출 과정의 개요

〈그림 1-3〉 경제개발에 필요한 인력 공급의 비전
〈그림 1-4〉 한국 과학기술 연구개발체계의 변천 모델
〈그림 1-5〉 기술 추격의 초기 체계 (1972년)
〈그림 1-6〉 1982년 특정연구개발사업의 개념 모델
〈그림 2-1〉 기술혁신에 따른 산업 진화의 패턴: 어터백-아버나시의 논의
〈그림 2-2〉 한국 주요 산업의 세계적 위상
〈그림 2-3〉 CDMA 상용 시험 통화
〈그림 2-4〉 사회·기술시스템론의 관점: 교통시스템의 사례
〈그림 2-5〉 사회·기술시스템의 전환 과정
〈그림 2-6〉 김대중 대통령이 주재한 국가과학기술위원회(1999. 12. 3.)
〈그림 2-7〉 참여정부의 과학기술정책 조정체제
〈그림 2-8〉 정보-지식-지능화사회 구현의 국가기술지도
〈그림 2-9〉 참여정부의 국가기술혁신체계의 개념과 구축 방안
〈그림 2-10〉 '기술기반 삶의 질 향상 종합대책'의 구조
〈그림 2-11〉 '녹색기술 연구개발 종합대책'의 비전과 목표
〈그림 2-12〉 기초과학연구원의 차별화된 연구 영역
〈그림 2-13〉 차세대 성장동력 선정 과정에서 부처 간 갈등을 다룬 기사
〈그림 2-14〉 제2차 환경기술개발종합계획의 비전·목표·핵심전략·중점과제
〈그림 2-15〉 과학기술과 시민사회의 갈등: 부안군민들의 방사성 폐기물 저장시설 반대운동과 광우병 촛불시위
〈그림 2-16〉 인간 복제배아 줄기세포 배양성공 특별 기념우표: 2005. 2. 12 발행, 2006. 1. 11일 판매 중지
〈그림 2-17〉 이공계 위기에 대한 해법

〈참고문헌〉

제1부

〈1차 사료〉

"국가재건최고회의 상임위원회 회의록 제83호", 1961.12.9., 국회도서관

"국가재건최고회의 연석회의 회의록", 1962.1.12, 국회도서관.

"문교부직제", 각령 제180호, 1961.10.2, 법제처 종합법령정보센터.

건설부, "기술위원회 설치의 건", 1961.7.20., 총무처, 『각의상정안건철(제41회-46회)』(1961), 대한민국 국가기록원.

경제과학심의회의 사무국 총무과, 『실업교육육성방안심의보고(제1호)』 (1965), 대한민국 국가기록원.

경제기획원, "기술계 인적자원조사 보고서 작성 보고의 건(제1회)", 『각의상정안건철(제1회-3회)』 (1962), 대한민국 국가기록원.

경제기획원, "외국기술도입기본방안 및 FY 62 ICA 기술원조계획 한국측 요청안보고의 건", 1961.10.19., 총무처, 『각의상정안건철(제81~82회)』 (1961), 대한민국 국가기록원.

경제기획원, "제1차 기술진흥 5개년계획 제1차년도(1962) 시행계획 시행보고", 1962.10.18, 총무처, 『각의상정안건철(제85회-89회)』 (1962), 대한민국 국가기록원.

경제기획원, "제1차 기술진흥5개년계획 개요: 제1차 경제개발5개년계획 보완", 『각의상정안건철』 (1962), 대한민국 국가기록원.

부흥부, "국무회의 보고안: 「스미스 힌치맨 그릴스」 기술계약단 이용 촉구 조치에 관한 보고의 건", 총무처, 『국무회의상정안건철』 (1958), 대한민국 국가기록원.

부흥부, "산업개발위원회 설치안", 1958.1.28, 총무처, 『국무회의상정안건철(제2회-9회)』 (1958), 대한민국 국가기록원.

총무처 의정국 의사과, "제1회 각의상정안", 『각의상정안건철』 (1962), 대한민국 국가기록원.

총무처, "ICA 기술원조계획으로 내한하는 기술원조 기술들의 입국을 일절 우리정부에서 완전히 파악하고 기성분을 확실하게 알고 있어야 한다(제4회)", 1957.1.11, 대한민국 국가기록원.

국사편찬위원회 한국사데이터베이스 (http://db.history.go.kr)
한국학진흥사업단 성과포털(http://waks.aks.ac.kr)
세계은행 빈곤통계 (http://iresearch.worldbank.org/)
국가과학기술지식정보서비스 (http://sts.ntis.go.kr)
《자유신문》
《조선일보》
《동아일보》
《경향신문》
《매일경제》
《연합뉴스》

〈2차 사료〉
강박광, 『70-80년대 주요 과학기술정책이 과학기술발전과 산업발전에 기여한 성과조사 분석』, 과학기술부, 2007.
경제기획원, 『과학기술연감』, 1966.
경제기획원, 『신경제 5개년계획(1993~97)』, 1993.
경제기획원, 『제1차 경제개발5개년계획(1962~66)』, 1962.
경제기획원, 『제2차 경제개발5개년계획(1967~71)』, 1967.
경제기획원, 『제3차 경제개발5개년계획(1972~76)』, 1972.
경제기획원, 『제4차 경제개발5개년계획(1977~81)』, 1977.
경제기획원, 『제5차 경제사회발전5개년계획(1982~86)』, 1982.
경제기획원, 『제6차 경제사회발전5개년계획(1987~91)』, 1987.
경제기획원, 『제7차 경제사회발전5개년계획(1992~96)』, 1992.
과학기술부, 『우리나라 과학기술정책 수립과정에 영향을 미친 주요요인들의 조사 분석·정리』, 2005.
과학기술부, 『특정연구개발사업 20년사』, 2003.
과학기술처, 『과학기술30년사』, 1997.

과학기술처,『과학기술개발장기종합계획 1967-1986』, 1968.

과학기술처,『과학기술연감』, 1967년부터 1980년까지 각년판.

과학기술처,『과학기술행정20년사』, 1987.

과학기술처,『제3차 과학기술개발5개년계획』, 1972.

교육부,『교육50년사, 1948-1998』, 1998.

김근배, "해방 이후의 과학 기술계", 박성래·신동원·오동훈 지음,『우리 과학 100년』, 현암사, 2001.

김근배, "한국과학기술연구소(KIST) 설립과정에 관한 연구: 미국의 원조와 그 영향을 중심으로",『한국과학사학회지』12권 1호, 1990.

김근배, "과학기술입국의 해부도-1960년대 과학기술 지형",『역사비평』85, 2008.

김근배,『한국 과학기술혁명의 구조』, 들녘, 2016.

김인수·이진주,『기술혁신의 과정과 정책』, 한국개발연구원, 1982.

김휘석,『퍼스널 컴퓨터 산업의 구조와 발전방향』, 산업연구원, 1985.

대한민국정부,『제1차 기술진흥5개년계획』, 1962.

대한민국정부,『제2차 과학기술진흥5개년계획』, 1966.

문교부 편,『문교행정통계일람』, 1956.

문교부,『교육기관통계』, 1954.

문만용, "1960년대 '과학기술 붐': 한국의 현대적 과학기술체제의 형성",『한국과학사학회지』29(1), 2007.

문만용, "KIST의 설립과 변천, 1966-1980", 서울대학교 박사학위논문, 2006.

문만용,『한국의 현대적 연구체제의 형성: KIST의 설립과 변천, 1966-1980』, 선인, 2010.

박성래,『한국 과학기술자의 형성 연구』, 한국과학재단, 1995.

박성래,『한국사에도 과학이 있는가』, 교보문고, 1997.

박우희·배용호,『한국의 기술발전』, 경문사, 1996.

박태균,『원형과 변용: 한국경제개발계획의 기원』(서울대학교출판부, 2007).

서상선,『한국직업훈련의 발자취: 제도화 과정에 얽힌 뒷이야기들을 중심으로』, 대한상공회의소, 2002.

서울대학교 60년사 편찬위원회,『서울대학교60년사, 2006.

설성수,『소관연구기관 성과분석 및 경제사회적 기여전략 연구』, 기초기술연구회, 2004.

송성수, "한국 철강산업의 기술능력 발전과정: 1960-1990년대의 포항제철", 서울대학교 박사학위논문, 2002.

송성수, "한국과학기술정책의 특성에 관한 시론적 고찰", 『과학기술학연구』 2(1), 2002.
송인상, 『淮南 宋仁相 回顧錄, 復興과 成長』, 1994.
송상용, "한국과학 25년의 반성", 『형성』 3(4), 서울대학교 문리과대학, 1969.
신태영 외, 『한국 혁신체제의 동태 분석과 발전 전략』, 과학기술정책연구원, 2012.
신태영, "연구개발투자의 경제성장에 대한 기여도", 과학기술정책연구원 정책자료, 2004.
신향숙, "제5공화국의 과학 기술 정책과 박정희 시대 유산의 변용", 『한국과학사학회지』 37(3), 2015.
안동혁, "3의 3 공업기술 비상대책 수립 부(附) 명일의 학교", 『과학기술의 건설』, 문교부 사범교육과, 1946.
안동혁, "공업조선건설", 『신세대』 1(2), 1946.
오길록, 『교육용 소형컴퓨터 개발 및 보급에 관한 연구』, 국전자기술연구소, 1984.
오카모토 마키코, "조선총독부 관료의 민족구성에 관한 기초적 연구", 한일역사공동연구위원회, 『제2기 한일역사공동연구보고서 제4권』, 2010.
육성으로 듣는 경제기적 편찬위원회, 『코리안 미라클』, 2013.
이태규, "건국설계의 하나로 과학기술부를 설치하자", 『현대과학』 1, 1946.
이현진, 『미국의 대한경제원조정책, 1948-1960』, 혜안, 2009.
재무부·한국산업은행, 『한국외자도입 30년사』, 1993.
전상근, 『한국의 과학기술정책: 한 과학기술 정책입안자의 증언』, 정우사, 1982.
전홍택·박명호 외, 『정책 집행체계의 변화와 경제주체별 역량강화』, KDI, 2015.
조선학술원, 『학술』, 1946.
최형섭, 『불이 꺼지지 않는 연구소』, 조선일보사 출판국, 1995.
한국경영자총협회, 『노동경제연감』, 1983.
한국과학기술연구소, 『한국과학기술연구소10년사』, 1977.
한국산업은행기획조사부, 『경제개발5개년계획 해설』, 1962.
홍사균 외, 『한국의 경제발전을 선도한 과학기술의 역할과 개도국에의 시사점』, 과학기술정책연구원, 2010.
홍성주, "한국 과학기술정책의 형성과 과학기술 행정체계의 등장, 1945-1967", 서울대학교 이학박사 학위논문, 2010.

Alice Amsden, *Asia's Next Giant: South Korea and Late Industrialization* (New York: Oxford University Press, 1989).

Chalmers Johnson, *MITI and the Japanese Miracle: The Growth of Industrial Policy, 1925-1975* (Stanford: Stanford University Press, 1982).

Edwin. L. Miller, "1948 Budget, Bureau of Higher Schools", 1947.12.4., 정태수 편저, 『미군정기 한국교육사자료집(상)-1(1945-1948)』 재록.

Jung-en Woo, *Race to the swift: State and the Finance in Korean Industrialization* (New York: Columbia University Press, 1991).

Stephen Haggard and Chung-in Moon, "The State, Politics, and Economic Development in Postwar South Korea", in Hagen Koo ed., *State and Society in Contemporary Korea* (Ithaca: Cornell University Press, 1993).

제2부

〈1차 사료〉

과학기술부, 『국민의 정부 과학기술정책 5년 성과』, 2003.

과학기술부, 『과학기술 40년사』, 2008.

과학기술중심사회추진기획단, 과학기술부, 『국가혁신체계(NIS) 구축방안』, 2004.

교육과학기술부, 『2007 과학기술연감』, 2008.

교육과학기술부, 『과학기술통계백서』, 2008.

국가과학기술위원회, 『국가기술지도』, 2002.

국가과학기술위원회, 『기술기반 삶의 질 향상 종합대책』, 2007.

국가과학기술위원회, 『제2차 환경기술개발종합계획(안)』, 2008.

국가과학기술위원회, 『국가 R&D 성과분석 및 시사점(안)』, 2009.

국가과학기술위원회, 『기초연구종합진흥계획 2008-2012』, 2009.

국가과학기술위원회, 『신성장동력 비전 및 발전전략』, 2009.

국가과학기술위원회·미래기획위원회, 『녹색기술 연구개발 종합대책』, 2009.

국가과학기술위원회, 『과학기술연감』, 2012.

국가과학기술위원회, 『신과학기술 프로그램 추진전략』, 2012.

국가과학기술심의회, 『민간 R&D투자 활성화 방안』, 2013.

국가과학기술심의회, 『기초과학연구원 5개년 계획('13-'17)』, 2013.

국가과학기술위원회 운영위원회, 『원천연구 개념 및 비중 산정』, 2009.

국가과학기술위원회 운영위원회, 『2013년도 기술영향평가 결과』, 2014.
대한민국정부, 『참여정부 과학기술정책백서』, 2008.
대통령자문 정책기획위원회, 『차세대 성장동력산업 육성: 미래산업 창출을 위한 블루오션 전략』, 2008.
미래창조과학부·한국과학기술기획평가원, 『사회문제 해결형 R&D사업 운영·관리 가이드라인』, 2016.
산업기술진흥협회, 『산업기술30년사』, 2008.
지식경제부, 『공생발전 산업생태계 육성』, 2012.

European Commission, DG Enterprise, "How to Strengthen the Demand for Innovation Europe?", *Lead Market Initiative for Europe* (2010).

⟨2차 사료⟩

정재용·황혜란·송위진, "탈추격연구의 이론적 지향성과 과제", 『기술혁신연구』 20-1, 2012.
곽정수, 『재벌들의 밥 그릇』, 홍익출판사, 2012.
권성훈, 『기술영향평가제도의 현황과 개선과제』, 국회입법조사처, 2014.
김근배, 『한국 과학기술혁명의 구조』, 들녘, 2016.
김근배, 『황우석 신화와 대한민국 과학』, 역사비평사, 2007.
김병수, 『한국생명공학논쟁』, 알렙, 2014.
김병윤, "기술영향평가 개념에 대한 탐색: 역사적 접근", 『한국기술혁신학회지』 6-3, 2003.
김시윤, "전자산업의 발전과 메조 코포라티즘: 제3-5공화국을 중심으로", 『한국정치학회보』 29-3, 1995.
김시윤, "정부, 기업 그리고 경제성장: 한국 정부-기업관계의 재조명", 『한국행정학보』 34-1, 2000.
김왕동·성지은·송위진·김종선·장영배·박미영, 『과학기술을 통한 창조복지국가 실현방안』, 과학기술정책연구원, 2012.
김인수, 『모방에서 혁신으로』, 시그마인사이트, 2010.
김정렬, "산업구조의 고도화와 정부·기업관계의 제도적 특성 변화", 『한국행정학보』 30-3, 1996.

김종영, "'황빠' 현상 이해하기: 음모의 문화, 책임 전가의 정치",『한국사회학』41-5, 2007.

김철규·조성익, "핵 폐기장 갈등의 구조와 동학: 부안 사례를 중심으로",『경제와 사회』 63, 2004.

김환석, "황우석 사태의 원인과 사회적 의미",『경제와 사회』71호, 2006.

김환석·김동광·조혜선·박진희·박희제,『한국의 과학자사회: 역사, 구조, 사회화』, 궁리, 2010.

문해주 외,『우리나라 과학기술 중장기 계획의 분석』, 한국과학기술기획평가원, 2010.

박범순·우태민·신유정,『사회 속의 기초과학: 기초과학연구원과 새로운 지식생태계』, 한울아카데미, 2016.

박성래, "뿌리 깊은 중인 의식, 과학자여 걷어차라",『주간동아』2004.11.4.

박성래·신동원·오동훈,『우리 과학 100년』, 현암사, 2011.

박희제, "미국산 쇠고기 파동과 대중의 위험인식의 합리성: 대중의 과학이해(PUS) 관점",『현상과 인식』33-4, 2009.

박희제, 과학의 상업화와 과학자사회 규범구조의 변화,『한국사회학』40-4, 2006.

박희제·성지은, "더 나은 사회를 위한 과학을 향하여: 사회에 책임지는 연구혁신(RRI)의 현황과 함의",『과학기술학연구』15-2, 2015.

사회혁신팀 편역,『지속가능한 사회·기술시스템으로의 전환: 이론과 실천』(Lydia Sterrenberg, Jose Andringa, Derk Loorbach, Rob Raven and Anna Wieczorek, *Low-carbon transition through system innovation: Theoretical notions and application* (Pioneers into Practice Mentoring Programme 2013), 2014

성지은, "수요기반 혁신정책: 개념과 사례" STEPI Issue and Policy 49, 2011.

성지은·송위진, "정책조정의 새로운 접근으로서 정책통합: 과학기술혁신정책을 중심으로",『기술혁신학회지』11-3. 2008.

송성수, "전국민 과학화운동의 출현과 쇠퇴",『한국과학사학회지』30-1, 2008.

송성수, "한국의 과학기술종합계획에 관한 내용분석 : 5개년 계획을 중심으로",『과학기술학연구』7-1, 2007.

송성수,『한국 기업의 기술혁신』, 생각의 힘, 2013.

송성수·송위진, "코렉스에서 파이넥스로: 포스코의 경로실현형 기술혁신",『기술혁신학회지』13-4, 2010.

송위진 엮음,『사회·기술시스템전환: 이론과 실천』, 한울아카데미, 2017.

송위진, "2000년대 한국의 과학기술혁신정책: 창조와 통합의 지향",『과학기술학연구』

9-2, 2009.

송위진, "과학문화정책의 전환: 과학대중화에서 시민참여로", STEPI Issue and Policy, 2011-03, 2011.

송위진, "국가혁신체제론의 혁신정책",『행정논총』47-3, 2009.

송위진, "기술혁신에서 위기의 역할과 과정",『기술혁신연구』7-1, 1999.

송위진, "문제해결형 연구개발사업의 주요 특성과 정책방향", STEPI Insight, 99, 2012.

송위진, "사회문제 해결형 혁신정책과 혁신정책의 재해석",『과학기술학연구』15-2, 2015.

송위진, "탈추격 혁신의 전개와 한계: 1990년대 후반 이후 과학기술혁신과 정책", 참여사회연구소·이병천·신진욱 엮음,『민주정부 10년, 무엇을 남겼나: 1997체제와 한국 사회의 변화』, 후마니타스, 2015.

송위진,『창조와 통합을 지향하는 과학기술혁신정책』, 한울아카데미, 2010.

송위진,『한국의 이동통신: 추격에서 선도의 시대로』, 삼성경제연구소, 2005.

송위진, 전환연구와 탈추격론의 확장,『과학기술학연구』16-1, 2016.

송위진·김병윤, "한국 공공부문 과학기술활동의 특성과 변화: 脫추격체제로의 전환을 중심으로",『기술혁신학회지』7-3, 2004.

송위진·성지은,『사회문제 해결을 위한 과학기술혁신정책』, 한울아카데미, 2013.

송위진·성지은·장영배,『사회문제 해결을 위한 과학기술-인문사회 융합방안』, 과학기술정책연구원, 2011.

송위진·성지은·정연철·황혜란·정재용,『탈추격형 기술혁신체제의 모색』, 과학기술정책연구원, 2006.

송위진·이근·임채성, "디지털 전환기의 후발국 기술추격 패턴 분석: 디지털 TV 사례",『기술혁신연구』12-3, 2004.

송위진·이준석, "탈추격 단계에서 기술·경제적 불확실성에 대한 대응: 개념적 틀의 개발",『과학기술학연구』7-1, 2007.

신기주, "한국 기업들 성장 패러다임을 혁신하라", Fortune Korea 2010년 4월호, 2010.

신장섭·장성원,『삼성반도체 세계 일등 비결의 해부』, 삼성경제연구소, 2006.

어터백, 김인수·김영배·서의호 역,『기술변화와 혁신전략』, 경문사, 1997(Utterback, J., *Mastering the Dynamics of Innovation*, 1994).

염재호·이민호, "대형국가연구개발사업 정책의 제도적 분석: 정책제도의 지속과 변화",『기술혁신학회지』15-1, 2012.

오동훈, "한국 과학기술정책의 어제와 오늘", 발표자료, 2010.

유지연·한민규·임현·안병민·황기하, "한국의 기술영향평가, 현황과 과제", 『기술혁신학회지』 13-4, 2010.

유철규, "양극화와 국민경제 해제의 경제구조: 사회적 갈등의 심화와 민주주의 위기", 『아세아연구』 47-4, 2004.

이근 외, 『국가의 추격, 추월, 추락』, 서울대학교 출판문화원, 2013.

이근, 『동아시아 기술추격의 경제학』, 박영사, 2007.

이병천, "자유화, 양극화 시대와 무책임 자본주의: 사회통합적 시민경제의 대안", 『아세아연구』 48-3, 2005.

이영희, "'기술사회'에서의 참여민주주의의 가능성 연구—과학기술정책 관련 시민참여 모델 평가를 중심으로", 『동향과 전망』 53, 2002.

이영희, "기술의 사회적 통제와 수용: 기술영향평가의 정치", 『경제와 사회』 73, 2007.

이영희, "전문성의 정치와 사회운동", 『경제와 사회』 93, 2012.

이영희, "한국의 생산체제는 변화하고 있는가", 『경제와 사회』 40, 1998.

이영희, "핵폐기물 관리 체제의 국제 비교: 기술관료적 패러다임 대 과학기술사회론적 패러다임", 『경제와 사회』 85, 2010.

이영희, "황우석 사태는 얼마나 한국적인가?", 『과학기술학연구』 7-2, 2007.

이은경, "이공계 기피 논의를 통해 본 한국 과학기술자 사회의 특성", 『과학기술학연구』 6-2, 2006.

이종찬, "제도변화에 대한 이론적 고찰: 후기 제도주의의 쟁점과 한계", 『한국정치학회보』 48-1, 2014.

장석인·이경숙·박광순·이항구·홍성인·정은미·김종기·김경유, 『주요 산업별 대중소기업 성과 및 거래구조 분석과 정책적 시사점』, 산업연구원 정책자료 2012-132, 2010.

장영배·한재각, 『시민참여적 과학기술정책 형성 발전방안』, 과학기술정책연구원, 2012.

정승국, "자동차기업 기계가공공정의 숙련공간과 지식노동자", 『동향과 전망』 55, 2002.

정재용·황혜란 편, 『추격형 혁신체제를 진단한다』, 한울아카데미, 2013.

조현석, 우리나라 과학기술정책의 이념 국가·기업·시민사회, 『과학기술학연구』 2-1, 2002.

조형제·이병훈, "현대자동차 생산방식의 진화", 『동향과 전망』 73, 2007.

참여사회연구소·이병천·신진욱 엮음, 『민주정부 10년, 무엇을 남겼나: 1997체제와 한국 사회의 변화』, 후마니타스, 2015.

참여연대시민과학센터, 『과학기술·환경·시민참여』, 한울, 2012.

최영락·송위진·황혜란·송성수, 『차세대 기술혁신시스템 구축을 위한 정부의 지원 시책』, 한국공학한림원, 2008.

폰 히펠(von Hippel), 배성주 옮김, 『소셜이노베이션(Democratizing Innovation)』, 디플Biz, 2012.

한경희, "이공계위기의 재해석과 엔지니어의 자기성찰", 『한국사회학』 38-4, 2004

현재환·홍성욱, "시민참여를 통한 과학기술 거버넌스: STS의 '참여적' 전환 내의 다양한 입장에 대한 역사적 인식론", 『과학기술학연구』 12-1, 2012.

홍사균 외, 『한국의 경제발전을 선도한 과학기술의 역할과 개도국에의 시사점』, 과학기술정책연구원, 2010.

홍성주, "과학기술기본계획의 추이 분석과 시사점: 최근 10여 년간 한국과 일본의 과학기술기본계획을 중심으로", STEPI Insight 제89호, 2012.

홍장표, "한국 하청계열화의 구조적 특질에 관한 연구", 『한국중소기업학회지』 17-1, 1995.

홍장표·유장수, "한국과 일본 자동차산업 노동자의 숙련형성시스템에 관한 비교연구", 『산업노동연구』 5-1, 1999.

Amable, Bruno, *The Diversity of Modern Capitalism* (Oxford University Press, 2009).

Arthur, W. Brian, *Increasing Returns and Path Dependence in the Economy* (University of Michigan Press, 1994).

Brown, Nik, Rappert, Brian and Andrew Webster, *Contested Futures: A Sociology of Prospective Techno-Science* (Routledge, 2000).

Christensen, Clayton, *The Innovator's Dilemma: When New Technologies Cause Great Firms to Fail* (Harvard Business School Press, 1997).

Elzen, Boelie, Geels, Frank and Kenneth Green(eds), *System Innovation and the Transition to Sustainability* (Edward Elgar, 2004).

Frank Geels, "From Sectoral Systems of Innovation to Socio-technical Systems Insights about Dynamics and Change from Sociology and Institutional theory", *Research Policy*, Vol 33, No. 6-7, 2004.

Frank Geels, "Understanding System Innovations: a Critical Literature Review and a Conceptual Synthesis", in Boelie Elzen, Frank Geels and Kenneth Green(eds), *System Innovation and the Transition to Sustainability* (Edward Elgar, 2004).

Freeman, Chris, *Technology Policy and Economic Performance: Lessons from Japan* (Pinter Publishers, 1987).

Grin, John, Rotmans Jan, and Johan Schot, *Transition to Sustainable Development: New Directions in the Study of Long Term Transformative Change* (Routledge, 2010).

Lee, Keun and Lim Chaisung, "Technological regimes, catching-up and leapfrogging: the findings from Korean industries", *Research Policy*, 30, 2001.

Lundvall, Bengt-Åke(eds), *National Systems of Innovation: Towards a Theory of Interactive Learning* (Pinter, 1992).

Mintzberg, Henry, *The Rise and Fall of Strategic Planning* (Simon and Schuster, 1994).

Porter, Michel and Mark Kramer, "Creating Shared Value", *Harvard Business Review*, Vol. 89, Issue 1/2.

Smits, Rudd, Kuhlmann Stefan and Philip Shapira, *The Theory and Practice of Innovation Policy: A International Research Handbook* (Edward Elgar, 2010).

Thelen, Kathleen, *How Institutions Evolve: The Political Economy of Skills in Germany, Britain, The United States, and Japan* (Cambridge University Press, 2004).

Thomke, Stefan, *Experimentation Matters* (Harvard Business School Press, 2003).

UNIDO, *Capability Building for Catching-up: Historical, Empirical and Policy Dimensions, Industrial Development Report 2005* (UNIDO, 2005).

Utterback, James and William Abernathy, "A Dynamic Model of Process and Product Innovation", *Omega*, Vol. 3, 1975.

찾아보기

"Buy American" 정책, 67-68, 71
강원산업, 74
개념 개발, 169
개발국가(developmental state), 20
개발도상국, 20-25, 31-32, 34-36, 58, 79-81, 83, 111, 139, 144-46, 148-51, 274-75
　~간의 경쟁우위, 58
개발의 궤적, 26, 79
개발차관, 59-60, 66-68
개발차관기금(Development Loan Fund, DLF), 58, 66
개방적 네트워크, 260
개방적 시민 참여 채널, 202, 261
'개방형 생태계', 203
개방형 혁신네트워크, 202, 261
거버넌스(governance), 40-41, 49, 110-11, 136, 149-50, 185, 205, 230, 237, 262, 272
거번먼트(government), 230
"건국설계의 하나로 과학기술부를 설치하자", 42
건설기술개발사업, 133
건설부, 72
　~ 국토건설국, 72
　~ 기술위원회, 72-73
　~ 물동계획국, 72
경기과학고등학교, 103
경로의존성(path dependency), 157-59, 200, 230, 254, 259
경성공업전문학교, 42, 48
경성광산전문학교, 42, 48
경성제국대학, 42, 44, 48
경제개발계획, 30, 57, 59-60, 64, 73, 78, 81, 87, 89, 93-94, 109, 115, 117, 120, 211
"경제개발 3개년계획, 1960~1962", 59
"경제개발 5개년계획"(장면 정권), 59
경제개발5개년계획
　제1차 ~, 65-66, 72
　제2차 ~, 79
　제4차 ~, 98
경제기획원, 65, 73-77, 82, 89, 91-94, 96-97, 104-105, 109, 115, 138, 175
경제동향보고회의, 101
경제부흥정책, 87
경제사회발전5개년계획, 127-28
경제성장
　~ 중심의 혁신체제, 229, 263
　~을 이해하는 개발경제학적 동향, 20

경제자립력, 35, 145
경제정의실천시민연합, 134
경화기(specified phase), 160, 162
계몽, 180-82, 184, 250
계몽주의, 241, 256
'계획원조', 61, 64
고등실업인력, 85
고려대학교, 85
고령화, 267, 274
고부가서비스산업, 224
공공기술훈련소, 93
공공인증, 36, 146
공공재원, 34, 144
공공직업훈련, 105-106, 108
공공차관, 79
'공돌이', 255
공립충남대학교, 85
공업고등학교, 93
공업기반기술개발사업, 113, 133
『공업발전법』, 163
'공업화', 42, 51, 59-60, 64, 66, 117-18, 163
'공유가치창출(creating shared value: CSV)'형 혁신활동, 267
공적개발원조(ODA), 21
과학고등학교, 102
과학교육진흥책, 45, 47-48, 50-51
'과학기술'
  ~ 발전 양식, 21, 136
  ~에 대한 고루한 관념, 76
  ~에 대한 시민사회의 이해, 179-80
  ~에의 시민 참여, 179, 237-38, 243, 254-255, 257
  ~의 내재화, 19, 34, 58, 79, 119, 142, 144
  ~의 국가 수단화, 34, 144, 150
  ~의 대중화, 179-80, 182-83
  ~의 산업적 유용성, 55
과학기술 7대 강국, 34, 133
과학기술 국가주의, 24, 51-52, 54
과학기술 전문인력 양성시스템, 102
과학기술 중등영재교육, 103
과학기술 행정기구 설립안, 117
과학기술5개년계획, 73, 82, 211
『과학기술개발장기종합계획』, 117-18
과학기술계 특수교육, 102
과학기술과 사회의 동시 구성(co-production), 181
과학기술교육, 47, 83, 99, 180
과학기술기본계획, 211, 216, 236
과학기술기본법, 210-11, 228, 237, 243-44
과학기술대학, 102-103, 119
과학기술문화, 183
과학기술부, 49-50, 94, 133, 179, 210, 218, 223, 231, 234
과학기술부 설치안, 45, 48, 50-51
과학기술부총리, 211-13, 218
『과학기술연감』, 96, 117
'과학기술의 붐', 51
과학기술인 공제회, 251
과학기술인력
  ~ 수급정책, 73, 82, 89, 91
  ~ 양성체계, 81, 104, 109
  ~의 해외 유출, 23

'과학기술자'
  ~ 양성정책, 94, 97
  ~의 위상과 역할, 254
과학기술장관회의, 211
과학기술정책사, 21
과학기술정책수단, 81-82
과학기술정책연구원, 21, 114
과학기술정책연구평가센터, 114
"과학기술정책자문위원회", 74
'과학기술중심사회', 210-11
과학기술진흥법, 51, 73
과학기술처, 23, 51, 82, 94, 96-99, 101-
  105, 109, 115-17, 119, 121, 123-24, 126,
  128-29, 131, 134, 138, 175, 178, 210
과학기술행정체제, 23, 157, 173, 178, 209,
  211-13, 218, 279
과학기술혁신본부, 211-13, 218, 228, 232
과학문화사업, 183
과학비즈니스벨트, 222
과학상점(Science Shop), 181
과학심의회, 49
과학자사회, 21
과학적 소양(scientific literacy), 180
광산시험소, 50
광우병 사태, 246-47
교육공무원법, 102
교육과학기술부, 213
교육법, 102
교육원조정책, 86
교토제국대학, 43
구글, 204

'구성된 위기(constructed crisis)' 활용 전략,
  166
구조조정, 128, 136, 202
『98 예산낭비백서』, 134
국가 과학기술시스템, 23-24, 37, 136, 147,
  149-50
국가R&D사업 토탈로드맵, 215
국가과학기술위원회, 179, 210, 212-13,
  215-16, 223, 228-29, 241-42, 271-72
국가균형발전법, 227
국가균형발전특별회계, 227
국가기술지도(National Technology
  Roadmap: NTRM), 214-15
'국가기술혁신체계(NIS) 구축', 217
국가보위비상대책위원회, 129
국가에너지기본계획, 242
국가에너지위원회, 241-42
국가연구개발사업, 23-24, 113, 125, 131,
  162, 195, 198, 203, 205, 215, 218
국가재건최고회의, 65-66, 74, 76
국가주의
  ~적 과학기술 관념, 54
  ~적 과학기술 이념, 24
  ~적 태도(사고), 78, 142
국가중점과학기술 전략로드맵, 215
국가핵심연구센터(NCRC)사업, 221
'국가혁신체제(계)', 177, 215, 217
  ~ 개념, 216-17, 230
국가혁신체제론(National Innovation
  System), 216
국교정상화(한일), 70, 78-79

국내개발기술, 123
국내총생산(GDP), 27
국립경북대학교, 85
국립부산대학교, 85
국립전남대학교, 85
국립전북대학교, 85
국립중앙공업연구소, 74
국무총리, 96, 211
국민의 정부, 210, 217, 225
국민총생산, 34
국방과학연구소, 119-20, 129
국유재산의 무상 양여, 102
국제 올림피아드대회, 109-110
국제 원조, 27-29, 59, 78
국제개발부흥은행(IBRD), 28
국제개발협회(IDA), 60
국제경영연구소(IMD), 32
국제공동연구사업, 131
국제기능올림픽대회(IVTC), 106-107
국제노동기구, 106
국제연합 한국재건기구(UNKRA), 86
국제연합(UN), 28
국책연구개발사업, 131, 134
국토건설본부, 72
국회도서관, 24
군사정변, 30, 56
굴업도 사태, 183
균형적 접근, 186
글로벌 분업구도, 58
금성사, 124, 131, 163-64
『기계공업진흥법』, 163

기관평가제도, 136
기능경기대회, 106
기능공, 73, 75, 89-95, 97, 105-106, 169
기능인력, 93, 97, 106-107, 110
　~의 기능검정, 106
기능장, 108
기상기술로드맵, 215
기술 진화적 관점, 20
기술 천시의 문화, 76
기술 추격
　~ 1단계, 115, 129
　~ 2단계, 129
기술 패러다임 전환, 189
기술개발 리스크, 195, 199
기술개발준비금, 128
기술개발촉진법, 128-29
기술계 인적자원 조사보고서, 73, 75
'기술계 인적자원 조사보고서 작성 보고
　의 건", 73
기술공, 75, 89, 94, 97, 105
기술관리국, 76, 115, 175
"기술관리진흥" 협정, 64
기술교류국, 69-70
기술교육국, 89
'기술기반 삶의 질 제고방안', 229
'기술기반 삶의 질 향상 종합대책', 218
기술도입, 62, 64, 71, 78-79, 91, 119, 123-
　124, 164-65, 172, 247
'기술드라이브', 128
기술보호주의, 126, 128
기술사법, 73

기술영향평가(Technology Assessment: TA), 181, 183, 228, 237, 243-44
~의 제도화, 243
기술영향평가제도, 240, 254
'기술용역', 63, 67, 69
기술우위정책, 128
기술원조, 31, 58, 61-64, 67-70, 72, 142
'기술원조선정위원회', 62
기술위원회(Engineering Committee, CEBEC), 62-64
기술위험, 228, 240, 246-47, 256, 270
'기술의 탈추격', 156, 260-61
기술이전, 68, 121, 123, 126, 143
기술인력
　~ 수급계획, 74-75, 89, 91, 94-95
　~ 양성정책의 추진체계, 82
'기술자해외파견', 67
'기술적 판단', 69, 78
기술정책 분과위원회, 73
기술정책 추진체계, 72
"기술주도의 새세대 전개", 128
기술진흥5개년계획, 74, 77, 105
　제1차 ~, 74-76, 82, 89, 91, 115, 211
　제2차 ~, 94
기술진흥확대회의, 128
기술타당성, 69
기술패러다임 전환, 194, 198
기술행정, 50, 72
　~ 추진체계, 72
기술혁신정책
　제1세대 ~, 173

제2세대 ~, 173-74
기술훈련생, 62-63, 67
기술훈련소, 86, 93
기업부설연구소, 129, 170, 188-89
기업의 상업화, 135, 171, 173
기업혁신 네트워크, 177
기초 인프라, 35, 145
기초과학연구원, 223
기초연구, 25, 129, 131, 171, 173-76, 223
'기초연구진흥종합계획(2006~2010)', 222
기초의과학연구센터(MRC)사업, 221-22
'기회의 창', 184, 207, 263
기후변화, 207, 265-66, 268, 274
김근배, 155
김노수, 44, 47
김동일, 74
나노팹, 222
NAND 플래시메모리, 192, 199
노동력, 35-36, 110, 145-46
노동부, 82-83, 94, 104, 108-109, 138
노동의 질, 166
노동청, 93-94, 97, 104-106, 108-109
노무현, 232
노벨상, 260
노사관계, 169, 207
'녹색기술 연구개발 종합대책', 219, 223
녹색기술혁신, 219
녹색산업, 219, 224
녹색일자리, 219
논문 조작, 248, 250
농업기술개발사업, 133

농업시험장, 50
농촌직업훈련소, 106
농촌진흥원, 74
다국적기업, 31, 35-36, 145-46, 164
다임러크라이슬러, 190
단기·집중형 정책개발, 236, 271
단기적 산업개발, 25
단축성장, 134
대기업
　~ 중심의 수직적 네트워크, 164
　~ 중심의 추격생태계, 263
　~ 중심의 폐쇄형 네트워크, 202-204
　~ 중심의 폐쇄형 혁신체제, 186
　~의 수직적 의사결정 구조, 185
대덕연구단지, 24, 103, 113
대외원조법(Foreign Assistance Act), 59
대우자동차, 165
대우전자, 133
대일청구권 자금, 191
대체에너지기술개발사업, 133
"대학교육에 관한 전시 특별조치령", 84
대학원중심대학, 101, 221
대한(對韓)기술원조자금, 67
대한원조, 60, 67-68, 77-78
대한민국 국가기록원, 24
도레이사, 123
독일, 32, 106, 204
'독자적인 발전 궤적', 156
'독자적인 혁신체제', 156
돈의 흐름에 대한 통제, 168
동국대학교, 85

동력자원부, 121
동반성장론, 218
동반성장위원회, 226
동북아 R&D 허브, 211
동양나일론, 124, 131
동양정밀, 133
두뇌 중심
　~의 과학기술정책 전략, 103
　~의 인력 양성전략, 103
두뇌산업
　~ 개념, 98
　~ 육성전략, 103, 123
두뇌한국21사업(BK21), 221
디지털 이동통신기술개발사업(=CDMA
　　기술개발사업), 193, 198
로봇, 110, 223
리빙랩(living lab), 269
마이크론테크놀로지(Micron Technology),
　　162, 192
맞춤의료, 233
맥그로-하이드로카본사, 63
맥보이, 에드가(Edgar C. McVoy), 104
맥슨전자, 197
메모리반도체, 133, 162, 192, 199
모바일, 192, 199
모방형
　~ 과학기술활동, 156, 220
　~ 기술학습, 164-65
　~ 기술혁신, 157, 166-67, 169, 172
　~ 문제풀이, 255
　~ 연구관행, 221

무상원조, 29, 58-60, 78
무학과제, 103
무학년제, 103
문교부, 48, 74-75, 82-89, 91-93, 97, 101, 104, 109, 138, 175, 178
문교부(미군정), 51
문제 정의 능력, 169
문화결정론, 27
문화관광부, 116
미국, 27, 29, 32, 42, 58-60, 62-63, 67-71, 78-79, 243
미국 노동성 국제인력연구소, 104
미국산 소고기 수입, 240, 246-47
미군정, 41-43, 45, 47, 50
미네소타 프로젝트, 86
'미래 전망에 대한 각축(contested futures)', 232
미쓰비시, 190
민관 공동기술개발 전략, 130
민관 컨소시엄, 128
민족주의, 250-51, 256
민주화, 30, 241
~운동, 56
박동묘, 66
박성래, 258
박우희, 20
박정희, 56, 64-66, 70, 74, 89, 101, 117
반공, 55
발전 경로 속에 숨은 모순, 25
방사성 폐기물 저장시설, 240, 246
배용호, 20

법제처, 24
베타엔진, 190, 199
벤처 버블, 225
벤처기업, 162, 185, 204, 225, 256, 262
벤처기업 육성에 관한 특별조치법, 225
'변형된 선형적 관점', 176
병역특례(혜택), 87, 102, 251
보건사회부, 93, 104
보건의료기술개발사업, 133
부안 사태, 183, 240, 246-47
부처 이기주의, 135, 138
부처 할거주의, 138
부흥부, 62-64, 72
~ 기술관리실, 64
~ 산업개발위원회, 59, 87
북한, 27
분권화된 과학기술정책, 179
분단, 27, 35, 145
불균형 전략, 176
불연속적 정책 선택, 149
브룬트란드(Gro Harlem Brundtland) 보고서, 263
'비계획원조', 61
비상시국형 기술개발활동, 166
『비철금속사업법』, 163
빈곤
  저개발국가의 ~문제, 27
  ~과 원조의 관계, 27, 30
  ~과 원조의 악순환, 28
  ~으로부터 탈출, 26-27, 55, 151
  ~의 악순환, 27, 55

'빠른 후발자' 전략, 201-202
사업내직업훈련, 105-106
사용자 주도형 혁신(user-led innovation), 269
『사이언스』, 248
4·19혁명, 59
사회 통합, 174, 259, 261-63, 280
사회·기술레짐, 207-208
사회·기술시스템, 206-208, 236-37, 240, 262, 271-72, 280
사회·기술시스템론(socio-technical system), 205-208
사회·기술시스템적 접근, 206, 278, 280
사회·기술시스템전환론, 278, 280
사회간접자본, 63
사회문제 해결형
　~ 연구개발사업, 229, 234, 263
　~ 정책(Societal challenge-driven Policy), 266
　~ 혁신정책, 266, 269
『사회비전 2030』, 218
'사회에 책임지는 연구와 혁신(Responsible Research and Innovation)', 280
사회의 고질적 문제(wicked problem), 265
사회적 기업, 204-205, 267
산·학·연 공동연구, 197
산업교육진흥법, 92-93
산업기술개발, 24, 98, 120, 123-24, 128
'산업기술로드맵', 215
산업발전법, 226
'산업생태계', 263
산업자원부, 223, 231

산업통산자원부, 215
산업혁명, 32
산학연
　~ 컨소시엄, 103
　~ 협동, 129, 135, 137, 174, 218, 269
삶의 질, 174, 186, 188, 209, 218-19, 229-230, 233-34, 238
삼보컴퓨터, 131
삼성, 143, 163-64
삼성전자, 124, 131, 134, 155, 162, 165, 189, 192-93, 197, 199, 201
삼성중공업, 191
상공부, 121, 133, 138, 178
상업차관, 79
상호안전법(Mutual Security Act), 58
생명윤리, 249
생명윤리 및 안전에 관한 법률, 241
생명윤리심의위원회, 240, 242
생약학연구소, 50
샤프사, 162, 192
서상선, 104
서울대학교, 48, 66, 86, 116, 251
서울올림픽, 165
『석유화학공업육성법』, 163
선경화학, 121, 123-24
선도기술개발사업, 113, 133
'선도기초과학연구실(ABRL)사업', 221-222
선도시장전략(lead market initiative), 268
선도형 혁신, 192, 216
'선진국 추격형', 215

선택과 집중(targeting), 169, 173, 176-77,
    227, 230-32, 239, 259, 261, 271
『섬유공업근대화촉진법』, 163
성과평가제도, 136
성장주의, 176, 206, 280
『세계 과학기술정책 기조의 전환 움직임』,
    134
세계경제포럼(WEF), 32
세계은행, 53
세계환경개발위원회(World Commission
    on Environment and Development:
    WCDE), 262
세타엔진, 190, 199
소방방재청, 218
송인상, 63
송정범, 74-75
쇄빙유조선, 191
수산시험장, 50
수원국, 28-29, 56-57, 78
수출진흥확대회의, 117
수평적 네트워크, 271, 275
스마트폰, 193, 201
승자의 선택(picking winners), 268
CDMA기술개발사업, 197-98
CDMA방식, 193, 196-98
시민 참여형
  ~ 기술영향평가, 181, 183, 228, 240
  ~ 사회문제 선정, 229
  ~ 정책 결정 문화, 25
시민공개포럼, 228
시민발전소, 245

시민배심원제, 244
시민사회, 157, 159, 174, 179-86, 228, 231,
    240-44, 246-51, 254-58, 266, 269,
    272, 274, 276, 279
시민사회단체, 242-43
'시민전문가(lay expert)', 265
'시스템의 탈추격', 260-61
시스템혁신(system innovation), 158, 225,
    260-63, 265-66, 275, 280
시장중심경제로의 전환, 38, 148
식민지정책, 39
신과학기술 프로그램 추진전략, 229
신생국가의 탈식민 과학기술 기획, 39
신성장동력산업, 204
신철강기술연구조합, 198
신태영, 21
실업계 고등학교, 83-86, 88, 92, 132
  ~ 기피, 88
실업계 단과대학, 84-85
실업교육, 51, 82, 86, 88, 92, 97
  ~ 중심 기조, 86
  ~시스템, 83, 91
  ~정책, 75, 83, 85, 87-89, 103, 109
실업기술교육 5개년계획, 87
실업률, 97
실용적 인력, 169
'실행을 통한 학습(learning-by-doing)',
    170
실험을 통한 학습(learning-by-
    experiment), 279
아르헨티나, 27

아버나시(William Aberanthy), 160
아웃소싱, 167, 203
ICA(미국 국제협조처, International Cooperation Administration, FOA의 후신), 60-62, 68
IT 인프라, 151
'IT 전략기술로드맵 2015', 215
IT기술, 150
아이폰(iPhone), 201
안동혁, 44, 50, 74
안면도 사태, 183
알파엔진, 190, 199
암스덴(Alice Amsden), 20
압축성장, 24, 34, 37, 134, 141, 144, 147, 188
애국주의, 240, 250, 256
애플, 193, 201, 204
약학시험소, 50
양극화
  경제·사회의 ~, 186, 188, 207, 263, 267, 274
  기업-가계의 ~, 259
  대기업과 중소기업의 ~, 177, 188, 203, 263
어터백(James Utterback), 160
엄기섭, 104
엄창섭(嚴昌燮), 44
에너지 다소비형 산업구조, 207, 263
'에너지 전환', 207, 245
에너지기본법, 241
에너지자원기술개발사업, 113

SH&G(Smith Hinchman & Grylls), 66-67, 69-70
SK, 143
NBIC융합기술지도, 215
엔지니어가 주도하는 공정 효율화 방식, 169
엘리트, 20, 27, 29, 40, 43, 100, 102, 252
LG, 143
LG디스플레이, 193
LG전자, 193, 201
LG정보통신, 197
MITs(Mobile Intelligent Terminal by Samsung), 201
역순적 경로, 20
역행 엔지니어링(reverse engineering), 165
연구 부정행위, 249, 256
연구개발의 기업화, 135
연구개발의 실용화율, 134
연구개발 견인형 혁신클러스터, 227
연구개발계의 수동성, 137, 139
연구개발시스템, 83
연구개발인프라, 36, 146
연구개발체제, 37, 51, 79, 102, 112, 119-21, 137-39, 147, 276
연구개발투자, 131, 133-34, 136, 142, 171, 189, 210, 218
연구개발특별구역, 227
연구기획평가사업, 131
연구소 운영의 자율성, 102
연구용역계약, 129
연구중심대학, 221

연료선광연구소, 50
오레곤대학, 30
OECD, 263
5·16, 59
'Only 1', 158
온실가스, 207
외국 투자의 기술적 타당성, 31
'외국기술도입 기본방안', 66-70
외국인 노동력, 110
외국인 직접투자사업, 37, 147
외국자본 투자, 31
외자기구, 56, 77
외자도입, 79
　~의 타당성, 22
외환위기, 135-36, 251, 255
용융환원제철법 개발프로젝트, 191, 196, 198
'우리 공동의 미래(Our Common Futures)', 263
우수연구센터사업, 221
원자력연구소, 170
원자력원, 115
원조 의존경제, 58, 87
원조 의존성, 29-30
원조 효과성,
　~ 논쟁, 29
원조국-수원국 간의 독특한 권력관계, 78
원천기술, 163, 166, 194-97, 199-200, 204, 221
위기에 기반한 모방형 기술혁신, 166
위탁연구, 171

윔즈(William Weems), 74
유교 전통, 76
유니세프, 106
유동기(fluid phase), 160, 194
유럽, 52, 70, 191, 243
유럽연합, 268
USOM(주한 미국 경제협조처, United States Operations Missions to the Republic of Korea), 61, 67, 74
UNDP, 106
육상건조공법, 191, 199
6·25전쟁, 55, 84-85
윤일선, 44
융합연구(convergence research), 265
응용 지향성, 171
응용연구, 171
의존경제, 55-56, 58, 87
2공화국, 59
2차 대전, 22
이공계
　~ 기피 현상, 251-52, 255
　~ 위기론, 251-52, 254-55
이동통신, 165, 193, 197, 223
이명박, 212-13, 216, 219, 222-23, 227, 229, 232
이명박정부의 과학기술기본계획, 216
이승만, 30, 55-56, 59-60, 62-63, 87
21세기 프론티어연구개발사업, 215, 221
이온가속기, 222
이응선, 76
이진호(李軫鎬), 44

이채호, 74
이태규, 42-45, 47-51
이태리, 71
이행기(transitional phase), 160, 162
이화학연구소, 49
이희준, 44, 47
인간복제배아 줄기세포, 233, 248
　~ 기념우표, 249-250
인력개발시스템, 109
인력개발연구소, 97
인력개발위원회, 96-97, 104-105
인적자원 개발의 정책 수단, 23
인정직업훈련, 105
인플레이션, 47, 63
일등주의, 256
일본, 20, 22, 39, 41-42, 44, 46, 70, 79, 104, 123, 126, 169, 173
일사불란, 185, 203, 213
일자리 창출, 31, 219
일제강점기, 39, 42, 44-45, 47
자기 브랜드화, 36, 147
자기 완결성, 139
자기상표 생산, 37, 147
자립경제, 30-31, 56-57, 59, 72, 76-78
자본시장, 167
자원 동원, 176, 199
자유주의적 시장중심경제, 38, 148
장면, 59
장인 전통, 32, 57
재기화 LNG선, 191
'재난 및 안전관리 기술개발 종합계획', 218
재벌계 대기업, 164-67, 177
재벌구조, 166
'재빠른 이인자(fast second)', 196
재생가능에너지에 대한 발전차액제도, 246
재생에너지, 245-46
저개발국가
　~에서 과학기술, 53-54, 57
　~와 선진국 사이의 과학기술 격차, 54
　~로부터 탈출, 78-79
저성장체제, 263
저임금 노동, 31
'저탄소 녹색성장', 219, 223
적산(敵産), 47
'전국민의 과학화', 182, 241
전기자동차, 202, 207
전두환, 126
전략기획(strategic planning), 185
'전략적 니치 관리(strategic management)', 207
전매국 연구소, 50
전상근, 74-76
전시연합대학, 84-85
『전자공업진흥법』, 163
전자통신연구소(ETRI), 193, 197
전택보, 74
정근모, 101
정남규, 74
정문기, 44, 50
정보통신국책연구개발사업, 113

정보통신부, 231
정보통신연구개발사업, 133
정부(관)주도 모델, 112, 114, 122
정부연구개발기관, 23
정부주도성, 24-25, 136-40
정부출연금, 102
정부출연연구소, 112-13, 121, 123-24, 126-31, 133, 135, 137-40, 143, 170-72, 175, 188, 197, 221, 262
  ~ 통폐합, 112, 126
정인욱, 74
정주 환경, 35, 145
정책 접근
  공급 중심 ~, 264
  수요 중심 ~, 265-66, 269
정책금융, 167-68
정책역량, 56-57
정책의 파편화, 138
'정책의제 형성(agenda setting)', 237
정치변동, 55-56, 58
"제1차 기술진흥5개년계획(안)", 75
"제1차 기술진흥5개년계획 개요", 75
제1차 지방과학기술진흥종합계획, 226
"제2의 과학기술입국", 211
제2차 과학기술진흥5개년계획, 74-75
제2차 환경기술개발종합계획, 234
제3차 과학기술개발5개년계획, 97-98
제너럴 모터스, 165
제일정밀, 133
제일합섬, 123
조백현, 44, 50

조선공업기술연맹, 42
『조선공업진흥법』, 163
조선과학기술연맹, 42
조선교육심의회, 43, 45, 47-48, 51
조선자원과학연구소, 50
조선학술원, 42, 44
조홍제, 74
'좀비 기업', 38, 148
종합과학기술심의회, 211
종합연구소, 49, 124
종합조정, 126, 179
주문자상표부착(Original Equipment Manufacturing), 37, 147, 164
주식시장, 167
주한미국경제협조처(United States Operations Mission, USOM), 74
'준내부조직(quasi-internal organization)', 168
중견기업 성장촉진 및 경쟁력 강화에 관한 특별법, 226
중국, 33, 42, 155, 202
중소기업
  기술집약적 ~, 231
  혁신형 ~, 189, 225, 262
'중소기업 기술로드맵', 215
중소기업기술개발, 24
중소기업청, 215
중앙산업교육심의회, 93
중앙시험소, 50
중앙직업훈련원, 106
중앙행정기구의 간소화, 126

'중인(中人) 의식', 258
중화학공업 육성전략, 103
지급보증, 167
지방자치제, 226
지배적 설계(dominant design), 160-61, 194, 202
'G7 프로젝트', 133-36
지속가능 시스템, 263
지속가능발전 목표(SDGs), 263
지속가능성(sustainability), 188, 234, 263
'지속가능한 시스템으로의 전환(sustainability transition)', 207, 262
지식경제부, 213
'지식기반경제', 210
지식산업, 98, 103
GSM 방식, 196
지역혁신체제사업, 227
지역혁신클러스터, 227
지질조사소, 50
직업안정소, 104
직업훈련, 82, 93, 104-106
직업훈련공단, 105
직업훈련교사, 105-106
　~의 면허제도, 105
　~의 양성 사업, 106
직업훈련대학, 108
직업훈련법, 105
직업훈련시스템, 83
직업훈련정책, 94-95, 97, 103-109
직업훈련제도, 104, 106
차세대 성장동력사업, 215-16, 223, 231, 260

참여정부, 177, 210-11, 213, 215, 217-18, 225, 228, 231, 233, 237
'참여형 설계', 269
창원기능대학, 108
창의적 연구진흥사업, 114, 215, 221
창조경제, 38, 148
'창조를 위한 모방' 전략, 119
천연자원, 23, 35, 145
천우사, 74
『철강공업육성법』, 163
첨단기술, 127-30, 133, 135, 141, 191, 222, 257, 262
　~ 중심의 생산, 103
첨단융합산업, 224
청와대, 100, 232
체신부, 178, 197
체제경쟁의 대리국, 27
초학제적 연구(trans-disciplinary research), 265
촛불시위, 246-47
총동원체제, 166
총체적 혁신정책(holistic innovation policy), 174
최고통치자, 35, 145
　~의 정책 의지, 35, 101, 145
최영락, 35
최형섭, 100, 123
추격기
　~ 과학기술 성장의 한계, 25
　~ 과학기술의 시스템, 23

~의 과학기술 성장 경로, 25
'추격의 성공학', 156, 264, 274-75, 277
추격전략, 155, 257, 277
추격체제, 156-60, 171, 176, 184-86, 188, 201, 203, 205, 210, 228, 230-31, 236, 241, 247, 254, 256, 259-60, 263-64, 266-67, 271, 275-76, 279
~의 불균형 발전 전략, 186
추격형
　~ 개발국가, 182
　~ 전략, 182, 238
　~ 혁신모델, 155-56
　~ 혁신체제(catch-up innovation system), 156-57, 159, 184, 275
　~ 혁신활동, 155, 187, 249, 257, 261
충주비료공장, 63
케네디, 59
코렉스 공법, 191, 196
코오롱, 124
콜롬보플랜(Colombo Plan), 75
퀄컴, 193, 197
크리스텐센(Clayton Christensen), 200
타이완, 20
'탈추격(post catch-up)'
　~체제, 114
　~ 혁신, 157, 184-88, 210, 213, 220, 223, 225-26, 228, 230, 232, 236, 254, 256, 259-64, 266, 268-71, 275-76, 279-80
　~ 혁신의 불확실성, 185, 213
　~ 혁신활동, 156-57, 188, 268
탈추격기 한국 과학기술정책, 25

'탈추격의 실험학', 276-77
탈추격형
　~ 전략, 238
　~혁신, 158, 206, 258
턴키 방식, 36, 146-47
테크노크라트에 의한 의사결정 주도, 25
테크노파크사업, 227
통합형 혁신정책(integrated innovation policy), 174, 218, 239, 271
투자중심형 첨단산업, 176
특성화대학, 100
특정연구개발사업, 24, 103, 113, 128-31, 133-38, 143
　~의 재정립, 131
특정연구기관 육성법, 102
TDX(시분할 전전자교환기), 133
TDMA 방식, 196
TFT-LCD, 192-93
'파괴적 혁신(disruptive innovation)', 139-40, 201
파이넥스 기술, 195-96, 198
폐쇄적 혁신생태계, 263
폐쇄형 네트워크, 202-204
퍼스트 무버(first-mover), 155
포니 자동차, 162
포드자동차, 161-62, 165, 190
포스코(POSCO), 121, 143, 155, 191-92, 195-96
포항종합제철소, 121
프로젝트 기반 시스템(PBS), 136
프리만(C. Freeman), 216

PET 필름(Polyethylene Terephthalate Film), 121, 123-24
핀란드, 217
필리핀, 27
하향식 의사결정과 실행, 20, 275
학점교환제도, 84
'한국 과학기술혁명', 155
한국개발원, 120
한국과학기술연구소(KIST), 51, 98, 112, 115, 119-25, 134, 170
『한국과학기술연구소10년사』, 121
한국과학기술원, 102
한국과학기술정보센터, 115, 119-20
한국과학기술진흥재단, 183
한국과학문화재단, 183
한국과학원(KAIS), 98, 100-102, 115, 119-120
한국기술교육대학, 108
한국산업인력공단, 108
한국상역, 131
한국전자계산, 133
한국전자기술연구소, 131
한국직업훈련관리공단, 108
한기억, 129
한독공공직업훈련원, 106
한미합동경제위원회(Combined Economic Board, CEB), 62-63, 72
해방, 19, 21, 39-43, 45-47, 51-52, 83-84, 142, 155, 274-75
해외 과학기술자의 유치, 99
해외 차관 사업, 37, 147

해외유학, 101
행정개혁조사위원회, 116
행정체계, 23
혁신
   경로실현형(path revealing) ~, 194-95, 197, 200, 202-204
   경로창출형(path creating) ~, 200, 202
   경로추종형(path following) ~, 194
혁신네트워크, 166, 202-205, 231, 261
혁신연구(innovation studies), 160, 216
'혁신주도형 경제', 210
혁신주체들의 네트워크, 216
현대, 143, 163-64
『현대과학』, 42
현대자동차, 155, 162, 165, 190, 199
현대전자, 197
현대중공업, 191, 199
현신규, 74
홍릉 연구개발체계, 119-21
홍사균, 21
홍성원, 129
화학연구소, 50
환경기술개발사업, 133, 234
환경단체, 246
환경의 질, 219
'황빠 현상', 250, 256
황우석, 200, 233, 240, 248-49, 256-57
효성물산, 74
후기산업화(late industrialization), 33, 54, 149
히든 챔피언, 204, 261

Contents in English

South Korea's Science and Technology Policies:
The shaping of catch-up system and its transformation for a post-catch-up era

by Hong, Sung Joo
Research Fellow
Science & Technology Policy Institute (STEPI)
by Song, Wi Chin
Senior Research Fellow
Science & Technology Policy Institute (STEPI)
The Academy of Korean Studies

Introduction

Part 1. The Dynamics of an Exit from Underdevelopment

Chapter 1. Dynamism of Escape from Underdevelopment (The Dynamics of an Exit from Low Development)
    1. The Dilemma of Aid and the Continuation of Underdevelopment
    2. The Internalization of Scientific and Technological Capacity
    3. The Success Factors of Science and Technology Policies in the Catch-up Period

Chapter 2. The Blueprint for the State-led Development of Science and Technology
    1. The Prototypes of the Blueprint for the Development of Science and Technology

2. Figures in the Scientific and Technological Community Immediately after the Liberation

3. Policies for the Promotion of Science Education

4. The Plan for the Establishment of the Ministry of Science and Technology

5. The Results and Implications of Early Efforts to Construct Science and Technology

Chapter 3. Technology Policies for an Exit from Underdevelopment

1. An Impoverished Nation's Challenge of an Exit from Underdevelopment

2. The Dilemma of Technical Aid Projects

3. Technology Introductions as a Strategy for Economic Development to Escape from Underdevelopment

4. Technology Policies and the Establishment of an Implementation System

5. Entry into the Orbit of a Developing Nation

Chapter 4. Scientific and Technological Human Resources as New Actors of Economic Development

1. Economic Development and the Problem of Human Resource Supply

2. The Problem of Public Education Policies before Economic Development

3. Plans for Technological Human Resource Supply and Demand for Economic Development

4. Scientific and Technological Human Resource Training and Deployment Systems

5. Industrial Human Resource Training Systems

6. The Implications of the Construction of Alternative Technological Human Resource Training Systems

Chapter 5. The Development of Science and Technology R & D Systems

1. The State Institutionalization of R & D Systems

2. The Establishment and Spread of Research Organizations for Technological Catch-up

3. The Invention and Spread of National R & D Projects

4. The Characteristics and Implications of South Korea's Science and Technology R & D Systems

Chapter 6. The Promotion of Science and Technology and Success with Catch-up

   1. The Growth of Science and Technology in the Catch-up Period

   2. The Success Factors of South Korea's Science and Technology Policies

   3. Implications for Developing Nations

Part 2. The Search for a Post-catch-up System

Chapter 1. The Catch-up System's Characteristics and Limitations

   1. The Catch-up System's Industrial Innovation

   2. The Catch-up System's Science and Technology Policies and Administrative System

   3. The Catch-up System's Science and Technology and Civil Society

   4. New Problems

Chapter 2. The Industries' Post-catch-up Innovation

   1. The Achievements of Post-catch-up Industrial Innovation Activities

   2. The Catch-up System's Path Dependence

   3. The Search for Post-catch-up Innovation Networks

Chapter 3. Post-catch-up Innovation and Changes in Science and Technology Policies

   1. Changes in the framework of Science and Technology Policies

   2. The Development of Post-catch-up Science and Technology Policies

   3. The Catch-up System's Path Dependence

   4. Achievements and Limitations

Chapter 4. Post-Catch-up Innovation and the Change of Science and Technology-Civil Society Relationship

   1. The Rise of a New Science and Technology-Civil Society Relationship

   2. The Catch-up System's Path Dependence

   3. Post-catch-up Innovation and Civic Participation

Chapter 5. Towards Post-catch-up Science and Technology Policies
　　1. From Technological innovation to System innovation
　　2. From Supply-driven Policy to Demand-driven Policy
　　3. From Specialization to Integration

Conclusion